寒地粳米及副产物储藏与加工技术

HANDI JINGMI JI FUCHANWU CHUCANG
YU JIAGONG JISHU

翟爱华 王长远 郎双静／著

中国纺织出版社有限公司

图书在版编目（CIP）数据

寒地粳米及副产物储藏与加工技术／翟爱华，王长远，郎双静著．--北京：中国纺织出版社有限公司，2023.11

ISBN 978-7-5229-1029-1

Ⅰ．①寒… Ⅱ．①翟… ②王… ③郎… Ⅲ．①寒冷地区—粳稻—贮藏②寒冷地区—粳稻—粮食加工 Ⅳ．①S511.09

中国国家版本馆 CIP 数据核字（2023）第 181588 号

责任编辑：闫婷 金鑫 　责任校对：王蕙莹 　责任印制：王艳丽

中国纺织出版社有限公司出版发行
地址：北京市朝阳区百子湾东里 A407 号楼 邮政编码：100124
销售电话：010—67004422 传真：010—87155801
http://www.c-textilep.com
中国纺织出版社天猫旗舰店
官方微博 http://weibo.com/2119887771
三河市宏盛印务有限公司印刷 各地新华书店经销
2023 年 11 月第 1 版第 1 次印刷
开本：710×1000 1/16 印张：19.5
字数：357 千字 定价：98.00 元

凡购本书，如有缺页、倒页、脱页，由本社图书营销中心调换

前　言

寒地粳稻种植于黑龙江省、吉林省、辽宁省的广大平原地区，生长周期长，在极其肥沃的黑土地中吸收了足够的氮、磷、钾等多种矿物元素，阳光雨露充足，有纯净无污染的灌溉用水。用粳米煮出来的米饭，弹性十足，且滑润黏甜、柔韧软绵，有淡淡的清甜香味，是市场上最受青睐的优质大米之一，近年来，国内外对寒地粳米的需求量日益增长，寒地粳米内供外销前景广阔。

寒地稻谷加工成大米后，储藏稳定性变得极差，生理生化反应的加剧加快了大米的劣变。寒地粳米在储藏、加工、销售、消费等流通环节中发生着各种品质变化，并因储藏环境变化的影响，加上寒地粳米自身呼吸作用、多种酶作用、微生物侵害等，出现大米色泽变暗、香味消失、酸度增加、黏度下降及食用品质降低等现象。因此，研究寒地粳米实际储藏或模拟储藏条件下各种生理生化特性、蒸煮特性、质构特性等的变化，精确分析寒地粳米劣变趋势，筛选影响寒地粳米储藏品质的敏感性指标，为寒地粳米的储藏、流通、安全食用提供理论支持。寒地粳米除了作为米饭主要原料外还应用于米粉中，其品质的变化对米粉品质影响较大，研究大米成分对米粉冲调性、分散性、黏滞性、热力学特性品质的影响是解决米粉品质的关键。寒地粳稻在加工成精米过程中，米糠是其主要的副产品，可用来提取米糠油以及其中的天然活性成分，可用来预防心血管病、肿瘤等疾病，米糠中的功能性因子对降血压以及降血脂也有适当的预防效果，对米糠进行更加深度的加工，提高米糠的附加值，实现粮食资源的高值化利用，已成为食品工业的重要任务。

本书主要介绍寒地粳米在不同储藏温度和不同的气调小包装方式的储藏过程中，不同品种大米经多次碾磨后，其食用品质的变化；寒地粳米在不同储藏条件下贮藏后，经多次碾磨，其营养品质、蒸煮糊化品质、质构品质和食味品质的变化规律；以不同品种的整米和碎米为实验原料，采取不同储藏处理方式，选取水分、蛋白质、总淀粉、直链淀粉等含量为理化指标，研究寒地粳米储藏后理化指标的变化对米粉糊化特性的影响，并将整米与碎米变化及影响加以比较，确定不同储藏方式对寒地粳米粉理化性质变化的影响及解封后米粉淀粉结构的变化；通过不同的脱脂方法处理新鲜的米糠，利用 Osbrone 分级法提出米糠蛋白，研究不同条件下米糠分级蛋白溶解性的变化情况，最后纯化各种分级蛋白，确定不同脱脂条件下的每一种蛋白的二级结构变化规律，分析其二级结构的变化与溶解性的关系；模拟移动床色谱产业化分离米糠蛋白酶解液的最佳工艺，得到高活性米糠 ACE 抑制肽，利用凝胶色谱层析、高效液相色谱和 Edman 降解法对降血压肽进行了纯化和鉴定，并通过动物实验验证了经过模拟移动床色谱分离过的米糠 ACE 抑制肽具有显著的降压效果；以米糠蛋白为原料，选择中性蛋白酶和胰蛋白酶，结合高压电场技术进行限制性水解，以羟自由基清除率为指标，通过单因素及正交实验优化出最佳水解工艺条件；采用无机陶瓷膜进行微纳滤，通过优化工艺条件，确定最终的操作条件和膜的孔径；纳滤后水解液经浓缩，进行脱苦条件及抗氧化饮料配方的优化，确定最佳饮料配方及抗氧化活性。在编写方法上，从机理到工艺，从技术到产品，书中具体详尽地对大米储藏、米粉品质、米糠蛋白分离、ACE 抑制肽的制备工艺优化关键技术及肽类饮料产品开发进行了介绍。

全书共七章，由黑龙江八一农垦大学的翟爱华、王长远、郎双静合著而成。其中翟爱华完成第一章、第二章、第三章；王长远完成第三章和第四章；郎双静完成第五章、第六章、第七章。本书的出版得到国家重点研发计划项目"稻谷加工精准调控技术研究及营养平衡型产品开发与示范（2021YFD2100902）"、黑龙江省自然科学基金项目"气流粉碎强化固相化学反应合成高疏水性酯化淀粉及其作用机理研究（LH2020C087）"、黑龙江八一农垦大学学术专著论文基金的资助。本书在成书过程中得到黑龙江八一农垦大学王立东、张洪微的大力支持，在此表示由衷的感谢，并对参与研究项目的黑龙江八一农垦大学的宋婷、白晶、范馨文、崔铭育、袁文帅等科研人员表示诚挚的感谢。

由于作者水平有限，受研究方法和条件的局限，书中难免会出现疏漏或者不恰当的观点和叙述，愿各位同仁和广大读者在阅读的过程中，能够给予更多的指导，并提出宝贵的意见。再次感谢在本书编辑与出版过程中所有对我们的工作给予倾情支持和帮助的人们。

著　者
2023 年 11 月 3 日

目 录

第1章　绪论 ··· 1
　1.1　大米储藏现状及品质评价 ··· 1
　　1.1.1　大米储藏国内外研究现状及意义 ·· 2
　　1.1.2　大米加工方法和加工精度 ··· 3
　　1.1.3　大米储藏的方法及特点 ·· 4
　　1.1.4　大米的储藏品质特性 ··· 10
　　1.1.5　大米品质评价 ·· 15
　1.2　米糠的简介 ··· 19
　　1.2.1　米糠概述 ·· 19
　　1.2.2　米糠的组成 ··· 20
　　1.2.3　米糠蛋白 ·· 23
　　1.2.4　米糠脱脂方法 ·· 26
　　1.2.5　米糠蛋白活性肽 ··· 28
　1.3　米粉的简介 ··· 41
　　1.3.1　米粉的组成 ··· 42
　　1.3.2　米粉的理化性质 ··· 42
　　1.3.3　米粉的国内外研究现状 ·· 44
　参考文献 ··· 45

第2章　储藏过程中不同碾磨程度对寒地粳米品质影响的规律分析 ············ 53
　2.1　寒地粳米营养物质分布及在储藏过程中营养品质的变化 ················· 53
　　2.1.1　材料与仪器设备 ··· 53
　　2.1.2　试验方法 ·· 54

2.1.3 试验结果与分析 … 56
2.2 寒地粳米储藏过程中蒸煮糊化特性的变化 … 69
2.2.1 材料和仪器 … 69
2.2.2 主要试剂 … 70
2.2.3 试验方法 … 70
2.2.4 结果与分析 … 71
2.2.5 讨论 … 83
2.3 寒地粳米储藏过程中食用品质的变化研究 … 84
2.3.1 材料与仪器设备 … 85
2.3.2 试验方法 … 86
2.3.3 结果与分析 … 86
2.3.4 讨论 … 96
参考文献 … 97

第3章 不同储藏条件对寒地粳米品质稳定性及感官影响的研究 … 100
3.1 不同储藏条件对寒地粳米理化指标的影响研究 … 100
3.1.1 实验材料 … 100
3.1.2 实验方法 … 101
3.1.3 结果与分析 … 104
3.2 不同储藏条件对寒地粳米蒸煮特性与质构特性及食味品质变化的研究 … 113
3.2.1 材料与设备 … 114
3.2.2 实验方法 … 114
3.2.3 结果与分析 … 116
3.3 气调解除后寒地粳米品质及食用品质的变化影响 … 125
3.3.1 材料与设备 … 126
3.3.2 实验方法 … 126
3.3.3 结果与分析 … 127
3.3.4 不同储藏方式解封后对寒地粳米质构性质影响 … 129

3.3.5　不同储藏方式解封后对寒地粳米感官评定及食味的

　　　　　变化影响 ……………………………………………………… 131

　　3.3.6　气调解封后室温条件下寒地粳米虫害发生发展变化 ……… 132

参考文献 ……………………………………………………………………… 132

第4章　储藏过程中整米碎米品质对米粉品质变化的影响研究 ………… 135

4.1　不同储藏条件对米粉理化指标的影响研究 ……………………………… 135

　　4.1.1　实验材料与设备 ……………………………………………… 135

　　4.1.2　实验方法 ……………………………………………………… 136

　　4.1.3　结果与分析 …………………………………………………… 137

4.2　储藏期间米粉功能特性的研究 …………………………………………… 149

　　4.2.1　材料与设备 …………………………………………………… 149

　　4.2.2　实验方法 ……………………………………………………… 150

　　4.2.3　结果与分析 …………………………………………………… 150

4.3　解封后米粉品质变化 ……………………………………………………… 166

　　4.3.1　材料与设备 …………………………………………………… 166

　　4.3.2　实验方法 ……………………………………………………… 166

　　4.3.3　结果与分析 …………………………………………………… 168

参考文献 ……………………………………………………………………… 180

第5章　不同脱脂条件对米糠蛋白提取及结构的影响研究 ……………… 183

5.1　米糠脱脂工艺条件研究 …………………………………………………… 183

　　5.1.1　材料与仪器设备 ……………………………………………… 183

　　5.1.2　试验方法 ……………………………………………………… 184

　　5.1.3　试验结果与分析 ……………………………………………… 185

5.2　脱脂米糠清蛋白及球蛋白的提取工艺 …………………………………… 194

　　5.2.1　材料和仪器 …………………………………………………… 194

　　5.2.2　试验方法 ……………………………………………………… 195

　　5.2.3　试验结果与分析 ……………………………………………… 196

5.3 米糠蛋白的凝胶色谱分离纯化研究 ······ 207
 5.3.1 材料和仪器设备 ······ 208
 5.3.2 试验方法 ······ 209
 5.3.3 试验结果和分析 ······ 210

5.4 米糠蛋白的二级结构测定 ······ 218
 5.4.1 材料与仪器设备 ······ 218
 5.4.2 试验方法 ······ 219
 5.4.3 试验结果与分析 ······ 219

参考文献 ······ 227

第6章 米糠ACE抑制肽的分离纯化及结构与功能性的研究 ······ 231

6.1 模拟移动床色谱分离纯化米糠ACE抑制肽 ······ 231
 6.1.1 实验材料与仪器设备 ······ 231
 6.1.2 试验方法 ······ 232
 6.1.3 结果与分析 ······ 238

6.2 米糠ACE抑制肽的分离纯化及结构鉴定 ······ 247
 6.2.1 实验材料与仪器设备 ······ 247
 6.2.2 试验方法 ······ 248
 6.2.3 结果与分析 ······ 249

6.3 米糠ACE抑制肽在大鼠体内降压效果的研究 ······ 253
 6.3.1 实验材料与仪器设备 ······ 254
 6.3.2 试验方法 ······ 254
 6.3.3 结果与讨论 ······ 256

参考文献 ······ 259

第7章 米糠蛋白抗氧化肽制备及在饮料中的应用 ······ 263

7.1 米糠蛋白抗氧化肽制备及无机陶瓷膜初步纯化工艺优化 ······ 263
 7.1.1 材料与方法 ······ 263
 7.1.2 方法 ······ 264

  7.1.3　结果与分析 ·· 268
7.2　抗氧化肽功能饮料脱苦及配方优化 ······································ 280
  7.2.1　材料与方法 ·· 280
  7.2.2　实验方法 ·· 281
  7.2.3　结果与分析 ·· 282
7.3　抗氧化肽功能饮料配方优化 ·· 285
  7.3.1　材料与方法 ·· 285
  7.3.2　实验方法 ·· 287
  7.3.3　结果与分析 ·· 290

参考文献 ·· 297

第1章

绪论

1.1 大米储藏现状及品质评价

水稻是世界上主要的粮食作物之一。世界上近一半人口都以大米为食。亚洲是水稻的主要产地，其产量约占世界总产量的90%，同时亚洲的人口在七大洲中是最多的，所以大米是亚洲很多国家的重要粮食来源。我国城乡居民60%以上的家庭以大米为主食。从国家统计局了解到，2022年全国粮食总产量为60800万吨，比上年增产230万吨，增长0.7%，实现了我国粮食生产连续15年丰收，其中稻谷产量20430万吨。根据地域和时间的差异，国家标准中把稻谷分为早籼稻谷、晚籼稻谷、粳稻谷、籼糯谷、粳糯稻谷五类。水稻所结籽实即稻谷，经脱壳、碾磨后称大米或精米。

东北地区作为我国稻谷的主产区之一，以其独特的生态条件保证了东北大米独有的品质，东北大米，即寒地粳米或寒地水稻，是我国人民喜欢食用的口粮品种，在我国北方各地区和沿海大城市有广阔的市场，近年来国内外对东北大米的需求量日益增长，内供外销前景广阔，但稻谷加工成大米后，储藏稳定性变得极差，生理生化反应的加剧加快了大米的劣变。近年来食品安全问题频发，食用大米安全问题也越来越为广大消费者所关注。东北大米在储藏、加工、销售、消费等流通环节中发生着各种品质变化，受储藏环境变化的影响，加上大米自身呼吸作用、多种酶作用、微生物变化、仓库害虫侵害等，导致大米可食用价值下降，特别是夏季，高温高湿气体的出现给主要消费区大米的安全储藏带来困难，过夏后的大米会出现色泽变暗、香味消失、酸度增加、黏度下降及食用品质降低等现象。因此，研究东北大米实际储藏或模拟储藏条件下各种生理生化特性、蒸煮特性、质构特性等的变化，精确分析大米劣变趋势，筛选影响大米储藏品质的敏感性指标，可以为大米的实际储藏和流通、安全食用提供指导性意见。

作为中国主食之一，大米在中国人民的餐桌上占据着重要地位。大米在储藏过程中极易发生陈化，陈化后的大米食用品质下降。目前为止，国内外在大米储藏保护方面进行了深入的研究，主要体现在以下三个方面：第一，深入学习大米陈化机理，研究大米储藏过程中各个品质的变化趋势，针对劣变趋势提出保持储藏期间大米良好品质的方案；第二，研究大米受潮受虫时的致坏机理，进而提出保护在储藏期间大米免灾的方法；第三，研究大米在惰性气体的保护下食用品质的变化，进而提出大米在何种储藏状态下效果最佳。

1.1.1 大米储藏国内外研究现状及意义

在全球一百多个水稻生产国中，中国的水稻产量最多，平均每年的产量可以达到一亿七千万吨左右，最高时可以达到两亿吨，这个数字约占全球的35%，而这些水稻的占地面积仅仅是国内粮食作物的30%，约65%的人们以水稻为主食。为粮食产量的可持续发展，解决粮食短缺的重要问题，人们对如何提高水稻产量、改善稻米的食用品质提出了新的要求，我国研究水稻的时间比美国、澳大利亚、印度等国家晚一些，科学工作者除研究优良品种之外，也渐渐重视水稻的储藏研究。

水稻在储藏过程中，稻谷各组成成分会发生变化，甚至水稻的营养成分会逐渐流失，感官品质下降，丧失其食用价值。食用价值的损失主要体现在大米质构的黏度和硬度上，其中硬度提高而黏度下降，由此可见陈化必然会使大米的食用品质降低，就此现象的成因国内外科学工作者主要从水、蛋白质、淀粉及脂肪四个指标上进行相应的关联分析。赵丽芹等人在低温储藏稻米品质变化的研究中分析不同水分梯度大米的陈化，结果显示水分含量对大米陈化影响显著。Bolting H等发现陈化米的蛋白质含量要低于新米，与此同时新米的米饭口感优于陈化米，通过研究蛋白质的一级结构在储存期间的变化，推测储藏期间起到作用的物质之一是米粒外面的蛋白质。夏文在研究轻碾米储藏品质变化中表明大米淀粉和脂肪在储藏陈化中会影响大米最终品质。

水稻是我国的第一粮食作物，生产和储存条件直接关系到国家粮食安全，长期储存会导致稻米品质劣变，食用品质下降。人们越来越重视食品质量问题，这就决定了生产和储存技术的发展必须越来越迎合广大人民对食用大米品质的要求。

水稻由稻壳和糙米构成，稻壳富含纤维素、木质素，脂肪、蛋白质含量较低，而糙米富含蛋白质、脂类以及矿物质元素，但分布不均，其内部胚芽的营养成分很高，胚芽随着加工精度提高被除去，因此，加工精度越高营养成分越少。而对于陈化米来说，适当的加工精度是必要的。淀粉、蛋白质、脂肪等会影响蒸煮食味。在大米储藏期间，淀粉、蛋白质、脂肪总量基本没有变化，但内部结构发生了变化，这些结构性的变化影响大米的凝胶和糊化特性。

利用现代分析仪器和设备对不同加工精度大米进行营养成分检测，可以对大米加工营养损失情况进行评估，探讨合理的加工精度。在提高粮食综合利用的基础上，从战略角度和减灾上来看，各国必须实施存粮战略。这需要更加深入研究大米各个品质指标间的关系，得出储藏方法与储藏指标的关系、各个指标和食用品质之间的关系。大米因加工过程中被剥去稻壳而裸露自身营养物质变得十分容易受到外界环境的干扰和破坏。我国必须突破大米储藏技术的不足进而研究创新技术解决难题。制定有效的大米保鲜技术，需要进一步研究水稻在储藏过程中品质的变化规律，明确质量变化的机制，有效地控制大米质量，保持良好的稻米食味品质。

1.1.2 大米加工方法和加工精度

大米加工关系着我国的国计民生，同时也是国家粮食安全中重要的一部分。随着人们生活水平的提高，人们对大米的要求也越来越高，因此一度导致大米生产者错误地认为加工精度越高大米越白，越受消费者喜欢，却忽视了大米营养品质的分布问题，他们没有意识到大米外观越好，就需要很强的加工精度，在大米碾磨时会导致存在于大米表皮的营养元素的损失。近年来，人们开始意识到大米过度加工问题，由此大米的适度加工又成为研究者的研究重点。傅正兵等人研究大米适度和过度加工的利益关系，主要从资源的综合利用、节能、提高经济效益以及大米加工的绿色可持续发展等角度进行研究。研究表明，适度加工不仅可以提高大米厂家的经济效益，使能源可以得到综合利用，同时可以减少营养元素的损失，对以大米为主食的人们的身体健康有很大影响。

稻谷加工是大米商品化的首要环节，稻米的加工主要分为图 1-1 所示的几步。

图 1-1 大米的加工流程图

周显青研究了我国大米加工技术现状，主要对加工特点以及加工参数进行了详尽的研究。从收获后大米经过一段时间的存放、对稻米先进行干燥处理，随后对稻谷进行除杂处理，除去稻米中的杂物后用砻谷机进行砻谷并将糙米和稻壳分离，用碾米机对所得糙米进行碾磨，随后对大米分级、进行精加工以及对副产物综合利用。周显青对水稻各个处理过程中的仪器设备进行了详细介绍分析，并提出其存在的问题等，对大米加工进行展望。大米与其他主食的不同点为在食用之前必须经过碾磨去壳的加工方式，因此加工的方法和精度一定会在某种程度上影响其营养品质。事实证明只要经过磨削的大米必然会导致营养成分的损失，而且加工的深度越高对大米食用的口感越难控制，一般来说，米粒越小越硬，再而陈化的大米加工精度过高，会降低其蒸煮特性。因此，大米需要在各个层次即相应的加工深度上研究，提出一套陈化大米翻新提高品质的加工方法。大米营养成分的分布也决定了大米加工方法和精度一定有一个最适宜的程度，在需要保护品质同时更需要保护营养品质找到合适的白度，去废留养，提高食用品质，这更是一种价值上的保护。

1.1.3 大米储藏的方法及特点

大多数大米工厂储存方法和加工方法比较传统。由于我国仓储设施陈旧以及粮食害虫的威胁，储藏技术成为我国粮食体系的薄弱环节。SED 的"三低"（低含氧、低温度、低浓度磷化氢）方法适用于大颗粒大米，但是对运输和销售的链接有一定的局限性。大米从加工到餐桌需要三至六个月，在转运点的停放时间会更长，在家里储存的大米品质缺乏有效的保障措施。国家的储藏多用于战备，而农户储藏也与国家储藏基本相同，这种格局导致大米经常会处在储藏的模式中，仓储的大米更新速度较慢，所以提出一个良好的陈米翻新方法也是相当有必要的。国内储藏的方式是编织袋储藏，在大容量存储仓库是水泥罐、缸、桶、挂架储存，其粮食损失率为 15% 左右。

早在 1990 年，中国的大米存放在口袋中，每袋装大约 15 kg、25 kg、50 kg 不等，袋子破损导致大米流失很多，显然编织袋不能满足高质量的大米包装的要求。从大米包装的情况来看，食品包装行业提出了外形小和质量轻的小包装的发展方针，进而使水稻销售包装领域在近些年得到了迅速的发展。广州在 20 世纪 90 年代 2.5 kg 的小包装使用率为 22%，而中国其他地区附加 2.5 kg 不洗米量达 1000 t。小包装不用淘洗的大米已成为大城市大米的火热卖点，大包装的大米也占一定比例，但是从整体情况上看包装的技术对大米的保护效果也不是很好。

我们国家从低氧储藏法到气调储藏研究，然后到二氧化碳吸附动力学研究，再到大米表面流变学特性研究，最后大米储藏技术与计算机技术相融合，技术逐渐进步、提高。经过深入研究几种大米储藏保鲜的方法，分析在不同储藏方法下大米食味的改变，得出了大米在 100% CO_2 下储藏的优势。

稻谷基本储藏保鲜方法有常温储藏、气调储藏、低温储藏、化学储藏和辐照储藏等。

（1）常温储藏。常温储藏非常简单，在收获水稻后使之在太阳下曝晒以降低其中的水分含量，随后将其用袋子分装置于阴凉通风的仓库之内即可。这种方式能暂时防止粮食品质迅速下降，但不是长久之计，长期的存放必然导致粮食受虫受潮，加速大米陈化。

对于刚收获的稻米，水分含量一般为17%，与要求的安全储藏水分含量13%相比高出4%，不利于稻米的储藏。干燥储藏就是针对高水分稻米，使其含水量降至安全水分，抑制稻米的呼吸作用，防止有害微生物的生长繁殖及提高粮堆温度等，使稻米达到安全、稳定的要求。干燥的稻米含水率降低很多，细胞组织所含有的各类化学成分（糖分、脂类、氨基酸、无机盐等）的浓度都会随之升高，渗透压增大，导致稻米中的有害微生物发生质壁分离，抑制甚至停止了有害微生物的生长繁殖，阻止了稻米进一步变腐，延长了稻米的储藏期。干燥后所要求的稻米安全储藏水分是使酶的活动、有害微生物对稻米产生的负面影响可以忽略不计的程度时的水分含量。

粮食平衡水分的高低取决于空气相对湿度的大小。相对湿度越大，平衡水分越高；相对湿度越小，平衡水分越低，粮食也越干燥。粮食干燥过程就是降低空气中水的蒸气压，是粮食内部水分不断向外散发的过程。粮食的干燥实际就是水分的表面蒸发与内部扩散的结果。

最佳稻米的干燥工艺要以干制时间、制品质量、能源消耗三个因素为变量综合考虑并得出最佳的工艺条件。稻米的干燥方式有很多种，按照干燥时所需热量的来源和脱除水分方式的不同可分为自然干燥和人工干燥两大类。自然干燥是利用自然环境如日晒、阴凉、风吹等条件使粮食脱水干燥的方法。稻米利用太阳光的辐射和干燥空气的作用，温度上升，粮堆内部所含水分由于受热而向周围环境蒸发，使粮堆表面湿度增加，内部湿度降低，整个粮堆与周围空间环境形成湿度差和温度差，并在空气不断流通的条件下，粮堆水分和温度与周围空气水分和温度的差距逐渐缩小，直到平衡状态。该方法对设备、技术要求简单，节约能源，利用白天自然阳光的紫外线而达到杀菌的作用，但在晾晒时需要较大的且清洁的晒场及晾晒工具和运稻米的相关设备。人工干燥法是通过人为的手段来控制稻米所储藏的周围环境来降低稻米含水率的方法。这种方法包括很多方面，常用的是常压干燥法、加压干燥法、减压干燥法。常压干燥法是指在正常气压的条件下利用合适的温度条件使稻米中的水分由内而外地扩散到表面蒸发到空气中，与自然干燥法不同的常压干燥法可以对粮堆进行人工的通热风等方法加快稻米水分扩散、蒸发的速率。减压干燥法即利用稻米在减压条件下与常压相比水分蒸发扩散速率快的原理，在真空状态下，即使温度等于常温的情况下水分仍能快速地从内部扩散到外部蒸发。其特点是干燥速度快、不易发生米质硬化的现象，但由于是真空环境所以能耗较大。

（2）气调储藏。气调储藏，又称气控储藏，是指粮食在特定气体环境下储藏，是当今行之有效的储藏技术之一，它在防治虫霉和延缓品质劣变方面具有独特的效果。气调储藏的原理为将稻米置于密闭环境中，并改变这一环境内的气体成分，使之达到低氧或高氮或高二氧化碳的环境，并能不同程度地抑制粮食自身的呼吸强度，防虫杀虫，抑制霉菌，使粮食不致发热霉变，延缓品质劣变或陈化速度。可见，气体、粮食的呼吸、微生物、害虫是气调储藏的4个关键因子。

气调储藏的种类以分类的角度而异，按气体成分分为氮气储藏、自然缺氧储藏、二氧化碳储藏、减压储藏；按温度、气体可分为低温密闭储藏、常温密闭储藏、气控储藏；按工艺方式可分为充气储藏、排气法储藏、分子筛富氮储藏、燃烧法脱氧储藏、微生物脱氧储藏、鲜树叶或异种藏储藏；按仓房、材料形式又可分为立筒仓气体储藏，前缘仓、地下仓、房式仓、农村气调储藏，塑料薄膜、复合薄膜气调储藏等，还有间歇法、连续法等的区分。一般以第一种分类为主，有时也有交叉和结合。

气调储藏是将粮仓中的稻谷密闭在只有CO_2或N_2等惰性气体中，从而减小稻谷颗粒代谢速率，实现减慢稻米品质劣变的目的。2003年涂杰等人尝试用CO_2气调储藏优质籼稻，并与密封储藏做对比，发现气调储藏10个月后，籼稻谷的酸度从1.0 KOH mL/10 g升到1.3 KOH mL/10 g，增加了0.3 KOH mL/10 g，在空气条件下储藏10个月，酸度增加了0.4 KOH mL/10 g；气调储藏10个月后，籼稻谷的发芽率降低了28%，而空气条件下储藏10个月发芽率降低了23%。因此，CO_2气调储藏同密封储藏相比，能减慢脂肪酸值增加，降低发芽率，减慢了品质变坏。但气调储藏维持成本高，对仓房的密闭要求也较高，因此目前无法在全国范围内大范围推广。综上所述，现已有的稻储藏技术还不能满足将优质稻作为储备粮来长期储藏的要求，需开发优质稻储藏的新技术。

惰性气体可以有效保护粮食，降低其陈化的速度，充填惰性气体、降低活性气体的技术最近几年发展十分迅速，其中在食品保护领域应用最常见的就是氮气保护，二氧化碳应用也很普遍，且保护效果更佳。朱星晔在研究大米气调保鲜储藏品质变化中证实，充二氧化碳气体储藏可以很好地抑制食品的有氧作用进而防虫防潮，这种储藏方式清洁高效而且在一定程度上能很好地保护大米的食用品质，有效地阻止大米中营养成分的分解和氧化，当水稻吸附二氧化碳后处于休眠状态，这样可以有效地延缓大米中的细胞衰老，延长保鲜，这也就是二氧化碳保护比氮气保护更有效果的原因。但是这样做的缺点是，尚无塑料薄膜密封具有良好的通透性，随着储藏时间的延长，保护气体会发生改变，影响储藏和保鲜效果。

19世纪初，英国富兰克林·凯雷尔发现了气调储藏方法可用于果品的储藏，在第二次世界大战期间，果品的气调储藏发展起来，斯宾塞应用10% CO_2 成功储藏了30 t苹果。果蔬的气调储藏对储粮有较大影响，英国的凯特与1966年报道 CO_2 能影响种子的呼吸。1921年英国福尔盖特曾使用 CO_2 有效地控制了玉米害虫。1940年前后，粮食的气调储藏也得到了迅速发展。1950年以后，美国史莫克等人用气调储藏法使小麦获得安全储存，之后气调储藏开始有了主动的意义。

在气调储藏过程中，Banks等人对温度条件进行了研究，结果表明温度条件是影响储藏效果的重要因素，温度越高，储藏效果越差，害虫的敏感性越高，同时温度对储藏的影响程度也随着 CO_2 和 O_2 的浓度改变而变化。气调中所充入的气体对粮食害虫的生长繁殖具有抑制作用，害虫的生长代谢缓慢，繁殖能力下降，后代发生畸形变异的概率增大。

随着人们生活水平的不断提高，人们对大米的品质要求不断提升，在注重营养价值和口感的同时，包装方式也成了重要的卖点，为了让精米的销售达到多样化、美观化、透明化的效果，气调小包装方式逐渐成为精米保鲜包装的发展趋势。但是对于储粮所用的气调储粮库，由于建设规模较大，资金投入多，一般很难普遍推广，类似的技术研究只能在果蔬方面进行应用。

气调储藏在我国有着比较悠久的历史。地下储藏在我国距今七八千年至四千年的裴李岗文化遗址和仰韶、龙山文化遗址中都有发现。这些比较原始的地窖储藏，似沿袭了很长一段时间，当时人们仅凭经验储藏而缺乏科学的分析，对于其原理的深入探讨还是在今天。

谢宏等人采用气调小包装方式对大米进行包装，根据充入的气体种类不同并和真空条件做比较，研究不同气调方式对大米储藏品质的影响。结果表明，进行气调之后的大米品质比正常空气储藏的大米品质要好，对于高含水率的大米来说，其效果更加明显，而在低温情况下，这种效果不是很明显。徐雪萌等人模拟大米储藏试验，研究真空度与大米脂肪酸、还原糖及含水率之间的规律，得出大米真空包装的最佳真空度。潘巨忠等人在2005年通过一次性气调包装方式，针对不同包装袋和不同气体环境对大米食用品质和生理品质的影响做了系统的研究，结果表明，复合膜材质的气调包装袋效果最好，当大米的水分含量在15.86%以上时，气调中 CO_2 的比例要大于80%。霍雨霞在2010年研究了大米的气调保鲜方式对米质中脂类变化的影响，利用不同的气调储藏方式分别探讨了对大米水分、总酸、过氧化值、脂肪酸、亚油酸、脂肪酶等相关指标的硬性规律。结果表明，当气调温度10℃，CO_2 浓度20%时，大米储藏效果最好，储藏期间各指标变化不明显，蒸煮米饭的食味品质良好。

随着我国人民经济水平和生活水平的不断提高，人们对大米的食用品质要求更加严格,在大米的储藏期间保持大米的营养品质与食味品质已成为大米加工行业面临的重大问题。所以对大米气调储藏工艺的深入研究可解决我国稻米因产量大而带来的储藏问题,有利于提高我国社会效益,有利于节约资源避免浪费,有利于增强我国在国际农产品市场的竞争力。

①气调储藏中的气体。气调储藏中的气体包括环境中的气体和粮堆中的气体。粮堆中的气体组成原本与空气的组成相同,在粮食的气调储藏中,由于人工或粮堆生物群的作用,气体组成有了明显改变,从而形成了粮堆本身特定的小气候,通常有以下4种形式:a. 低氧,即氧气逐渐低于21%(空气中的水平),甚至达到无氧状态。b. 高二氧化碳,即二氧化碳明显高于0.03%,直至100%。c. 高氮,即氮气浓度在78%~100%之间。d. 氧气、二氧化碳、氮气和气体以适当比例存在。

②气调储藏与粮食呼吸。气调储藏能不同程度地抑制粮食的呼吸强度。在密闭条件下,粮食大多处于缺氧呼吸状态。用公式表示如下:

粮食的需氧呼吸:

$$C_6H_{12}O_6 + 6O_2 \longrightarrow 6CO_2 + 6H_2O + 2822 \text{ kJ}$$

粮食的缺氧呼吸:

$$C_6H_{12}O_6 \longrightarrow C_2H_5OH + CO_2 + 117 \text{ kJ}$$

可见,糖的需氧呼吸强度较高,产生的热量较多,而缺氧呼吸强度较低,热量也少。需氧呼吸产生的单位热量是缺氧呼吸的24倍,缺氧呼吸可降低粮食生理活动,减少粮食干物质的损耗。粮食在自然缺氧时进行缺氧呼吸,产生酒精、二氧化碳、热量,在自然缺氧开始阶段,由于存在较多的氧气,那时会产生较多的二氧化碳、水和热量。

③气调储藏与粮食微生物。粮食中的微生物有数百种,其中霉菌有150种以上,酵母菌和类酵母菌有几十种。

低氧高氮、高二氧化碳均不同程度地抑制霉菌等微生物的活动。气调储藏对粮食微生物的影响符合一般规律。即不同程度地限制了好气性微生物及兼厌气微生物对氧气的要求,而且这些微生物在高氮或高二氧化碳环境中也很难适应;一些厌气性微生物仍有生长,而气调储藏主要是利用它们缺氧呼吸热量不高的性质,在应用时根据各种不同的粮种有不同的要求。

④气调储藏与粮食害虫。在粮堆内粮食害虫除了蛀蚀粮粒以外,如若大量繁殖,也能产生一定的热量与水汽,成为粮堆内部热量来源的一部分。但气调储藏能有效地抑制和杀灭储粮害虫。据试验,含氧量在2%以下,密闭一定时期后,杀虫效果即可达100%。二氧化碳增加后,也能对储粮害虫产生影响,直至死亡。氮气能杀灭主要储粮害虫,日本吉田敏治认为无论哪种害虫在干燥氮气中都容易

死亡。另据国外报道，Donahaye 研究表明，当 O_2 浓度在 2% 以下时，可导致一些害虫的机体无法进行正常的代谢，进入无氧代谢，同时分泌出大量乳酸和有毒物质，最终由于有毒物质不能分解将害虫致死。在 CO_2 的气调储藏过程中，害虫因吸入过多的 CO_2 而导致神经麻醉，如果 CO_2 的浓度能在较高水平持续不变，害虫最终会因吸入 CO_2 的量过大而深度麻醉无法醒来致死。Annis P C 等人研究过，利用 PVC 材料进行 CO_2 的气调储藏过程中，当 CO_2 超过 65% 时，包装内的害虫可在 48 h 内全部死亡。

（3）化学储藏。化学储藏即一些化学物质对粮食的生理功能或改善储藏环境间接产生影响，通过科研人员的研究和实践，逐渐形成的一种粮食储藏的方法理论。其储藏方法根据化学药品的不同可以分为两类。一类在生理上直接地对粮食产生影响，使用后起到调节成熟衰老，延缓品质劣变的作用。另一类具有一定的杀菌和抑菌作用，使用后可在一定的储藏期内防止农产品的腐变。

化学储藏是在大米储藏时加入一些化学药物来预防虫害和霉变，但是如果水稻和化学药品长时间接触，不仅造成水稻中有药物残留，危害人体健康，而且长期使用会使一些害虫产生抗药性。早在 1975 年，日本发生了轰动的熏蒸"溴米"中毒事件，不仅使消费者对化学储藏的大米产生畏惧，同时警醒研究人员要小心慎重将化学药品使用在食品中。化学储藏在操作不当的情况下有一定的风险性，所以在选择时要谨慎选择大米的储藏方式。

（4）低温储藏。低温储藏是通过利用冬季自然低温或者是其他的机械制冷装置，与粮库的封闭式隔热结构结合，控制仓中粮堆温度，储藏期间平均温度为 15~20℃ 范围内的一种存粮方式，这种能够有效防止变质的条件就叫作低温储藏。常用降温方法有：自然低温、机械制冷、空调低温等。自然低温，指储藏期间只用自然冷空气去降低、维持粮堆温度，加上密粮隔热等方法为辅。尽管成本不高，但受区域、气候、季节等条件的限制很大，在我国南方地区，想要储藏优质籼稻，凭借自然低温想达到满意的效果不是很容易。机械通风降温，就是利用离心风机及通风管网，将热空气吸出，这样仓内的热空气慢慢排出去，并将冷气吸入仓里，令粮温降至与仓外持平，始终维持粮食温度为低温状态。这种技术的成本较低，粮温可以根据季节温度进行调控，能够有效防止品质优良的稻米劣变，尽管如此仍会有通风死角、降温不均匀、降温速度缓慢等问题出现。机械制冷与空调低温，都是利用机械制冷装置令粮温维持在低温状态下的方法。谷物冷却机通常能将粮温控制低于 15℃，空调可控制粮温低于 20℃，然而投资及运行成本都不低。

影响稻米品质的有害微生物主要为好温性微生物，最适存活温度为 20~40℃，低温环境能抑制这些微生物生长发育。但是不同微生物之间对温度的要求也有较大差异,在这些有害的微生物中绝大部分为细菌和霉菌,其中青霉最低的存活温度为0。稻米的水分含量也会影响低温储藏的温度,含水率越高,储藏温度就应该越低,只有这样才能抑制霉菌的生长。根据含水率与储藏温度的相关性,在气候环境比较寒冷的地区,含水率为18%左右的大米可以储藏至来年的春季。但在气候温暖的地区,收获后的水稻应快速将含水率降低为安全储藏水分(13%~14%)以下。总之,以储藏相同时间为标准,当稻米含水率高时,储藏温度应该较低,当稻米含水率较低时,储藏温度可以适当调高些。

(5) 辐照储藏。利用照射源发出的高能射线照射农产品,照射后提供适宜的环境。一方面射线能量影响到农产品内部的生理机制,使代谢强度降低,从而有利于保持品质和延长储藏期;另一方面利用射线的杀菌灭虫效力,消灭食品附带或潜藏其中的病原菌、腐败菌和有害昆虫,防止污染,减少农产品收获后的损失。

通过世界各国有关机构和国际权威组织历经数年对辐照食品安全性的全面研究、调查、评审,在充分确凿的数据支持下,辐照食品的安全性已得到证实,接受不大于10 kGy 平均计量处理的食品不会有毒理学方面的危险,因此没有必要再进行毒理学试验。辐照剂量范围在1~10 kGy 时可有效杀死食品中特定的无芽孢的致病菌(如沙门氏菌等)。我国政府1984年正式颁布了大米、马铃薯等7种辐照食品的卫生标准,并批准上市销售。

1.1.4　大米的储藏品质特性

1.1.4.1　大米储存中容易产生的质量问题

(1) 大米的陈化。大米在储存过程中突出的特点是陈化,米粒的内部结构发生变化。大米在储藏过程中,随着时间的延长,虽未发热、霉变,但其品质已逐渐劣变,主要包括光亮度的减退、香味的淡化甚至有哈味、含水率和糊化温度降低、脂肪酸值上升、米汤中干物质减少、蒸煮后米饭的食味品质变差。这种现象称为陈化。储藏过程中品质发生陈化是不可避免的。不过大米的陈化与稻米加工方式有着密切的关系,适当加工方法可大大延缓大米陈化速度,如含水率低、储藏温度低、加工精度高,大米陈化的速度就慢,反之则快。大米质构的变化在大米老化过程中必然产生,从陈化的原理入手找到防止粮食损失的方法有着重要的生态和战略意义。发生细胞结构损伤和化学成分的变化是大米陈化的两个核心结果,但是化学变化是细胞破损的起始原因。前人研究了大米的陈化机理,本文研究各种理化指标对米饭蒸煮性和食用性的影响,加之参考对煮熟的大米的质构性能研究,对已经发生陈化的大米进行蒸煮研究,从结果开始反馈解释陈化的原理。陈化米的硬度值和黏度值等反映了质构特性,如何科学合理地解释质构和传统大米食用品质指标的关系,需要探寻相应的理化指标和质构的相关性,这就需要我们掌握大米陈化的机理并且改变对食用品质的评价方式。

人们都不希望大米的品质下降,这种想法很难实现,在很早之前没有人能给出解释,后来美国科学家作出解释,随着储藏时间的延长,在不同的恶劣的储藏条件下,大米会伴随质量结构变化、有氧作用分解变化等,这些影响品质的过程统一被称为陈化,无论何时何地陈化均为自然发生不可避免。伴随营养成分损失,物质分布改变,陈化的结果就是进一步严重降低食用品质。大米在陈化过程中,新鲜大米的清香味很容易丧失,近年来通过气相色谱分析研究,认为大米气味中的主要成分是一些挥发性的羰基化合物,新米气味中的主要成分是乙醛,随着陈化的进行,乙醛减少,戊醛、己醛增加,因此认为戊醛和己醛是陈米臭的主要组成成分。另据文献报道,H_2S 也是米饭香气的主要成分之一,随着储藏期的延长,大米的 S—S 逐渐增高,H_2S 含量减少,表明大米陈化,且 S—S 的增多与戊醛、己醛含量的增高呈正相关。此外,陈米上感染的霉菌也同时会形成陈米气味。

陈化可以被看作一种生理过程,储藏时间越长,酶活性逐渐减低,活力减弱,从强到弱的现象也被称为老化。大米内部变化可以简单描述为蛋白质的氨基酸结构变化和分解以及淀粉的结构变化和分解,同时脂肪的分解腐化与酶的结构变化也是大米陈化的主要标志之一。储藏环境对陈化的影响主要干扰因素是空气的相对湿度和温度。

水稻在内外因共同作用下,细胞发生破损,伴随着化学成分也发生了变化,这些通常不是单独发生的而是多方因素协同作用使之劣变加剧。经过研究,水稻低温 5℃ 储藏条件下经过一年的时间大米基本上不发生陈化现象,而在 30℃、40℃ 高温下储藏 60 天陈化速度非常快,会变成彻底的陈米。所以对于水稻来说,老化速度是随着温度的升高成正比的。在不同储藏条件下,蒸煮特性和化学成分发生着不同的变化,从这些变化可以看出较高的温度和湿度促进衰老,使大米食用品质变差。在进行低温,相对湿度较低的储藏条件试验时对生物酶活性和理化指标进行评价,可以看出,酶的活性即使在被控制降低后化学变化仍然在陈化过程中持续进行,营养和食用品质依然在一定程度上变坏。只要能控制这个过程的关键因素,就能降低评价指标如黏度、口感、香味等的降低速度。无论从农业经济,还是从食用的品质来讲,研究抑制大米陈化的技术都是非常有必要的。

(2) 大米的吸湿返潮。因大米中的亲水胶体分布在其表面,能与空气直接接触,所以具有较强的吸湿性与平衡水分。其平衡水分高于同一环境中的稻谷。大米中如含有新米、碎米和米糠等成分,增加了表面积,且其吸湿性相对大于整粒米,也大于稻谷。由于大米具有较强的吸湿性,在外界水蒸气气压高于米粒时,极易吸湿返潮，生霉发热，并促进生理代谢加剧，造成营养成分的损失。

（3）大米的霉变。大米上常见的微生物有霉菌、细菌、酵母菌，其中主要的霉菌有白曲霉、黄曲霉、土曲霉、杂色曲霉、产黄青霉、圆弧青霉、岛青霉、皱褶青霉等。调查结果显示不同省份所产大米的霉菌种类大致相同，但各种霉菌的数量存在差异。霉菌与大米品质的关系最为密切。大米粒能从表面吸收和散发水分，所以其整粒表面都能生霉，特别是加工精度低的大米，米粒表面残留糠层多，有利于霉菌的迅速繁殖而发生霉变。所以加工精度低的大米不易保管。例如，用自然缺氧的方法在相同的条件下保存水分为 14.8%~16% 的特级晚粳稻米和水分为 14.6% 的标二早籼稻米，9个月后，粳米米粒仍保持正常，每克带菌量为 1200 个孢子；而标籼米已霉变发热，粮堆温度达到 40℃，每克带菌量高达 1.04×10^5 个孢子。大米发生霉变的早期现象为米粒潮湿松软，表面沾有糠粉，散落性降低，有轻度霉味和糠味。

（4）大米的虫害。在稻谷的储藏和加工期间危害大米品质的有害动物都叫虫害，由于储藏害虫的种类多样化、繁殖速度快、适应环境能力强，所以对大米造成香气的损失是十分严重的。特别在每年的夏季高温潮湿的环境下，储藏不当的稻米更容易受到虫害的影响。在大米的储藏过程中最常见的一种害虫就是米象，它直接以大米中的胚乳为食，降低了大米食用品质。在稻米加工厂的储粮仓中，常常会发生粮堆内部发热的现象，一般都是储粮的虫害所引起。由于虫害在生长繁殖过程中产生了热量，并且热量在粮堆内部不利于散发导致稻米温度升高。在冬季，当粮食温度较高时粮堆表层就会结露，结果使粮食发生霉变。此外，粮食受虫害影响后营养物质和发芽率降低。同时虫害和霉类对一些微生物的传播作用能够影响粮食的品质。

1.1.4.2　大米主要组分在储藏过程中的变化

（1）大米中水分的变化。大米中的水分和其周围环境中的水分是处于平衡的状态，这种平衡的水分含量被认为是与某一相对湿度的大气相平衡的水分（如果大米是密闭包装的，那么就是大米的水分活度）含量。不同品种的大米，也可能有不同的水分含量，尽管如此，所有大米品种都与其所处环境的相对湿度处于平衡状态。大米的安全储存水分含量几乎完全取决于该大米品种对水分的吸附滞后特性。在储存中，大米与周围环境的水分含量逐渐趋于平衡，大米储存中最具有损害性的因素之一是霉菌的生长。当大米与低于 70% 的相对湿度的环境相平衡时，霉菌一般不会生长。大米的品质和储藏稳定性与水分活度（A_w）有相当密切的关系，这样的关系比与水分含量的关系更密切。不仅微生物的繁殖与 A_w 有关，而且自动氧化、褐变反应等也与 A_w 密切相关。但是，不能简单地说水是大米在储藏期间劣变的主要因素之一，因为大米是活的有机体，在储藏过程中进行着生命活动，如果没有水，大米的生命活动就会停止。从这个意义上来说，水对粮食储藏是不可缺少的。有研究表明：大米储藏过程中，过低的水分对其食用品质的保持是不利的，但是水分高的大米不易储藏。大米在储藏过程中，由于水存在的量及状态，在一定的条件下却能使大米食品品质发生劣变。如果采取适当的水分和较低的温度，就会达到安全贮米的目的。

（2）大米中蛋白质的变化。大米在储藏过程中，蛋白质的变化表现为蛋白质水解和变性。大米在储藏期间，受外界物理、生物等因素的影响，蛋白质会发生水解和变性。蛋白质水解后，游离氨基酸含量增加，酸度增高。蛋白质变性后，空间结构松散，肽键展开，非极性基团外露，亲水性基团内藏，蛋白质由溶液变为凝胶，溶解度降低，粮食即开始陈化。

（3）大米中碳水化合物的变化。大米及其加工产品在储藏过程中，α-和β-淀粉酶作用于其中的淀粉，使其转化成糊精和麦芽糖。在储藏早期，大米中的淀粉酶活性增加。在特定条件下观察到大米储藏过程中干重的增加，这个增加可用水分在淀粉水解过程中被消耗掉的事实来解释。因此，淀粉水解产物的干重较原淀粉的干重大。尽管这种水解作用的结果可能期望米中还原糖含量显著增加，但是利于淀粉降解的条件通常也有利于呼吸活动，使得糖被消耗掉并转化成二氧化碳和水。在这些条件下（通常在水分为15%或更多时发生），粮食损失淀粉、糖，而且干重减少。

淀粉在大米储藏过程中由于受到淀粉酶作用，水解成麦芽糖，又经酶分解成葡萄糖，总的含量降低，但是大米中淀粉基数大（占总重的80%），总的变化百分比并不明显。米饭的黏性随着储藏时间的延长而下降，胀性（亲水性）增加，米汤或淀粉糊的固形物减少，碘蓝值明显下降，而糊化温度增高。这些变化都是陈化（自然的质变）的结果，不适宜的储藏条件会使之加快与增深，这些变化都显著地影响大米的加工品质与食用品质。质变的机理，普遍认为是由于淀粉分子与脂肪酸之间的相互作用而改变了淀粉的性质，特别是黏度。另一种可能性是淀粉（特别是直链淀粉）间的分子聚合，从而降低了糊化与分散的性能。由于陈化而产生的淀粉质变，在蒸煮米饭时加少许油脂可以得到改善，也可用高温高压处理或减压或膨化改变由于陈化给淀粉造成不良后果。

在常规储藏条件下，高水分的大米由于酶的作用，非还原糖含量下降。但有人曾报道，在较高温度下，大米还原糖含量先是增加，但到一定时期又逐渐下降，下降的主要原因是呼吸作用消耗了还原糖，使其转化成二氧化碳和水，还原糖的上升再度下降说明大米开始变质。

（4）大米中脂类化合物的变化。大米中的脂类化合物含量要比淀粉的含量少得多，一般在1%~3%，但对大米的储藏品质具有重要的意义。其脂类变化主要有两方面，一方面，脂类氧化产生的过氧化物；另一方面，不饱和脂肪酸被氧化后产生羰基化合物，主要为醛、酮类物质。这种变化在成品米中较明显，如大米中陈米的臭味。稻谷中由于种子含有天然抗氧化剂，起了一定的保护作用，所以正常的条件下，氧化变质的现象不明显，另一种变化是受脂肪酶水解产生甘油和脂肪酸。很多研究学者用脂肪酸值作为大米劣变的指标。特别是高水分大米因霉变而更加明显，霉变中分泌的脂肪酶有很强的催化作用。新收获的稻米其脂肪酸值多数在12%以下，一般不超过20%，在储藏过程中逐渐增加，水分高、温度高的条件下脂肪酸增长较快。

酸败定义为不良的品质因素，起因于直接或间接的内源性脂质反应，产生令人不快的味道和气味或不能接受的功能特性。稻米是我国食物的重要来源，其原因是其可食用种子易收获，并能储藏较长时间而不会由于疾病或衰老有过多的营养损失。稻米与其他高水分作物相比不易腐败。因此，收获时完好的稻米，采用适当储藏方法，可有效的延缓其变质。

当大米中的脂类物质不能和其他反应物（如空气）或催化剂相互作用，酸败就很难发生，这是因为植物细胞内天然地有一些小的区域或由于低水分活度，限制了脂质扩散作用的进行。酸败通常是由少量的脂肪降解产物所引起的，因此在稻米中，脂肪的量与脂肪的性质及其对降解的敏感性相比较是微不足道的。

与其他粮食类似，稻米食品中的酸败可以分为水解或氧化降解所引起的，通常两种都有，水解酸败之后往往会发生氧化酸败。

①水解酸败。谷物中的脂肪主要是一些长链（$C_6 \sim C_{18}$）脂肪酸及其相对应的未酰化的游离脂肪酸，它们的异味阈值比短链脂肪酸及脂肪酰的味阈值要高的多，因此由长链（$C_{16} \sim C_{18}$）所促成的移位几乎很少，然而谷物中脂水解作用的重要性有两个原因：首先，由脂肪水解所形成的多元不饱和游离脂肪酸（FFA）是后续氧化反应中所产生的挥发性或非挥发性异味的先导。脂氧合酶引发的氧化降解需要O_2，主要作用于未酯化的多元不饱和脂肪酸，在非酶促反应中FFA通常较脂肪结合的乙酰脂更容易被氧化。其次，FFA对许多谷物食品的功能特性有破坏作用，因此通常需要指明最大FFA含量，如稻米中FFA含量高时会导致油脂精炼过程中的损失和其他问题。由于谷物食品的水解酸败是酶促反应过程，所以重视有关脂肪酶的一些异常性质是非常重要的。

②氧化酸败。所有谷物的脂质中含有相当比例的不饱和脂肪酸，完好的谷粒脂肪氧化相对缓慢，这是因为其反应物是被局限在某些区域，谷物加工时，组分得以重新分布，氧化反应就会发生。在大多数情况下，这种反应快而广泛。反应可以是酶催化的，也可以是自动氧化。

（5）大米中过氧化物酶的变化。大米的呼吸过程，随着储藏时间的延长呼吸作用逐渐减弱,过氧化物酶的活力也有所下降,它会影响稻米的加工品质、储藏品质和食味品质。过氧化物酶对热不敏感,即使在水中加热到100℃,冷却后仍可恢复活性。过氧化物酶存在于稻米的籽粒中,稻米储藏过程中变苦与此种酶的活性和作用有着密切的关系。

1.1.5 大米品质评价

1.1.5.1 大米理化指标的评价及意义

大米作为世界上最重要的食物和亚洲人的重要主食,其理化指标评价可以说是评价食用品质的鼻祖。大米的淀粉和蛋白质几乎占据了大米的全部质量,淀粉中的直链淀粉和支链淀粉以及蛋白质的氨基酸成分对大米的理化指标起着决定性的作用。科研工作者认为大米的这些理化指标与其品质有显著相关性,大米的理化指标与蒸煮特性感官品质以及大米的综合评价指标有着非常重要的联系,甚至是研究其他指标的基础。

蛋白质在大米中主要表现为蛋白体,但是大米蛋白含量低,最早被认为不是大米品质的影响因素,但是后来科学工作者发现蛋白质对于大米陈化还是有一些影响的。大米经过碾磨后其表面胚乳层的蛋白含量直线下降,谷蛋白、醇溶蛋白在大米的储藏过程中含量几乎不变,但是蛋白质的氨基酸键的保护少且自己易坏,而且同一物质之间会容易聚集在一起,这样会限制大米中其他成分的变化进而影响大米的食用品质。蛋白质总量在陈化后不发生变化但是会影响到其他物质的结构和食味等因素。赵学伟等人在研究蛋白质与淀粉相互作用影响储藏过程中的质构品质中表明:大米淀粉和蛋白质老化过程的相互激励增加相互作用,随着时间的延长大米中蛋白质和淀粉越来越亲密,而提取率下降就是其中一条重要因素。由蛋白提出的大米内在物质相互作用的问题成为大米营养成分研究的重要方向。

淀粉是大米中主要营养成分,含量占大米总量的80%以上,淀粉结构多种多样,类型繁多,在大米的陈化过程中虽然质量百分比变化不明显但结构却在发生着显著的变化。通过深入的研究,大米在储藏过程中受到淀粉酶的作用,导致淀粉分解进而使淀粉的结构和含量发生变化。不溶性支链淀粉含量减少而直链淀粉含量增加,由此可以判断直链淀粉是由不溶性的支链淀粉转化而来,一些测试表明不溶性支链淀粉可使大米的结构更加紧凑进而提高其糊化温度和食用口感,淀粉分子团的衰减主要取决于判断淀粉团分解程度的直链淀粉的数量。微观上支链淀粉的结构变化需要人们研究进行确定和探究。因此在理化特性中,淀粉含量的测定是必要的,而且通过糊化特性和直链淀粉的测试能反映质构变化的趋势结果。国际大米研究所(IRRI)将直链淀粉分为4个等级:极低直链淀粉(含量<

9%)、低直链淀粉（含量在10%~20%）、中直链淀粉（含量在20%~25%）和高直链淀粉（含量>25%）。其中含极低直链淀粉的米饭食味品质和表面光泽度最佳；含低直链淀粉的米饭拥有良好的质构品质，米饭软而易消化吸收；含中直链淀粉的米饭质构品质不佳，缺少黏性；含高直链淀粉的大米难以糊化，米饭口感不佳，米饭硬而难以消化。

脂肪虽然只占大米含量极其微小的部分，但是对大米的品质影响很大，这都取决于它易分解易陈化的性质，其中温度是影响其分解速度的重要因素。脂肪酸的这种特性决定了它成为一种食品储藏的重要劣变指标，任何含有脂肪的食物在经过储藏之后都会有相应的脂肪酸产生，大米陈化的重要原因就是其含有脂肪酸。脂肪酸会严重影响淀粉的结构，同时也会影响大米的感官食味，这都体现在大米经蒸煮后硬度变大和黏度骤降上，脂肪酸的产生严重破坏原来淀粉的分子结构进而严重影响食用品质。但是随着科技的进步，科研工作者开始用正己烷大米加工法除掉脂肪以便更好更久地储藏。

1.1.5.2 糊化特性的评价及方法

淀粉的糊化就是淀粉分子形成的晶体受到微观上的改变或破坏。糊化温度和三种黏度（峰值黏度、最低黏度、最终黏度）是人们评价淀粉糊化特性的重要指标。因此，科学工作者们利用微观测试仪器对大米中的淀粉糊化特性进行测量，这也是评价大米的重要指标之一。

（1）快速黏度分析仪（rapid visco analyser，RVA）。澳大利亚Newport Scientific公司在1985年开发了快速黏度测定仪（RVA）。最开始用于酶活性测定进而进行小麦麦芽损伤的测定。自从1988年后应用的改进，RVA便可以用于测定大米中淀粉蒸煮和糊化特性。RVA谱的特征点含有起始糊化温度、峰值时间、峰值黏度、崩解值、回生值、最高黏度、最低黏度和最终黏度，这一点和布拉班德黏度计（BV）的曲线不同。损伤值的概念和回冷与BV都不一样。BV较RVA更费时间，而且样品需求量较大，但是可以实现淀粉糊化的真实情况反映；相比之下，RVA具有速度快，样品用量很少的特点，而且通用性和灵活性非常强，适用于测量绝对黏度，但是只能在实验室进行测试而非在线测试。江帆等人采用RVA研究食品添加剂对糊化特性的影响，研究过程中表明，采用RVA操作简便、快捷、精准。朱满山等人研究了RVA谱对大米蒸煮食用品质的影响中指出通过RVA谱能够很准确地区分不同直链淀粉含量大米的食味品质，同时RVA谱与米饭的软硬度、食味等理化指标有很强的关联。RVA测定出的三个黏度与大米食味品质息息相关。RVA所测大米粉图谱如图1-2所示。

其中直观的值有峰值黏度、最低黏度、最终黏度、糊化温度和糊化时间，通过三个黏度可以衍生出崩解值、回生值和回复值。原淀粉颗粒膨胀时黏度开始上

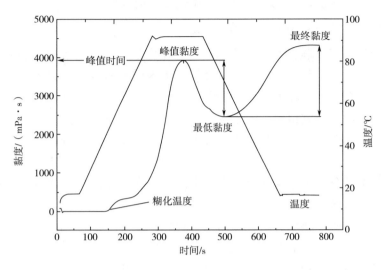

图 1-2 大米粉糊化特性 RVA 曲线图

升,在颗粒破裂、聚合物逸出和重组的时候达到最大峰值,然后在冷却的条件下进行重组。第一次曲线上升是由于预糊化淀粉冷水可溶黏度迅速增高,然后下降是由于样品分解或凝沉,曲线下降是由于淀粉颗粒的破裂和解聚。隋炯明等人研究了 RVA 谱与水稻品质之间的相关性,研究表明 RVA 谱特征值与大米外观品质关系密切,与大米的直链淀粉关系紧密,实验表明直链淀粉含量越高,则 RVA 谱的最低黏度、最终黏度、回生值和回复值就越大。直链淀粉含量的高低与食味品质有一定的关系,由此可知 RVA 谱可在一定程度上作为评价大米好坏的辅助指标。

(2) 差示扫描量热分析仪(differential scanning calorimetry, DSC)。DSC 是分析大米糊化特性的一种常用的热分析方法,最早时这种方法不是一种成熟的方法,作为量热的仪器首先在 20 世纪 70 年代被应用在大米淀粉的糊化特性分析中。美国埃尔默公司研究的 DSC 目前是应用在差示扫描量热分析领域最受欢迎的仪器,该仪器能准确地分析输入热功率和温度之间关系进而准确描述热力学的参数变化,这恰恰是应用于大米糊化特性分析领域的利器。用热分析法测试的淀粉糊化特性同样效率高,样品用量少,而且精度与试验混合液的浓度无关,控制因素少,但是它和 RVA 一样,不能进行实时在线测试。冷雪在研究食品添加剂对小米粉和小米淀粉的糊化特性中采用 DSC 检测热焓值,通过分析得出不同添加物以及添加量对小米粉及淀粉的热焓值有很大影响,所得数据精确可靠。夏文采用 DSC 研究不同加工精度大米在两个温度储藏中大米粉的糊化和老化情况,通过分析可知加工精度低大米粉的糊化焓高,相反,加工精度越高大米粉的老化焓值越高,低温储藏能够延缓淀粉老化。大米粉的糊化热熔值与质构品质有一定关联。

1.1.5.3 质构特性的评价及意义

（1）研究大米质构的意义。大米的口感作为其受欢迎的最重要因素主要体现在它的质构特性上。食品工厂为了迎合消费者这样的需求，着力提高着大米方方面面的品质。在这种大环境下，我们需要一种科学合理的稻米品质评价方法。经过微观领域的深入研究得出，大米发生品质下降的同时微观上的成分结构发生着明显的变化，而且该研究在分析不同种类的大米以及不同成分的大米时其结果相同，可以看出大米的成分结构布局的改变是食用品质变化不可不考虑的一个因素。因此，单独分析理化指标是没有意义的，只有充分利用大米的质构特性的分析才可以科学地评价稻米的食用品质。

质构特性可以反映出大米食用品质。首先，从加工品质和外观品质来讲，它们的指标更容易测定，而且具有很好的重复性。大米质量评价若由人工味觉进行，则会因为人的差别产生很大的差异；若由仪器代替人进行评定，则评价过程操作更为简单，结果会更加稳固牢靠，但是结果相对比较机械简单。

测量大米蒸煮特性虽然能够准确地反映淀粉的变化，但其实是一项包含多种复杂程序的测试，这些指标包括若干复杂的小实验，如吸水膨胀和pH、碘蓝值和干物质等。但是利用这种方法浪费时间、浪费人力物力，研究者们想要研究出一个仪器可以简单快速地评价大米的综合品质。因此，可以说大米质构的评价是一种理想、快捷、有效的科学测量方法，这种方法依托于近些年发明专业测量质构的仪器，这种仪器可以迅速测量大米质构的各种指标，给出实时测量结果。就现在的技术而言，该仪器可以检测面粉制品的黏度、硬度、柔韧性、附着力、弹性等指标。所以用质构分析的结果与传统方法作对比进行相关性分析可以验证该方法的科学合理性。质构仪所测得的米饭硬度、黏滞性以及口感等指标，可以直接地反映出大米的食用性能。张玉荣等人在研究气调解除后大米品质变化中采用了物性测试仪对米饭的质构品质进行了检测，检测指标分别为硬度、胶黏性、咀嚼性等，测定结果显示，大米陈化会导致这些指标发生不同程度的变化。周显青等人在探讨大米品质指标与质构品质关系中采用质构仪对米饭的弹性、黏聚性和恢复性等指标进行测定，结果表明质构特性指标中的硬度、黏着性、胶着性和咀嚼度与理化指标有显著相关性。国外一些学者同样对质构品质和食用品质进行关联，研究结果表明食用品质与黏度成正比，与硬度和硬度与黏度的比值成反比。同时我国的科研学者的研究表明，各类大米的硬度和它的食味呈显著负相关，相反大米的黏度和它的食味呈显著正相关，不难理解弹性好和良好的咀嚼性能是好大米的良好体现。为了给出科学合理的实验和数据处理方法，就需要对不同储藏方法下和不同种类的大米进行多维控制变量方法分析。为使结果更加严谨，需要综合考虑大米的加工方法和精度，对不同层次不同实验条件下的结果进行综合分析。

（2）稻米的质构特征测量的原理和指标。米饭硬度黏度仪模拟咀嚼实验，仪器测量大米质构是大米研究工作者研究的一个关键问题。大米的质构特性与测试中的力学指标息息相关，显然力学指标是一个有很高的灵敏度的指标，这样的指标比传统的蒸煮特性更具有客观性，力学的测量结果可以准确地反馈到可以量化指标的专用软件，进而我们可以用量化的指标参数进行量化的指标评价，同时降低了主观评价的不确定性。在测试和机械领域，研究学者通过深入模拟力学测试系统和人体咀嚼的质构感官。日本佐竹公司的米饭硬度黏度仪主要通过模拟口腔咀嚼特性图像得出图像之中的质构特性的参数如硬度、黏弹性以及吸附性等重要指标参数。

在综合因素考虑上仪器分析法的多参数性完全可以代替感官评定的食味评价。质构测定方法若是作为一种科学合理的方法，则应该具有以下的特点，第一，质构特性指标和传统的食用品质的指标之间具有高度相关性；第二，质构特性指标测量更加方便简单，而且重复性很好；第三，质构特性具有非常好的灵敏度。

1.2 米糠的简介

1.2.1 米糠概述

稻米在所有的粮食作物中产量排名第一，而在加工精米过程中，米糠是其主要的副产品，全世界每年有几万吨的米糠资源，就我国而言，就有 1000 t 左右，也是世界上米糠资源最为丰富的国家之一，约占全世界米糠总量的 1/3。米糠通常作为饲料，被动物食用。其中仅非常小一部分，用来提取米糠油以及提取其中的天然活性成分，米糠经榨油后的米糠蛋白含量提高到 20% 左右。米糠利用效率小于 20%，在稻谷中米糠占质量百分比为 5%~7%，在米糠中，有很多种的营养成分，还含有多种生物活性因子，这些生物活性因子具有多种功能性。在米糠中，还含有活性很高的脂肪酶，在稻米进行碾白过后，脂肪酶与油脂的接触变得充分起来，发生酸败现象，从而米糠变质，致使米糠蛋白的提取率受到影响，而且影响米糠蛋白的溶解性。米糠的功能营养是人们现在研究的热点，米糠可能可以用来预防心血管病、肿瘤等疾病，米糠中的功能性因子，对降血压以及降血脂也有适当的效果。对米糠进行更加深度的加工，使米糠的附加值上升空间大大增大。王慧研究了酶法提取米糠蛋白及其褐变抑制,蛋白提取率达到79.33%;Issra等利用次临界水(SW)从脱脂米糠中提取蛋白质和氨基酸,利用SW水解脱脂米糠的作用提取蛋白质和氨基酸,且随着温度和时间的增加,提取率也增加,每克干米糠可以提取(219±26)mg蛋白质和(8.0±1.6)mg氨基酸。

世界上有60%以上的人口以食用大米为主食。东南亚是世界上稻谷生产的集中产区,我国是全世界稻谷生产的大国之一,也是世界上米糠资源最为丰富的国家之一,稻米在我国主副食食品工业中有着举足轻重的地位。米糠是大米的果皮、胚、种皮、糊粉层的混合物,米糠有很多种的营养成分,米糠可以作为制药业、功能性食品开发以及普通食品等行业优质的原料,我国在20世纪60年代开始对稻米的精深加工,和日本、美国等发达国家相比较,仍相对处于落后的状态,在探讨我国的稻米精深加工,企业加工技术落后,是直接制约稻米精深加工长足发展的瓶颈。

世界上研究开发米糠最早的国家是美国和日本,如美国的RiceX稻谷创新公司和日本的筑野食品公司等,在米糠的综合开发中取得了显著的经济效益。开拓具有我国经济特色的综合利用途径,实施对稻米深加工的技术化以及产业化,一定会为我国国民经济发展和农业的经济发展起到重要的作用。国内外关于米糠的研究报道近年来呈不断增加的趋势:米糠的稳定化研究,米糠发酵制品,米糠油的制备及功用研究,米糠蛋白的提取,米糠蛋白褐变的研究等,随着现代高新技术的日益发展,研究者和企业开始了对原料附加值的追逐,研究怎样从原本的原料中获得更高价值的回报,研究怎样把原料的营养价值与功能完全开发利用起来。

1.2.2 米糠的组成

米糠的组成非常复杂,糙米粒的外表皮是米糠的主要组分,米糠的主要成分有蛋白质、糖类和脂肪,还含有一定量的灰分和维生素(表1-1)。

表1-1 米糠中蛋白质、总脂肪、碳水化合物及活性成分含量

营养成分	含量	营养成分	含量
热量/kJ	1.38	总膳食纤维/g	29.00
水分/g	6.00	可溶性膳食纤维/g	4.00
蛋白质/g	14.5	灰分/g	8.00
总碳水化合物/g	51.00	植物固醇/mg	302.00
总脂肪/g	20.50	γ-谷维醇/mg	245.15
不饱和脂肪酸/%	83.00	肌醇/mg	1496.00

注:以上数据测定样本是100 g米糠。

1.2.2.1 米糠的营养价值

米糠有多种营养价值,米糠中含有近一百种生物活性因子,这些生物活性因子拥有不同的功能性。米糠的营养价值包括:米糠中具有很高的蛋白质含量,约为14%,含膳食纤维较高的碳水化合物在米糠中的含量也很高,油脂在米糠中的含量占14%~24%,B族维生素和E族维生素以及矿物质元素的含量很高,除了这些之外,米糠中还含有很多生物活性因子如生育酚、生育三烯酚、脂多糖、二十八烷醇、角鲨烯等。米糠具有很高的保健功能,是健康食品之源。

(1) 米糠中蛋白质含量高。米糠中的蛋白和大米中的蛋白相比较,米糠中的蛋白含量为14%,要高于大米。米糠蛋白中的色氨酸、苏氨酸、赖氨酸含量高于玉米蛋白。米糠蛋白中的氨基酸能够满足人体的需要,并且婴幼儿也适合食用,因为这些氨基酸属于低过敏性。

(2) 米糠中的碳水化合物含量较高。米糠中的碳水化合物主要由膳食纤维组成,并且粗纤维含量较低,所以有效能值较高。

(3) 米糠中的油脂含量较高。米糠中的油脂含量为14%~24%,是优质的植物油。米糠中油脂主要由亚油酸(含量约为34%)、油酸(含量约为40%)、软脂酸(含量约为17%)构成。

(4) 米糠中的维生素含量丰富。B族维生素和E族维生素含量高,是核黄素的很好的来源,米糠中至少集中了糙米中的78%维生素B_1、47%维生素B_2、67%维生素PP等。

(5) 米糠中的矿物质含量丰富。米糠中含有的矿物质有P、K、Mg、Se、Ca、Mn、Si、Fe、Na等,其中P为最多,存在于核酸、植酸、酪蛋白中;Mg、Se的含量次于P;其余的Ca、Mn、Si、Fe、Na含量较低。

(6) 此外,米糠中还有很多生物活性因子。米糠中还含有很多生物活性因子如生育酚、生育三烯酚、脂多糖、二十八烷醇、角鲨烯等。米糠中含有的约100种活性因子说明米糠是很好的保健食品。

1.2.2.2 米糠的国内外研究现状

原料利用率低,中国的米糠产量在世界居于首位,每年产米糠高于一千万吨,然而对于米糠的利用率却低于10%,国内加工米糠大多作为饲料。综合利用差,目前,只有少数的厂家进行米糠的综合利用,因为米糠难以集中资源,大部分米糠集中在农民手中,米糠综合利用难以形成规模。工艺较落后,由于技术和设备的限制,经过蒸煮发酵过后的米糠,只能被农民用作牲畜饲料食用。米糠的不稳定,致使米糠不能长期保存,由米糠制成的产品销量不佳,导致对米糠的开发停滞不前。深加工产品少,米糠中含有很多生物活性成分物质,但是对米糠的深加工产品少，米糠油、米糠饮料、米糠膳食纤维等有前景的米糠制品应该被大量开发。我国的米糠加工设备过于陈旧，研究米糠的单位少，大多数以作坊形式存在，米糠加工业的发展状况远远低于其他发达国家对米糠的加工利用。

（1）米糠的国外研究现状。米糠在日本的农业中的利用率很高，日本是全世界米糠加工技术最先进国家之一。以米糠为卖点的新型的婴儿牛奶、营养饮料被日本研究出来，以米糠有效成分中的肌醇、丁-谷维素、IP6为主要成分的保健药已经开始在市场上销售。在美国，对米糠的研究也非常重视，开发出了全能大米营养素、天然利糖大米营养素、天然利脂大米营养素等一系列关于米糠的健康保健食品；米糠油在美国的市场也非常畅销，并且每年要从日本进口一万吨左右的米糠油，应用于营养油、医药、日用等行业。

（2）米糠的深加工制品。

①米糠油。米糠油又称米胚油，米糠中油脂的质量分数为14%~24%，米糠油经脱色、脱胶、脱臭等工序精炼后即得精制米糠油。米糠油是一种保健油，用于预防肾结石和降低患胆甾醇结肠癌的风险，米糠油还可作抗凝血剂，防噬菌体感染剂，维生素B_2、维生素C和维生素E的稳定剂，能有效地治疗粉刺，也用作油脂及肉类等食品的保鲜剂。大米的90%的营养存在于米糠及胚芽中，米糠油的营养丰富。米糠油的化学组成极为独特，符合人类的膳食标准，可采用溶剂浸出法和压榨法从米糠中得到固体脱脂米糠饼（粕）和液体米糠油。精炼过程中的副产物为皂脚、蜡糊、脱臭浮沫油等，可以作为油脂化工基本原料加以综合利用。

②米糠多糖。在米糠中，有很多种的营养成分，还含有多种生物活性因子，这些生物活性因子具有多种功能性。米糠多糖与碘反应均不显蓝色，与蒽酮试剂呈阳性反应，是一种不同于淀粉的多糖。王莉研究了米糠多糖提取优化工艺，同时提取了具有抗肿瘤活性的米糠多糖RBPS2 a，并通过改性研究得到了活性更显著的米糠多糖SRBPS2 a。Tanigami Y等研究发现米糠多糖具有生物活性的分子量不能低于$1.00×10^4$。

③米糠白酒。米糠中含有较多的碳水化合物，所以米糠是酿酒的很好的原料。米糠经过原料处理、润料、蒸糠、糖化、发酵、蒸馏后得到米糠白酒成品。经过糖化后的米糠具有一种独特的香气，在米糠制酒过程中，需要酵母的参与，每种酵母都有合适的发酵时间和发酵温度，所以制作米糠白酒的关键因素是控制好时间和温度。

④米糠营养饮料。米糠营养丰富，以米糠为主要原料进行发酵制作成米糠营养饮料。米糠营养饮料的外观与牛奶相似，喝到嘴里具有碳酸水的轻微刺激感，闻起来具有酒酿的风味，因此，米糠营养饮料是一种营养丰富、风味独特饮料。

1.2.3　米糠蛋白

米糠是稻谷脱壳后的糙米经过进一步加工过程中所产生的废弃物,主要由糙米的胚芽和粗皮两种物质组成。虽然在糙米中米糠只占了7%左右的重量,但是具有的营养物却能够达到64%。早在1990年,外国的研究者就有了以米糠为原料对其进一步研究的报道。米糠中所具有的蛋白含量很高,包括清蛋白和球蛋白,它们对均衡氨基酸起到了很好的效果,弥补了谷类蛋白缺少赖氨酸的弊端;与大豆蛋白相比,米糠蛋白更加类似人体所需要的必需氨基酸,所以米糠蛋白作为一种植物蛋白具有高营养与生物效价高等优点。因为研究者对米糠中功能成分的更进一步的了解,使人们发现了米糠中营养成分具有更大的研究价值。充分利用米糠中营养物质的资源,扩大谷类蛋白在食品深加工中的利用,对提高粮食副产物的附加值,促进粮食工程的发展和资源的回收具有深远的意义。

1.2.3.1　米糠蛋白的营养价值及其应用

(1) 米糠蛋白营养价值。米糠蛋白除了低过敏性的优势外,其必需氨基酸种类齐全且所含的各种必需氨基酸的比例合理,与WHO/FAO推荐的人体必需氨基酸的含量及比例最接近,也是人体从植物类食品中获取高生物效价蛋白质的重要来源。在蛋白质含量较高的植物资源中,米糠蛋白的蛋氨酸、赖氨酸、异亮氨酸含量较高,与公认的最优质的鸡蛋蛋白相比其含量及比例几乎相同。因此米糠是今后开发植物蛋白资源的重要途径。而我国米糠蛋白质的资源丰富,尤其在水稻主产区的黑龙江,米糠一般作为饲料辅料得到少量的应用,大部分因为得不到及时处理而使其食味品质由于氧化酸败而明显下降,也降低了米糠本身的营养性和功能性。米糠蛋白根据其溶解性分级即Osborne分级表明,米糠蛋白包含四种蛋白组分(清蛋白、球蛋白、醇溶蛋白和谷蛋白)。米糠蛋白以易溶性的清蛋白、球蛋白为主,其结构为低分子量单链组成的活性蛋白质,在稻米发芽或萌发早期过程中可以迅速启动进行代谢生理活动;醇溶蛋白是肽链通过分子内二硫键连接形成分子量较大的储藏蛋白质,而谷蛋白是米糠蛋白中分子量最大的蛋白质,由多条肽链通过分子间的二硫键互相作用而形成结构复杂的蛋白质结构。在米糠蛋白质分离时这部分蛋白质很难分离出来,其含量也是影响米糠蛋白提取率的关键因素。

(2) 米糠蛋白的应用现状。米糠蛋白的氨基酸组成、蛋白质的种类及特性决定了蛋白质的功能性,而功能性又决定了蛋白质的应用范围。目前在食品领域米糠蛋白主要应用于利用其营养性及分散性的婴儿配方食品中;利用其凝胶性添加到肉肠中;利用其乳化性作为焙烤食品中;利用其氨基酸的活性片段功能特性进行限制性水解获取活性较高的肽段进行纯化,用于食品开发。

①在婴儿配方食品中的应用。米糠蛋白用于婴儿配方食品中主要是利用其低

过敏性的特点，对于免疫系统未完善的婴儿来说，是补充蛋白质的重要方法，因而在婴儿强化蛋白的食品中应用广泛。有的产品在经稳定化处理的米糠中先进行植酸酶与纤维素酶处理再提取蛋白质，能够在较温和的条件下提高蛋白质的提取率，保持蛋白质的分散性及功能性，经与地瓜粉、米粉、全脂乳粉等混合制备易于消化吸收的婴儿配方食品，由于其消化吸收率高（85%以上），受到孩子妈妈们的喜爱。有的研究人员以牛乳乳粉和低变性米糠蛋白粉为原料，按2∶3比例进行均匀混合，与市售乳粉和酪蛋白的营养粉比较营养价值，确定米糠蛋白粉与乳粉复配混合的营养粉营养价值更高，蛋白质功效比为2.45，产品的真消化率、生物效价及净利用率均比市售乳粉及其他蛋白质高7%～8%。

②在保健食品中的应用。米糠蛋白及其水解物具有特定的功能性，对人类的健康可以起到调节作用，尤其是蛋白水解的多肽，可调节人体的血压、血糖，清除体内自由基，起到净化体内攻击正常细胞的自由电子的作用，能够保护免疫系统。采用鲜味酶G进行限制性水解可制备出具有抑制DPP-Ⅳ作用的Ile-Pro及Leu-Pro两个二肽，可促进胰岛素分泌能力更持久，改善糖尿病病人的血糖。米糠蛋白经碱性蛋白酶限制性水解后，经大孔吸附树脂初步纯化分离得到的乙醇洗脱液收集浓缩后的混合肽，可抑制胆固醇的增长，将其水解物处理后作为降胆固醇类的保健食品的原料。用蛋白水解物开发的醒酒肽已成功销售，可保护酒精对肝脏的损伤，口味柔和，得到消费者的喜爱。

③作为食品添加剂的应用。米糠蛋白及其水解物也可作为营养补充剂，还可利用其抗氧化作用及其凝胶特性、分散特性、乳化特性等作为风味和感官调节的增强剂，改善组织结构和冲调性应用在蛋白饮料、汤类、蔬菜加工品和焙烤制品等食品中。通过添加米糠蛋白、全脂乳粉及稳定物质，制得口感细腻、均一稳定，富含蛋白的复合乳饮料产品。利用戊聚糖酶和复合蛋白酶的水解产物，经饮料配方优化获得感官特性良好的蛋白饮料。海绵蛋糕制作时添加米糠蛋白，可利用蛋白的乳化性和起泡性提高蛋糕的膨发体积，使蛋糕体疏松多孔，比容增大。将具有较好的乳化性的米糠蛋白酶解物添加到发酵型酸奶中，进一步发酵，制得口感纯正的蛋白肽酸奶。将小麦粉与米糠蛋白按不同比例添加制作饼干，可增强饼干的断裂强度和感官性质，提高饼干的质地和口感脆度。利用米糠蛋白的抗氧化活性可作为护色剂，通过消耗蔬菜和水果泥的氧气来抑制氧气对果蔬中酶褐变的底物的氧化作用。

1.2.3.2 米糠蛋白的制备提取

据米糠中蛋白质的溶解性将米糠中的蛋白质划分为：清蛋白（albumin）、醇溶蛋白（gliadin）、谷蛋白（gluten）球蛋白（globulin）。制备米糠蛋白，通常用的方法是碱法提取，用碱法制作得到米糠蛋白的过程不仅工艺简单更易于人体吸收。并且氨基酸的组成及色、味均良好。

（1）米糠蛋白粉氨基酸组成。米糠中大约含有粗蛋白百分比为 14.5%，米糠蛋白中，根据米糠中蛋白质的溶解性，把米糠中的蛋白质划分为主要包括清蛋白、谷蛋白、球蛋白和醇溶蛋白，这四种蛋白质的比例为 37∶22∶36∶5。米糠蛋白中含有必需的八种氨基酸。氨基酸的组成非常均衡（表1-2），其中疏水性氨基酸及芳香族氨基酸，占总氨基酸的比例约 50%，米糠的生物利用高、抗营养因子低，因此为了获得生物活性肽，米糠被作为很重要的资源。

表1-2　米糠蛋白中必需氨基酸组成及比较

单位：g/100 g 蛋白质

氨基酸	米糠蛋白	WHO 推荐模式
赖氨酸	5.8	5.5
苏氨酸	3.9	4.0
色氨酸	1.6	1.0
半胱氨酸+蛋氨酸	3.9	大于 3.5
缬氨酸	5.5	5.0
亮氨酸	8.4	7.0
异亮氨酸	4.5	4.0
苯丙氨酸+酪氨酸	11.1	大于 6.0

（2）米糠蛋白理化性质。

①溶解性。米糠蛋白的溶解性与其很多性质都有密切的关系，蛋白很好的溶解性有利于实际应用。pH、温度、溶剂类型以及离子的强度等因素都对米糠蛋白的溶解性有影响。相对于大豆蛋白、大米蛋白，在等电点时米糠蛋白的溶解性相对较高。

②持水性。蛋白质与水之间相互作用对蛋白质的持水性起绝对性的作用，米糠蛋白的持水性是蛋白质化学性质中重要的性质之一。对于不同类型的食品而言，蛋白质有着不同的吸收和保留水的能力。相对于大米蛋白，米糠蛋白比大米蛋白的持水性低 100%，这种现象是因为米糠蛋白中的相对分子质量低的可溶性肽和氨基酸比较多。

③乳化性。米糠蛋白的乳化性和乳状液体系有关联，乳状液体系的概念是指不相溶的两种液体所形成的均一的悬浮液或分散液。蛋白质中有亲水分子和疏水分子基团，能够吸附在油水界面，起到稳定乳状液的作用，因此，蛋白质经常作为乳化剂应用于乳状液食品体系中。

1.2.4 米糠脱脂方法

1.2.4.1 超临界 CO_2 萃取脱脂简介

(1) 技术原理。超临界二氧化碳萃取技术的分离原理是：超临界的二氧化碳对某些特别的天然产物具有一定的溶解性，利用超临界二氧化碳的溶解能力与其密度的关系，即利用压力和温度对超临界二氧化碳溶解能力的影响而进行的。在超临界状态下，将超临界二氧化碳与待分离的物质接触，使其有选择性地把极性大小、沸点高低和分子量大小的成分依次萃取出来。当然，对应各压力范围所得到的萃取物不可能是单一的，但可以控制条件得到最佳比例的混合成分，然后借助减压、升温的方法使超临界流体变成普通气体，被萃取物质则完全或基本析出，从而达到分离提纯的目的，所以超临界流体二氧化碳萃取过程是由萃取和分离组合而成的。

(2) 萃取装置。超临界萃取装置可以分为两种类型，一是研究分析型，主要应用于少量物质的分析，或为生产提供数据。二是制备生产型，主要是应用于批量或大量生产。

超临界萃取装置从功能上大体可分为八部分：萃取剂供应系统、低温系统、高压系统、萃取系统、分离系统、改性剂供应系统、循环系统和计算机控制系统。具体包括二氧化碳注入泵、萃取器、分离器、压缩机、二氧化碳储罐、冷水机等设备。由于萃取过程在高压下进行，所以对设备以及整个管路系统的耐压性能要求较高，生产过程实现微机自动监控，可以大大提高系统的安全可靠性，并降低运行成本。

(3) 超临界 CO_2 萃取技术的特点。

①可以在接近室温（35~40℃）及 CO_2 气体笼罩下进行提取，有效地防止了热敏性物质的氧化和逸散。因此，在萃取物中保持着药用植物的全部成分，而且能把高沸点，低挥发度、易热解的物质在其沸点温度以下萃取出来。

②使用 SFE 是最干净的提取方法，由于全过程不用有机溶剂，因此萃取物绝无残留溶媒，同时也防止了提取过程对人体的毒害和对环境的污染，是 100%的纯天然。

③萃取和分离合二为一，当饱含溶解物的 CO_2-SCF 流经分离器时，由于压力下降使 CO_2 与萃取物迅速成为两相（气液分离）而立即分开，不仅萃取效率高而且能耗较少，节约成本。

④CO_2 是一种不活泼的气体，萃取过程不发生化学反应，且属于不燃性气体，无味、无臭、无毒，故安全性好。

⑤CO_2 价格便宜，纯度高，容易取得，且在生产过程中循环使用，从而降低

成本。

⑥压力和温度都可以成为调节萃取过程的参数,通过改变温度或压力达到萃取目的。压力固定,改变温度可将物质分离;反之温度固定,降低压力使萃取物分离,因此工艺简单易掌握,而且萃取速度快。

从超临界流体性质角度总结超临界流体萃取的特点。

①萃取速度高于液体萃取,特别适合于固态物质的分离提取;

②在接近常温的条件下操作,能耗低于一般精馏法,适合于热敏性物质和易氧化物质的分离;

③传热速率快,温度易于控制;

④适合于挥发性物质的分离。

(4) 超临界 CO_2 萃取技术的应用。沙棘油萃取分离,咖啡豆的脱咖啡因,烟草的脱尼古丁,咖啡香料的提取,啤酒花中有用成分的提取,从大豆中提取豆油和蛋黄的脱胆固醇,萃取出大蒜素等。

1995 年内蒙古宇航人高技术产业有限责任公司建成全国最大的 500 L×2 超临界二氧化碳萃取装置,并利用此装置生产出优质的沙棘油,凭借卓越品质,长期畅销于全球。

蜂胶的提取工艺选择超临界二氧化碳萃取技术没有溶剂残留,活性成分没有污染,有效防止热敏性以及物质的氧化和逸散,在萃取的过程中保持着天然蜂胶的全部功效。

1.2.4.2 有机溶剂脱脂

(1) 石油醚。石油醚(petroleum ether)是一种轻质石油产品,其沸程为 30~150℃,收集的温度区间一般为 30℃左右,一般有 30~60℃、60~90℃、90~120℃等沸程规格。

主要的化学性质:其蒸气与空气可形成爆炸性混合物,遇明火、高热能引起燃烧爆炸。完全燃烧时不产生任何烟雾。与氧化剂能发生强烈反应。高速冲击、流动、激荡后可因产生静电火花放电引起燃烧爆炸。其蒸气比空气重,能在较低处扩散到相当远的地方,遇火源会着火回燃。

基本用途:主要用作溶剂及作为油脂的抽提。用作有机溶剂及色谱分析溶剂;用作有机高效溶剂、医药萃取剂、精细化工合成助剂等;用于有机合成和化工原料。

(2) 正己烷。正己烷作为良好的有机溶剂,被广泛使用在化工,机械设备表面清洗去污等环节。但其具有一定的毒性,会通过呼吸道、皮肤等途径进入人体,长期接触可导致人体出现头痛、头晕、乏力、四肢麻木等慢性中毒症状,严重的可导致晕倒、神志丧失,甚至死亡。正己烷在工业上主要用作溶剂,用于配制黏胶以黏合鞋革、箱包，常用于电子信息产业生产过程中的擦拭清洗作业，还有食品制造业的粗油浸出、塑料制造业的丙烯溶剂回收、化学实验中的萃取剂（如光气实验）以及日用化学品生产时的花香溶剂萃取等行业也用到正己烷。若使用不当，极易造成职业中毒。

（3）乙醚。

主要的化学性质为：比较稳定，很少与除酸之外的试剂反应；在空气中会慢慢氧化成过氧化物，过氧化物不稳定，加热易爆炸，应避光保存。

基本用途为：主要用作油类、染料、生物碱、脂肪、天然树脂、合成树脂、硝化纤维、碳氢化合物、亚麻油、石油树脂、松香脂、香料、非硫化橡胶等的优良溶剂。医药工业用作药物生产的萃取剂和医疗上的麻醉剂。毛纺、棉纺工业用作油污洁净剂。火药工业用于制造无烟火药。

1.2.5 米糠蛋白活性肽

米糠是水稻加工中产生的富含脂肪、蛋白质、维生素 E、B 族维生素及部分淀粉的副产品。米糠年产 1200 万吨左右，由于大多的大米加工企业对米糠不进行稳定化处理，其中的含有的营养成分很容易被氧化而失去活性并产生哈喇味影响了米糠的进一步利用。米糠中的蛋白质是一种低过敏性、高生物效价的优质植物蛋白质，是除燕麦以外最符合人体氨基酸比例的天然植物蛋白质资源，加工企业也越来越重视米糠蛋白资源的开发。米糠蛋白可直接添加到食品中，利用其凝胶性、乳化性及良好的分散性可改善食品的组织状态和口感，提高食品营养价值的同时改善产品的品质。米糠蛋白质中的某几种特定氨基酸的含量较高，米糠蛋白的赖氨酸、蛋氨酸、异亮氨酸含量较高，使其限定水解的肽段表现不同的生物活性，比较常见的多肽有抗氧化、降血压、抑菌、抗炎等活性。由于目前人们生活水平的改善而带来的健康问题（如高血压、免疫力下降等），使一些提高人体免疫力的活性物质需求量大增。因此，以米糠蛋白质为原料，制备高活性类多肽产品市场前景广阔。

1.2.5.1 抗氧化活性肽

（1）抗氧化肽的抗氧化活性。抗氧化肽是一种研究蛋白质水解产物环节中最基础的多肽类，对其多种物质的抗氧化性研究得较多，其主要功能是清除体内自由基或过氧化物，根据其分子量不同、氨基酸的排列顺序和组成不同其抗氧化活性都不同。其中链较短的 2~10 个氨基酸残基的多肽其抗氧化活性较强。研究确定米糠抗氧化肽在短链分子量范围内活性高于长链分子，小于 3 kDa 水解产物，DPPH 自由基清除力最高。研究报道特性蛋白酶的限定水解获得的米糠抗氧化肽活性在分子量 700~3600 Da 范围时最强。以米糠蛋白为原料的水解提取物对

·OH 自由基的清除率高达 76.2%，抗氧化值达到 19.9 mg/g，比常见的维生素 C 的抗氧化性还要高 26 倍。在风味蛋白酶和木瓜蛋白酶复合条件下进行限制性水解，通过对水解物初步进行纯化后并对产物抗氧化活性检测，其中对 DPPH 自由基清除率为 58.82%，对·OH 自由基的清除率为 34.78%。米糠抗氧化肽对体内线粒体具有保护作用，减少自由基对线粒体的攻击而产生损伤，通过喂食线粒体损伤的小鼠模型，一定剂量的米糠抗氧化肽可改善小鼠的线粒体损伤程度。研究表明特定水解的米糠抗氧化混合肽在邻苯三酚自氧化反应体系中，可调节 SOD 酶活性。研究结果表明碱性蛋白酶的特定水解氨基酸位点，可获得暴露的氨基酸活性基团，因此碱性蛋白酶通常作为首选制备抗氧化肽的酶类，通过碱性蛋白酶水解得到的米糠抗氧化肽对 ABTS 自由基清除率可达 71.85%。研究人员在使用木瓜蛋白酶和胰蛋白酶复合酶对米糠蛋白进行限定性酶解，获得的水解产物表现出最高的氧自由基清除率，清除率的大小与分子量分布范围相关，当分子量为 800～2100 Da，有 6～21 个氨基酸残基组成的肽段，表现最强的抗氧化能力。研究人员对不同种类的酶水解特性进行研究，确定了碱性蛋白酶、风味蛋白酶、中性蛋白酶的水解时间对水解产物的抗氧化性的相关性，结果表明不同种类的蛋白酶对获得的多肽产物抗氧化活性的影响较大，酶的种类间影响差异显著；同种酶不同水解时间对水解获得的抗氧化肽的活性影响差异不显著。

（2）抗氧化肽的分离纯化研究与应用。蛋白质的氨基酸组成复杂，选用不同种类的蛋白酶水解的特定位点不同，获得的肽段差异较大；同种酶类不同水解条件获得的肽段分子量也不同，想要获得高活性的多肽产物，需要对不同分子量的多肽进行分离浓缩聚集，从而得到活性较高的产物。根据分子量的大小进行纯化分离采用膜分离（超滤）技术是速度快、成本低的初步分离的第一步；根据氨基酸的极性与吸附特性不同可选用葡聚糖凝胶层析法；为了获取纯度更高的多肽产品，还可选用制备液相色谱和质谱分离技术。在实验设计中还要根据多肽纯度、分离后的多肽用途、分离对象的特性来最终确定。如果抗氧化肽最终是要开发饮料配方，因此对纯度不做高的要求，应以成本低和活性强为依据，首选的分离方法是超滤技术。

①无机陶瓷膜超滤分离技术应用概况。目前超滤技术比较成熟，应用范围也较广泛，尤其在食品工业中用于分离纯化更多。超滤膜常见的有无机膜和有机膜两种。无机膜是固态膜的一种，它是由无机材料，如金属、金属氧化物、陶瓷、多孔玻璃、沸石及无机高分子材料等制成的半透膜。常用无机膜的主要材料是性能稳定的 ZrO_2、Al_2O_3、SiO_2 和 TiO_2 等，还有 Al_2O_3-ZrO_2 复合膜结构。孔径的大小决定了微滤的作用，孔径小于 100 nm 的用于超精密过滤，孔径 200～450 nm 的用于除菌过滤，孔径大于 650 nm 的用于澄清过滤。在确定选用无机陶瓷膜材料

后，选择适宜陶瓷膜孔径大小是研究膜分离过程的首要工作。因为膜孔径大小不仅影响膜分离的效果，而且影响膜分离的效率。这些材料通常通过溶胶——凝胶法（Sol-Gol）镀在陶瓷的载体上，所以一般的无机膜也称为陶瓷膜。陶瓷微滤膜作为一种无机膜耐酸碱、耐有机溶剂、耐高温的性能比有机材料制成的膜要好，具有孔径分布窄，分离效率高等优势。配套设备的投入比有机材料制成的膜成本要大得多，但可再生能力强，重复使用，试验过程中，不需增加任何促进分离效果或提高纯度的化学或生物成分，容易操作，在长期应用中优势明显。无机陶瓷膜的主要应用领域在饮料生产中，比如果汁澄清和除菌，很好地保持了果汁的风味，澄清效果、风味物质损失、膜通透量和除菌效果都表现出明显的优势。

②无机陶瓷膜在蛋白及多肽分离纯化中的应用。无机陶瓷膜在蛋白质及多肽中的应用在近几年才发展起来，初期由于陶瓷膜的孔径大小及分布的问题，主要应用在蛋白质及多肽的脱盐处理中。目前的陶瓷膜生产技术解决了孔径大，分布不均的问题，陶瓷膜的孔径达到了纳米级，孔径最小也能达到 20 nm 及以下，使陶瓷膜的应用范围逐渐扩大，也应用到多肽分离中。研究人员在胰凝乳蛋白酶限制性水解小麦的高分子蛋白质的研究中，选用 ZrO_2 材质的无机陶瓷超滤膜对麦醇溶蛋白和麦谷蛋白多肽溶液反复进行超滤，最后确定纯化多肽的含量可达 84%~90%。超滤的效果与选用膜的材质和孔径的大小有关，对于多肽等中小分子的纯化选择孔径偏小的复合材质膜分离效果好。研究人员采用碱性蛋白酶对黑蚂蚁分离蛋白进行限制性水解，获得具有抗氧化活性的多肽化合物，将超滤膜和离子交换色谱结合，利用中空纤维超滤膜对多肽混合物进行分离，获得分子量分布不同的五组多肽混合物，每组的多肽活性也不同，说明超滤技术能够达到分离不同种类不同活性的多肽组分的效果。将不同超滤膜和纳滤膜结合对皮革蛋白限制性水解产物进行脱盐和分离连续渗滤操作，确定膜种类及操作条件对分离效果影响较大，研究过程中确定了超滤液的料液浓度、错流速度、压力差是影响超滤效果的关键操作参数，其中压力差对分离影响最大。为了减少小分子量多肽的超滤损失，要优先选择纳滤膜。纳滤膜的孔径大小要通过筛选孔径实验，确定不同孔径的膜的分离效果与分离目标多肽的活性损失的关系，使两者均达到理想的分离条件。

为了发挥好无机陶瓷膜对活性多肽的分离效率，通常采用无机陶瓷膜与有机膜结合的连续分离纯化工艺，前期获得最快的分离效果，后期获得纯度更高的多肽产物。为了获得目标多肽选用管式有机膜和无机陶瓷膜对动物蛋白限制性水解的混合产物多肽分离条件进行优化，确定了影响分离效果的操作因素主要有操作温度、膜压力差、错流速度及料液浓度，在不同操作条件下，膜的通透量为衡量指标，最后对分离液进行活性测定，结果确定分离后的过滤液活性有所提高。目前无机陶瓷膜分离多肽的工艺，多采用先无机膜后有机膜结合的方法。研究人员采用不同带电的板式超滤膜和纳滤膜复合型对乳清蛋白的蛋白酶水解产物中不同分子量的多肽进行分离研究，通过研究两种不同类型的膜、混合水解液的 pH 和水解液的离子强度对混合液分离过程的透过率和通透量的影响，确定不同极性和不同电荷量的多肽通透量差别较大，透过的多肽以中性多肽和正电荷多肽为主。

（3）苦味肽的形成机理和影响因素。

①苦味肽的形成机理。蛋白水解物大部分会产生苦味，将此类多肽称为苦味肽。苦味肽的苦味是其中的疏水性氨基酸引起的。蛋白分子结构完整时，外表分布着极性氨基酸，在蛋白结构的内部主要是疏水性的氨基酸，人的味蕾由于接触不到蛋白结构内部的疏水性氨基酸而感受不到苦味。但是通过各种蛋白酶水解的多肽，由于不同蛋白酶水解氨基酸的位点不同，水解产物获得不同外露的疏水性氨基酸，也就是将隐藏在完整蛋白质内部的疏水性氨基酸外露，使人在食用各种蛋白质水解产物时都不同程度地品尝到苦味的主要原因。由于不同的蛋白酶水解氨基酸的位点不同，获得的氨基酸性质也有差异；水解程度不同的蛋白溶液暴露的疏水性氨基酸浓度不同，表现的苦味也有差异性。对蛋白质经蛋白酶水解得到不同活性的多肽液的研究很多，而开发出多肽的产品却很少见，主要原因就是苦味较大，如何解决活性多肽的苦味问题是研究的重点。

②产生苦味肽的影响因素。蛋白质的水解过程也是苦味肽的形成过程，如何减少和控制蛋白水解期间产生苦味肽的量，影响苦味肽的影响因素，也是减少产品苦味研究的一个方向。在苦味肽形成的机理研究中，确定水解蛋白质所得多肽的苦味强弱与多肽的含量、空间结构、分子量、肽链末端氨基酸种类等因素相关。基本包括以下几种影响因素：

a. 苦味的强弱与多肽的氨基酸组成、性质、结构及氨基酸序列等有密切的关系。早在 20 世纪 80 年代国外研究人员确定多肽苦味的强弱受疏水氨基酸的影响很大，同时疏水氨基酸与其他非疏水氨基酸构成的空间结构对苦味的形成也起很大的作用。这主要是苦味的出现与肽链的空间结构有关。味蕾上苦味感受与苦味的空间结构相吻合，苦味才能体现出来。苦味肽的氨基酸序列决定了肽段 C—末端氨基酸的性质，与疏水性氨基酸暴露出的键能有关。所以疏水氨基酸对于苦味的形成是必要的。

b. 分子量（或肽链的长度）也影响其苦味。研究苦味肽的苦味值与分子量的关系中确定苦味肽的分子量大多为两三个氨基酸到十几个氨基酸构成的肽段。Ney K H 在研究分子量与苦味关系中确定分子量小于 6000 的肽才会显现出苦味。邓勇等研究人员在研究苦味与多肽分子结构的相互关系时，发现多肽分子量与苦味相关性很大，分子量超过 5000 kD 的大分子肽不具苦味，而小分子肽的苦味却很高，一般分子量处于 500~1000 kD 的短肽苦味最强，这与其他人员的研究结果相一致。主要因为味蕾感受器结构与氨基酸的结合程度有关，因此小分子量的多肽苦味重，在多肽制备中，控制好水解程度也是减少苦味肽过多形成的重要方法。

c. 苦味肽的苦味值与蛋白酶的来源相关。因为不同来源的蛋白酶其作用于氨基酸的水解位点不同，如果水解位点在疏水性氨基酸处，则暴露出来的疏水性氨基酸的末端增加，使苦味值增大，或许多肽的活性由于疏水性氨基酸末端的暴露而发生改变。大豆蛋白的胰蛋白酶水解产物要比胃蛋白酶水解产物具有更强的苦味。碱性蛋白酶等的水解位点在疏水性氨基酸的C—末端，使水解产物末端位置为疏水性氨基酸的短肽暴露出来，使多肽活性升高，而多肽内部位置的疏水性氨基酸残基就较少，苦味值小。

d. 多肽苦味值与蛋白质的来源及序列有关。如果某种蛋白质中疏水性的氨基酸含量较高，且选用水解位点位于疏水性氨基处，那么获得的水解产物多肽的苦味会增加。因此选择不同来源的蛋白质，其水解产物的苦味也是不同的。在制备多肽时，在保证活性的前提下，选择不同的蛋白酶水解蛋白质，原料中蛋白质的来源、水解的条件等因素都是影响水解产物苦味强度的控制因素，因此如何降低蛋白质水解液的苦味，已成为开发活性多肽产品的主要技术问题。

③脱苦方法。开发多肽类食品的关键技术问题是脱苦问题，自从确定多肽结构和苦味值之间的关系以来，研究人员就提出多种去除苦味的方法。一种是控制多肽的水解程度，但是获得多肽的主要目的还是看重多肽的功能特性，而具有一定活性的多肽又与多肽的极性、氨基酸末端组成、分子量大小等相关，想从水解工艺上控制苦味值的强度困难较大；另一种脱苦方法是去除或改变蛋白水解物中的疏水氨基酸的特性。一般采用分离、提取、吸附、掩盖、蛋白质改造以及酸碱水解等。采用何种方法进行脱苦还需根据多肽本身的活性，如果苦味肽具有活性肽功能，采用分离、提取的方法会影响多肽的活性，因此分离、提取的方法进行脱苦处理并不可行；掩盖方法脱苦是目前比较常用的脱苦方法，主要是采用把苦味肽进行包埋或隔离，使苦味肽不能接触味蕾上的苦味感受器而达到脱苦的目的。不但达到脱苦作用，还不影响多肽食用后的活性作用。

a. 掩盖方法脱苦。这种脱苦方法属于物理方法，在苦味的蛋白水解液中加入能够与苦味多肽相互作用的物质来减少苦味的方法。掩盖脱苦的机理就是将苦味肽进行包埋或隔离，减少苦味接触味蕾感受器而达到脱苦的目的。作为掩盖物质主要有酸类物质如：多聚磷酸、甘氨酸、牛磺酸等；大分子物质如：明胶、糊精、交联淀粉等。磷酸类物质对苦味肽的脱苦效果明显，能够很好地掩盖酪蛋白水解液的苦味，应用多聚磷酸脱苦时应在蛋白质水解过程中加入，脱苦才有效。研究人员对甘氨酸的脱苦效果进行研究，确定其与多聚磷酸相比，脱苦效果更好。苦味肽与其他的蛋白类成分混合也有不同程度的脱苦的作用，有人将脱脂奶、大豆蛋白粉或浓缩乳清蛋白混合，也达到了脱苦作用。原因是蛋白质、氨基酸和肽相互之间由于极性和电荷的关系，存在亲和作用。交联淀粉的脱苦效果主要是利用交联淀粉的大分子结构能把苦味肽藏于淀粉的分子结构内部，来隔离交联淀粉与味蕾感受器接触而起到掩盖苦味的目的。为提高交联淀粉的脱苦效果，加热淀粉与苦味肽的混合物，使交联淀粉糊化，分子膨胀后分子结构展开，苦味肽被展开的糊化交联淀粉包埋或隐藏，而达到降低苦味的效果。β-环糊精与交联淀粉的脱苦作用机理一致，也是高分子的β-环糊精内部形成一定疏水性空间结构，能够将苦味肽包埋而达到掩盖苦味的作用。研究人员使用β-环状糊精对大米蛋白抗氧化肽进行脱苦实验，通过β-环状糊精添加量、pH、时间、温度等单因素和正交实验优化了β-环状糊精对大米蛋白抗氧化肽的脱苦最佳工艺条件，确定影响脱苦效果最大的因素是 pH，其次是时间，β-环状糊精添加量影响最小。通过研究β-环状糊精对胰蛋白酶和木瓜蛋白酶水解液的脱苦效果影响，确定柠檬酸的添加量对脱苦影响最大。

b. 选择性分离法脱苦。利用活性炭、树脂或溶剂等具有吸附性的材料将不同疏水性的多肽进行选择性地分离去除。使用活性炭吸附进行选择性分离水解酪蛋白的实验研究中，当使用量达到 0.5 g/g 酪蛋白时，就能有效地使酪蛋白脱苦。采用活性炭脱苦可造成必需氨基酸的损失，会降低蛋白质的营养价值。这也说明必需氨基酸的结构特性或疏水性与苦味相关。任世英等研究以河蚬肉为原料采用双酶水解后的混合液，以活性炭为吸附剂进行选择性分离脱苦，确定3%的粉末活性炭，55℃吸附 30 min 的吸附优化条件。魏芳等研究 DA201-C 型大孔吸附树脂对阿胶低聚肽的脱苦作用具有很好的效果，确定分离后的阿胶低聚肽组分中多肽的分子质量分布在 87.56~1 874.85 Da 之间，且疏水性氨基酸的含量明显降低。隋玉杰等研究高活性玉米醒酒肽的脱苦效果，确定醒酒肽不宜采用活性炭吸附法脱苦，可造成肽活性降低和蛋白质损失；采用β-环糊精掩盖法脱苦效果比较理想。

c. 微胶囊化法脱苦。微胶囊化包埋掩盖法是新发展的脱苦方法，微胶囊技术是将具有易氧化等不稳定的活性物质或苦味物质利用喷雾或溶液用成膜稳定的大分子物质包封起来，形成的是微小的膜颗粒体。大分子的成膜材料作为壁材将芯材苦味短肽包裹与外界环境隔绝，使苦味物质不能与味蕾感受器接触而起到屏蔽作用，能够保留芯材的营养和感官品质。郭渴渴等采用超声波法包埋亚铁肽形成微胶囊以麦芽糊精和β-环状糊精作为壁材确定麦芽糊精与β-环糊精的比为 70∶30，芯壁比为 1∶6，包埋率达到 80% 以上，保持活性的同时，脱苦效果又很好。

(4) 抗氧化肽的体外抗氧化研究。自由基在自然界的多种物质中存在，由于其含有一个或多个未配对电子，是非常活跃且化学性质不稳定的分子、原子或离子，尤其在人体细胞、组织成分的性质改变而产生大量自由基，攻击人体的正常细胞、组织而产生细胞组织的病变，危害人体的健康。自由基主要是内源性自由基，包括氧自由基和氮自由基两种。人体自身代谢产生的自由基属于内源性自由基，而由于环境污染、高温、辐射、物质成分或微量元素、维生素不足而产生的外源性自由基也会促进体内自由基数量增加。英国科学家 Harman 在 1956 年就提出了自由基理论，研究人员逐渐重视自由基对正常细胞组织的危害机制，也确定了人体自由基存在的多少与多种疾病相关，因此清除各种自由基的方法也越来越受到大家的关注与认可。健康的人体细胞、组织维持的自身酶系统和非酶系统能够将各种代谢反应或某种电子、分子产生的自由基自动清除，维持一种稳定的氧化与抗氧化的平衡系统。当人体细胞衰老时，体内各组织系统的细胞或其他成分产生的自由基过多或免疫系统弱化体内存在的氧化与抗氧化的不平衡，而清除自由基过慢时，细胞中就会积累越来越多的自由基而造成机体组织损伤或细胞凋亡。现在的很多疾病已经证明是由自由基过多而引起的，如心脑血管疾病、动脉粥样硬化、各种癌症、老年性疾病（帕金森综合征、阿尔茨海默症）、酒精性肝损伤。这些疾病都是由于衰老或由于不良的生活方式造成体内氧化与抗氧化的不平衡引起的自由基产生过多或清除得不及时。因此开发能够清除人体正常代谢或衰老产生的自由基清除物质越来越迫切，对于抗氧化剂的需求应运而生。

清除自由基的成分主要属于抗氧化剂类的物质，目前存在的抗氧化剂主要是合成抗氧化剂，如丁基羟基甲苯、没食子酸盐等，广泛用于食品类保藏或人体疾病预防等。由于合成的抗氧化剂一方面清除自由基，另一方面对人体的正常细胞有危害作用，目前已经限制它们的使用量或使用范围。由于人类的不良生活方式及进入老龄社会，对一种安全的天然抗氧化剂的物质开发也是国内外研究人员开发和研究的热点问题。现已从存在天然的抗氧化氨基酸序列的大豆蛋白、花生蛋白、菜籽蛋白、玉米蛋白、大米蛋白、乳蛋白等许多天然蛋白中制备出抗氧化活性的多肽。通过食用具有天然抗氧化活性的物质来清除体内过多的自由基数量，预防体内自由基攻击正常细胞而阻止氧化反应的发生，从而提高机体对由于自由基攻击正常细胞而产生的疾病的抵抗能力。比较合理可行的天然抗氧化剂成分的摄入最好是在食品中添加抗氧化活性物质，在保障营养物质的正常供应时还可提高人体抗氧化能力，从而保护正常细胞的功能，减少疾病的发生。

评价一种成分的抗氧化能力主要分为体外和体内抗氧化试验两种。通常情况是先判断具有体外抗氧化作用，再进一步做体内抗氧化，因为作为食用原料进入体内的代谢后为了检测其是否还具有抗氧化活性。体外抗氧化试验常用以下 3 种方法测定：a. 通过待测样品对能够产生自由基系统的自由基的清除能力来确定其抗氧化活性。自由基清除能力的测定方法主要有：超氧阴离子自由基法、羟自由基法、DPPH 法、ABTS 法；b. 通过测定样品对脂类物质自动氧化产生的自由基来测试氧化抑制能力来确定待测样品的抗氧化能力。硫代巴比妥酸法（TBAS）、亚油酸自氧化法（硫氰酸铁法），常用的方法是亚油酸自氧化法。原理是亚油酸结构中的两个双键，极易被氧化，最先在光、热、催化剂的作用下形成游离基，然后吸收氧形成过氧化游离基，后续发生一系列链式自由基反应，而形成过氧化脂质，通过硫氰酸铁络合物提供的 Fe^{2+} 被过氧化脂质氧化成 Fe^{3+}，利用 Fe^{3+} 与 SCN^- 反应变成红色，在可见光下具有吸收峰。根据抗氧化剂阻断脂质氧化产生的链式反应，减少 Fe^{3+} 与 SCN^- 反应，从而判断抗氧化物质活性强弱。c. 通过测定待测样品对氧化性金属离子的螯合能力来判断其抗氧化能力。螯合亚铁离子法是目前常用的螯合金属离子能力的检测方法。在正常机体内，亚铁离子是强的还原剂，可以催化氧离子转化为氢氧根离子，使其具有更强的攻击正常细胞的能力。当抗氧化活性物质存在时，如果对亚铁离子具有螯合作用，就会阻止氧离子转化为氢氧根离子。Kim S Y 等研究体内的胃肠道消化蛋白产生的具有抗氧化活性的多肽时，确定了抗氧化多肽能够与 Fe^{2+} 螯合而达到抗氧化能力。因此，判断抗氧化物是否具有螯合能力来间接评价其抗氧化性能力强弱。

体外评价抗氧化实验是研究某种物质是否具有抗氧化性的首选方法，是初步判断某种物质抗氧化能力的基本实验手段。体外抗氧化实验成本低，反应体系易得，测定速度快，所需样品和试剂少等优点，目前已成为体内抗氧化实验的基础。

1.2.5.2 降血压肽

人体内的血管紧张素Ⅰ在 ACE（angiotensinⅠ-converting enzyme）的影响下产生了血管紧张素Ⅱ，血管紧张素Ⅱ是现有的研究中作用最强的使血压升高的肽。ACE 血管紧张素转换酶抑制剂对血管紧张素Ⅱ的产生具有抑制功能。在肾素-血管紧张素系统中，ACE 具有重要的生理功能。血管紧张素是血管紧张素原与肾血管紧张素的作用下产生的，血管紧张素可以刺激人体内血管的平滑肌且对人体的血压没有作用，当人体内血管紧张素含量增多，血压就会随之增高。人体中的高血压由于高活性的血管紧张素转换酶而导致时，为了使血压降低，利用血管紧张素转换酶的活性降低的原理，减少血管紧张素的生成抑制激肽（激肽是一类单链的多肽，是在人体内参与维持血压不过度升高和保持血液畅通的一类肽）的分解。因此，ACE 抑制剂可用来作为降血压的药物。

有报道显示，米糠蛋白经过单一酶类水解比多种酶类共同水解得到肽的血管紧张素转换酶活性低，分子量在 200~600 之间。经过 HPLC-MS 仪器检测发现，血管紧张素转换酶活性最大的蛋白肽的荷质比占分子量的一半，也就是说血管紧张素转换酶活性最大的蛋白肽的主要状态为二聚体，它们的共同特征是 C 端具有苯环状的结构。Yoshiyuki 等将黄酒的生产过程中产生的酒糟经过酶解分离等方法，得到了具有降血压功能的肽段 9 条。这九条肽段中的一个二肽 Arg-Tyr 与五肽 Ile-Tyr-Pro-Arg-Tyr 对原发性高血压大鼠的血压具有降低的作用。

（1）降血压肽的作用机制。许多的因素调节人体内的血压，因素中最重要的是激肽释放酶-激肽系统（kallikrein-kinin system，KKS）和肾素-血管紧张素系统（renin-angiotensin system，RAS）之间的平衡。血管紧张素转换酶（angioensin-I converting enzyme，ACE）在这两个系统中发挥重要的作用，所以血管紧张素转换酶在人体中分布十分的广泛。ACE 能降低血压主要是利用两种不同的方法来实现（图 1-3）。第一种方式是在肾素-血管紧张素系统中 ACE 可以促进血管紧张素 Ⅱ 的生成，高活性的血管紧张素 Ⅱ 刺激前毛细血管平滑肌和小动脉的收缩，增加人体内钠贮量和血液量，从而促进血压值的升高；另一种方式是在激肽释放酶-激肽系统中，血管内皮激肽被血管紧张素转换酶作用，活性被降低，减少前列腺素和一氧化氮等物质的生成，当激肽受到血管紧张素转换酶的刺激时，激肽释放酶-激肽系统就处于抑制状态，促进血管收缩（图 1-3）。而血管紧张素转化酶抑制剂的主要目的为抑制血管紧张素转换酶的活性，减少血管紧张素 Ⅱ 的产生和保护激肽不被破坏，因此减缓人体血压的增长。

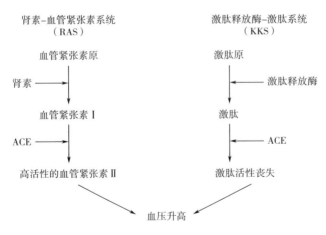

图 1-3　血管紧张素转化酶对血压的调节作用

降血压肽别名 ACE 抑制肽（angiotensin converting enzymeinhibitory peptides，ACEIPs）是可以控制人体血压升高的生物活性肽。降血压肽主要与激肽释放酶-激肽系统和肾素-血管紧张素系统中血管紧张素转换酶的活性部位相结合，使血管紧张素转换酶的活性被抑制，起到降低血压的功能。血管紧张素转换酶作为一种含锌二肽羧基肽酶，有 2 个 Zn^{2+} 的结合位点，即使血管紧张素转换酶催化反应的活性基团。

现代科技日新月异，人们对自身健康意识越来越强，高血压人群和科研人员对非化学合成的药物越来越重视。而食源性 ACE 抑制肽由于具有可靠的安全性、没有毒副作用，对没有高血压的正常人群不会起作用等功能，适合长期服用，已成为当前人们争相研究的对象。

（2）降血压肽的国内外研究现状。Ferreira 等早在 20 世纪 60 年代中期就从美洲矛头蝮蛇（bothrops jararaca）蛇毒中发现了舒缓激肽增强肽（bradykinin potentiating peptide，BPP），这是最早被提取出来的非化学合成血管紧张素转化酶抑制剂（ACEI）。从这以后就有舒缓激肽增强肽从各种各样的蛇毒中被提取出来，20 世纪 70 年代 Kato 等从日本蝮蛇亚种（agkistrodon halys blomhoffii）蛇毒中提取出 5 种舒缓激肽增强肽又对其结构进行了研究；20 世纪 80 年代我国研究人员何子安从浙江蝮蛇蛇毒中提取出一种 11 肽；在这以后人们分别从不同的蛇毒中提取出了具有降血压功能的肽类，如菜花烙铁头蛇、江西蝮蛇、五步蛇、湖南烙铁头蛇等。随着人们对 ACE 抑制肽的研究越来越深入，对蛋白质的研究也越来越全面，ACE 抑制肽的制备也从简单提取慢慢往基因提取、酶水解和化学合成等生物工程技术的方法上靠拢，对 ACE 抑制肽的提取与制备不过短短的 40 年，但是对它研究的发展与进步却是十分迅猛的。

从食物中提取降血压肽是在 20 世纪 80 年代初 Oshima 等在明胶中发现了具有降血压功能的多肽，此为已被证明的第一例食源性 ACE 抑制肽。然后人们分别从不同的可食用的蛋白中提取出了具有降压效果的多肽，到现在为止被验证过的具有降压活性的食源性多肽超过一百种，较多研究的有卵清蛋白、玉米、豆奶、大蒜、小麦、奶酪、大豆等都具有很强的 ACE 抑制活性。在 20 世纪 90 年代中期首次报道从奶制品中制备分离出了 ACE 抑制肽，Nakamura 等报道证明日本酸奶中的蛋白具有降血压活性，对原发性高血压大鼠具有良好的降压效果；Masuda 等研究中从其他酸奶中制备出另一种具有 ACE 抑制活性的三肽。人们不仅从乳制品中制备出降压效果较好的 ACE 抑制肽，越来越多的发酵制品也被人们发现具有 ACE 抑制活性，20 世纪 90 年代 Saito 等研究人员以日本清酒和酒糟为原料提取出九种降压效果较好的多肽；张荣真等也以福建老酒为原料制备出高活性的降血压肽。Akiko Okamoto 等对各种发酵制品的降压效果进行了比对分析，分析指出从经过发酵后的奶酪、大豆中制备出的多肽都具有很好的降血压效果，尤其是大豆类发酵食品具有很高的 ACE 抑制效果。人们也从大蒜、花果、鸡蛋等不同种类的食源性蛋白中制备出了 ACE 抑制肽。Fujita 就以卵清蛋白为原料制备出具有降血压效果的多肽。由此可见，从食物中提取 ACE 抑制肽有着广泛的开发前景。

某些学者表示可以利用化学合成的手段来合成 ACE 抑制肽，Suetsuna 等人就从大蒜中制备出了具有高降血压活性的肽段七条，利用化学合成的方法制备出高纯度的 ACE 抑制肽，经过动物实验验证了其降压效果显著；Kohmura M 研究了利用人的 β-酪蛋白的氨基酸片段化学合成了 69 条具有 ACE 抑制活性的降血压肽。与国外相比我国运用 DNA 重组技术来合成降血压肽相对较晚，近几年才出现相关报道，刘冬等人利用基因工程技术合成出降血压肽单体。

（3）降血压肽的分离纯化方法。

①膜分离技术纯化降血压肽。膜分离技术作为这几年新兴的分离技术，拥有非常多的优点，如分离时间短、能耗低、成本低、操作简便、和材料来源丰富等。超滤作为一种普遍的膜分离技术，其原理为膜的选择透过性，以化学位差或外界能量为主要动力，使滤液中的待分离物质如分子量较小的蛋白质有选择性地穿透滤膜，小分子物质渗透出去，大分子物质被截留下来。超滤是分离生物活性肽最普及的膜分离技术，绝大部分适用于对生物活性物质的粗提取。研究发现大部分 ACE 抑制肽的分子量都低于 3 kDa，所以选用 3 kDa 或 5 kDa 的超滤膜分离降血压肽最合适。

Pozo-Bayon 等研究显示以红酒和白酒为原料制备活性肽，利用超滤技术对其进行纯化，得到超滤对分离后的组分有提高活性和浓缩氨基酸的作用。Mao 等利用超滤技术分离纯化乳清蛋白水解物，超滤后相对分子质量在 6 kDa 以内的多肽的 ACE 抑制活性很强。但是相对分子质量与 ACE 抑制肽的活性并没有绝对的相关性，Lee 等人的研究以金枪鱼为原料制备降血压肽进行超滤后，证明分离后的肽段在小于 5 kDa 的 ACE 抑制活性最强。张绵松等对降血压肽进行超滤分离，发现超滤对生物活性肽的分子量具有显著的分级效果，经过超滤分离的降血压肽的 ACE 抑制活性被较大程度地改善。杜璟等对玉米蛋白酶解液进行分级过滤，结果显示 ACE 抑制活性最高的为 3 kDa 膜的渗透液。田万敏等对含芥酸低以及天然毒性物质硫苷含量低的油菜酶解液进行超滤处理，发现分子量在小于 3 kDa 的降血压肽活性较高，经过高效液相色谱检测出其图形的改变十分明显。张宇昊等对花生酶解液进行超滤，将经过 1 kDa、3 kDa、5 kDa 的滤液分别测定其 ACE 抑制活性，发现 1 kDa 以内的滤液降压效果最好。综合分析以上研究，发现经过超滤的降血压肽的活性并不是相对分子质量越小的活性越高，这可能是因为降血压肽的结构表征和水解物的性质不尽相同。

②凝胶色谱分离纯化降血压肽。由于生物活性肽的相对分子质量和分子结构的不同，可通过凝胶色谱分离技术对其进行分离纯化，凝胶色谱分离技术实验方法简单、不用有机溶剂洗脱，因此凝胶色谱分离技术可作为降血压肽的常用分离

手段。迄今为止在 ACE 抑制肽的不同分离技术中，凝胶色谱分离技术一般通过排阻范围和凝胶介质类型的差异来进行分离。

Je 等将蓝贻贝发酵处理后，用 SephadexG-75 型号的凝胶处理效果较好。ACE 抑制肽的氨基酸序列一般含有 2~12 个氨基酸残基，大部分相对分子质量在 1~3 kDa 范围内。Rho 实验对发酵后的大豆分别利用凝胶层析和离子交换层析进一步地纯化，发现其具有不同的分子量范围。Byun 等利用 1 kDa、5 kDa 及 10 kDa 的膜对酶解的阿拉斯加鳕鱼进行分离发现酶解物的 ACE 抑制活性随分子量的下降而显著增高，其中 1 kDa 渗透液含有的活性最高。

凝胶色谱在分子量小于 3 kDa 的范围内对活性肽进行分离纯化，凝胶层析可以对超滤的不足进行弥补。Hyoung 等先后采用 5 kDa 的超滤膜和凝胶色谱 Sepha-dexG-25 对磨燕水提物进行分离。

③离子交换色谱纯化降血压肽。目前，在多肽分离中离子交换色谱得到广泛的应用。Wu 等采用三种超滤膜及离子交换色谱法对菜籽粕水解蛋白进行分离纯化，结果表明离子交换色谱可以简单高效地把酶解物提纯成高活性的降血压肽，而不用结合超滤等手段。Qian 等利用弱阳离子交换树脂对牛蛙碱性蛋白酶水解物进行初步分离制备高活性 ACE 抑制肽。喇文军以阴离子交换树脂对影响分离效果的因素进行了研究，分离出四组玉米蛋白酶解物 ACE 抑制率都在 70%~90%，所以阴离子交换树脂对玉米蛋白酶解物纯化效果并不理想。钟芳等对大豆的酶解液利用 Sephadex G-25 阳离子交换树脂进行了纯化。但是离子交换色谱也有其不可取代的作用，虽然不能用它纯化出高活性的肽，但是能够将不同活性的组分分离开来，有利于 ACE 抑制肽的进一步分离纯化及其结构的鉴定。

④高效液相色谱纯化降血压肽。ACE 抑制肽中主要起降血压作用的是 C—末端的疏水结构，高效液相色谱纯化降血压肽具有极强的分辨力和广泛的作用对象等优点，并且高效液相色谱可以有针对性地对 C—末端相对的疏水性进行识别，由此得到的降血压肽具有较高的活性。Nakade 对鸡骨蛋白源酶解液先用凝胶层析来初纯化，为了得到活性很高的短肽，又将初纯化的酶解液进行连续两步反相高效液相色谱的纯化。Pihlanto 利用交换洗脱条件和不同色谱柱的高效液相色谱法对乳酸菌发酵的牛奶 ACE 抑制肽进行了提纯。

为了节约实验资金，提高分离效率，对蛋白的酶解液通常先采用超滤技术按照分子量大小分离，再按照水解液特性选择凝胶色谱或其他分离手段，最后得到 ACE 抑制活性纯度较高的降血压肽。Quiros 通过超滤和多步反相高效液相色谱的分离方法对预处理过的发酵牛奶进行纯化，为了得到高纯度的降血压肽来鉴定一级结构。Suetsuna 对螺旋藻的酶解液通过树脂 Dowex 50 W，用 Sephadex G-25 凝胶层析后得到高活性的肽，最后用 RP-HPLC 提高肽的纯度。Fahmi 从鲷鱼鳞片蛋白酶解液分离出了 4 个具有高活性的肽段，先用离子交换凝胶色谱联合进行分离得到高活性酶解液再经 RP-HPLC 分离。

人们对于 ACE 抑制肽的结构与降血压效果的联系虽然已经总结出简单的规律，但是研究得并不十分透彻。Contreras 等用超滤和制备型 RP-HPLC 对牛奶酪蛋白的水解液进行分离纯化，再用质谱对高活性的 ACE 抑制肽进行一级结构鉴定。Cheng 酶解鸡骨蛋白后利用 5 kDa 的超滤膜进行分离后又用高效液相色谱进行纯化，最后测定出高活性鸡骨蛋白酶解液的氨基酸序列。目前的研究显示蛋白质的一级结构和其分子量对降血压肽的 ACE 抑制活性起很重要的作用。Se-Kwon 等实验得到的结论是降血压效果最好的分子量在 1 kDa 以内。迄今为止的研究显示人们制备出的高活性的降血压肽分子量都低于 1.5 kDa，其氨基酸序列显示均为 3~6 个氨基酸组成，但也有研究者发现由 27 个氨基酸组成的大分子量多肽。

（4）降血压肽的活性检测。降血压肽的降血压活性检测方法主要有三种，分别为动物实验、体外测定和临床试验。

①动物实验。动物实验的主要操作方法是：把待测药物（降血压肽）通过静脉注射或者灌胃的方式让实验动物摄入，经过一段时间之后，测定动物某些相关指标（血压）的变化，通过指标（血压）的变化来判断待测药物是否具有某些功效（如降血压）。由于有些肽或蛋白质在体内具有降血压的活性，但在肠道内可能会受到某些消化酶的分解或其他作用导致其失去原有活性，因此动物实验比体内实验更具有说服力。

实验动物主要分为两种，分别是实验型和原发型，实验型指动物（如大鼠）一般是指经过人为使用化学物质或进行手术处理之后，使其患有高血压病症；原发型则是指动物本身（如大鼠）生来就带有原发性高血压病症，引起出现血压升高现象。目前研究来看，实验室大多数采用原发型大鼠进行研究。

血压测定方法也有两种：分别是直接测量法和间接测量法。直接测定法是指直接将测压仪插入待测大鼠的动脉血管进行血压的测量；间接测量法是通过无创血压仪测量在大鼠尾部进行血压的测量。其中直接测量法由于存在的干扰因素较多，测量难度比较大；而间接测量法操作比较简单，且对操作人员的技术要求比较低，本实验中选用间接测量法进行大鼠血压的测量。

②体外测定。目前测定 ACE 抑制肽活性的最常用的方法是体外测定，早期测定反应过程中底物浓度变化主要通过比色法、放射色谱法或放射免疫法等方法，通过绘制标准曲线，可快速测定出 ACE 抑制肽的活性，通常用 IC_{50} 值表示 ACE 抑制活性大小的指标，上述方法都存在很多缺点，如实验药品昂贵、测量结果不准确且实验步骤多操作麻烦，Cushman 等研究者在 1971 年创造了紫外分光光度法，因血管紧张素转换酶在转化时马尿酰组胺酰亮氨酸产生马尿酸和二肽，在

228 nm 处可以测定出马尿酸，所以当加入血管紧张素转换酶抑制肽后，抑制住分解马尿酰组胺酰亮氨酸的血管紧张素转换酶，导致减少马尿酸生成量，使实验结果受到影响。Nili 等人不再进行乙酸乙酯抽提等一系列过程，直接利用高效液相色谱法定性定量分析反应生成的马尿酸，很大程度上降低了实验的误差。

③临床试验。人体内功能实验的研究才是研究 ACE 抑制肽降压效果的关键，ACE 抑制肽无论体外测定结果和动物实验效果怎么样，都要进行临床试验验证。临床试验是指在人体进行药物的系统性研究，以证实试验药物的作用、不良反应或试验药物的吸收、分布、代谢和排泄，目的是确定试验药物的疗效与安全性。目前降血压肽在人体中的功能性研究特别的少，但食物蛋白源的 ACE 抑制肽对正常人的血压值没有影响，迄今为止很少有 ACE 抑制肽对人体有副作用的报道。

1.3 米粉的简介

周代时，我国就有了粉状米粉。被称为"糗"，这种冲泡后的食物叫"飧"。飧，晚饭，也泛指熟食、饭食。《说文》中有记载："糗，熬米麦也。"大意：干粮，米或面炒熟。

米粉烘焙方法有：①传统的加热烘焙法，流程：大米→清洗→过滤→烘干→粉碎→筛分→成品，此加工方式简单，可操作性较强，较适合实验室或家庭使用。②膨化法，流程：大米→清理→膨化→粉碎→筛分→成品。此方法主要有两种方式：滚筒和挤压膨化，这两种方法相同点是遇水后没有结块，冲调性好。不同点是滚筒干燥法米粉糊化度高，挤压膨化法生产周期短。就当下的生活水平而言，小型烤箱已经悄悄地进入了人们的生活，家庭自制的营养米粉也慢慢普及。

加工过的粉状米粉有两种食用方法：①即食食品，开水冲泡。②独立成为名点。在浙江新安一带，本地居民通常以米粉为主，拿香干、火腿等为辅，以及不同的佐料烹制成的糊状食物，被称为徽州盛品。

由于米粉是一种速食产品，必定存在储藏问题。储藏后的米粉，感官品质下降得较为明显，口感明显弱于储藏之前。而且，常规下米粉的脂肪含量会逐渐减少，若是低温可有效延缓其分解，这样油脂本身的香气就会有所保留，蛋白与水分也会相应地降低。若是低温气调又可减慢它们的变化，良好的冲调性也得保留，加工成可以长期保存且方便食用的产品。这类冲调米粉，在生产与储藏过程中并未产生危害身体健康的物质，近年来受用于越来越多的人。

由于这类即食食品可以盛行且增长趋势不错。因此本文就原料大米储藏后对米粉品质特性的影响进行相关的研究，为米粉原料的选择以及创新和发展提供参考提供一些参考。

1.3.1 米粉的组成

米粉主要原料为大米。大米,有粳米、糯米和籼米三大类,但它们淀粉、蛋白质等含量很相近。大米,含淀粉75%左右,蛋白质7%~9%。大米生物价(BV)在粮食作物中稳居首位,并且能与鱼、牛肉等肉类比肩。米蛋白功效比(PER),即蛋白的净利用率比别的粮作物高,容易消化,能作为生活中,大家的摄入来源。米蛋白氨基酸组成,同WHO/FAO引荐理想比例十分靠近。含有丰富必需氨基酸,特别是赖氨酸。有一些专业专家讨论结果,米蛋白氨基酸成分比较特别,具有能够降低血中胆固醇含量的奇效。大米中,米糠油较多,脱壳后油脂含量低,约1%。

我国水稻生产面积约为粮食生产面积的30%,稻米总产量是粮食总产量的40%左右。但是,我们日常食用的大米附加价值不是很高,升值空间较小。并且随着居民生活及饮食习惯改变,大米平均消费量日益降低,特别在发达的区域,他们运用新技术将其加工为不同产品。日本等地区在大米深加工方面遥遥领先,如今日本方便米制品的全面工业化生产已经习以为常,且品种齐全,口味多变。

1.3.2 米粉的理化性质

1.3.2.1 冲调性

这种速食米粉只需用热水冲调便可食用,营养又健康,更是成为代餐食品中的最佳选择。然而当今我国的代餐粉等即食冲调食品,一般都有冲调性不良的问题,即用开水冲调时,发生水粉分层、结块量大、混合不均等一连串的普遍状况,这些问题都严重破坏代餐粉的感官品质。代餐粉主要原料为大米,所以淀粉含量非常高,当米粉与开水混合时,能在米粉的表面很快的形成一层糊化层,这种糊化层的黏度非常之高,所以它的透水性就会相对较差,在外力搅动的情况下就自然而然地形成水包粉的状态,造成结团现象。进而能够推想,淀粉会糊化的原因主要是淀粉之间力的作用,其中氢键间的彼此作用,是出现结块的根本因素。淀粉的水溶性主要取决于其取代和聚合的程度,并且受制于温度和pH的转变,据研究显示,纯淀粉的溶解度达到最大是在pH为6的时候。改变淀粉颗粒结构与"可溶性淀粉"的生产工艺方法中最常用的方法就是酸水解法,然而这种酸水解法并不适合食品行业。淀粉酶将其酶解,酶解成小分子量的低聚糖和短链糊精,从而提高了溶解性,代餐粉口感不好的主要原因就是冲调性差的问题,并且也会在冲调过程中造成不便,从而影响了购物人群的消费心理,更加容易让繁忙的上班族失去购买代餐粉的欲望，造成这一消费人群的流失，这样就迫使产品本身的社会和经济意义不能得以充分展现。所以，就冲调性应该进行一步探讨。

1.3.2.2 黏滞性

大米粉的主要组成成分是淀粉，淀粉具有一定的黏滞性，并且对米粉食用品质起作用的一个根本原因就是淀粉。米粉糊化期间，它的黏滞性也会随之变化，在这一变化过程中会形成一些曲线，这些曲线就是被大家称作淀粉黏滞曲线谱，曲线可用快速黏度分析仪（rapid visco analyser，RVA）测得。

黏滞力，又称阻滞力，它的变化过程本质上就是淀粉结构变化造成的。天然淀粉颗粒一般在50℃的时候就停止溶解。但是在水分过量情况下，将淀粉颗粒进行加热，它就会发生不可逆转的变化，吸收很多的水分并发生溶胀，直至大过其原始体积很多倍。在此期间，淀粉晶体结构慢慢隐没，最后变成糊状物，这就是淀粉糊化历程。

张洁等研究发现挤压后荞麦淀粉黏度变小，配粉后的糊化温度有升高趋势，黏度仍然下降；徐君等应用旋转黏度计对膨化米粉流变性及溶解性研究，结果表明：原料米类型对膨化米粉溶解性及流变指数呈极显著相关；崔凯凯等应用RVA研究损伤淀粉对米粉黏度的作用，结果显示除对衰减值影响不显著外，所含损伤淀粉越多黏度特征值越高；李昌文等应用RVA对添加剂与山药淀粉关系进行探讨，结果显示：食盐、白砂糖含量越多，淀粉糊黏度降低，CMC、黄原胶等越多，淀粉糊黏度变大；熊柳等应用RVA对芡实粉及其淀粉的糊化性进行了研究，结果表明芡实粉峰值黏度比它的淀粉低；黄峻榕等应用RVA研究影响淀粉黏度的主要因素有：直链淀粉、直链淀粉含量及结构、粒子直径等；Patindol J等用RVA对大米的黏度研究，发现储藏后比储藏前高。

1.3.2.3 热力学特性

DSC技术，在纯淀粉糊化热特性研究中应用广泛。由于原粉中含蛋白等物质，与淀粉分子结合形成复合物，使整米米粉糊化特性，同碎米米粉间有差异。采用DSC测定其糊化温度及热焓值并进行对比，探索储存后大米粉糊化特性差异，不仅可以对大米粉基础性质进行验证性研究，又可为米粉研究打基础。所以本节对米粉类食品加工意义不可忽视。

冷雪等应用DSC对小米粉糊化特性分析，发现酸抑制糊化，碱则相反，且淀粉糊化热焓值比小米粉高；蒋苏苏等应用DSC探讨淀粉酶添加量对玉米粉糊化性的影响，结果表明在一定范围内酶添加越多糊化温度越高；梁兰兰等应用DSC对米粉特性进行探讨，结果显示，米粉热焓值与破断功显著性相关，峰高与破断功极显著性相关；庞慧敏等对小麦与绿豆混合粉的热力学特性进行了相应的研究，结果显示由于混合粉的直链淀粉含量高导致了糊化温度增高；Ahn等对小麦、大麦和大豆混合粉进行热特性研究，发现热焓值减小，因为蛋白含量增高；王晓栋等针对DSC测试条件对淀粉糊化测试结果的影响进行研究，结果表明当糊化起始温度、峰值温度、焓变的标准偏差分别在0.2%、0.26%、0.15%时精密度最高；高群玉等经研究表明绿豆淀粉重脱支结晶后，焓值变大且更耐热；Miao M等在研究水分对糯玉米消化率影响时发现抗性淀粉越多热焓值越大。

1.3.3 米粉的国内外研究现状

1.3.3.1 国外研究现状

在国外，最常见的米粉形式有婴儿米粉和谷物早餐粉，他们对米粉的生产和研究的关注度十分高，特意成立相关的营养协会，并且形成正式的生产工厂，全部自动化。最新的生产设备，并且以先进的生产流程相配。在婴幼儿米粉生产和研制方面，采用多种原料制作的婴幼儿米粉系列化功能齐全，明确标注营养素及含量，可供各个阶段的孩子食用。特别是欧洲某些地区，多种多样的婴幼儿米粉在商场内比比皆是，注释详细、类别繁多、创意完美，加上详细的食用指南，让新晋妈妈很快就能将营养丰富的糊糊给宝宝。除此之外，营养米粉在新产品研发期间，Lopez等研究得到结果，发酵过后，矿物质利用率、肌醇六磷酸中磷的释放率提高。发芽后的稻米，不仅营养价值提高了，而且可溶性蛋白质、可溶性糖及维生素含量也提高了，尤其是维生素含量高了很多，配以大豆，更有利于提高米粉的营养价值。以谷芽营养成分变更为研究基础，很多地区已经研发一些婴幼儿停乳产品，多以谷芽为原材料。欧美一些国家，以发芽谷物、豆类为生产材料开发出优良的儿童辅食。哥斯达黎加把叶酸补充到了玉米粉、小麦粉及其混合粉中，用来减小新生孩儿的神经管路缺陷病。同时，越南、西非等一些地区受到一些因素的影响，这些辅食通常只能自制，但是从营养到质量改善空间很大。

1.3.3.2 米粉国内研究现状

在国内市场，出现很多类型的冲调代餐粉，例如，市场上盛行的黑芝麻糊、营养米粉、薏仁粉等各类谷物代餐粉。陈盘海开发出冲调营养糊，如黑芝麻赤豆糊、枣泥花生糊和核桃仁绿豆糊，都是冲调型的，而且口感极佳，价格合理。并且在原有基础上改变配方，这对人体抗氧化、延缓衰老有很大的帮助，对人体健康更有利，作为一种代餐品发展前景甚是乐观。谷物代餐粉既能提供丰富的营养元素，又食用方便、快捷，非常符合现代人群的代餐需求。现今我们已经研发出的米粉有：糙米营养粉、徽州米粉等，还有用脱壳小米、花生为原料生产的儿童辅食，还有用饴糖粕或早籼米制得的高蛋白米粉，余兵等研究的婴幼儿营养米粉，并讨论产品糊状体系稳定性。纵观现代米粉发展趋势，谷物代餐粉的市场将会越来越宽。

在原料的选择方面国内有很多专家学者进行了进一步研究，刘友明等对湖北省21种稻米重要成分与米粉品质的关系进行了探讨，发现直链淀粉含量与产品的感官品质呈极显著正相关。吴卫国等对湖南省以17种不同大米为原料加工成的米粉品质进行了研究。赵思明等对原料适应性与品质特性展开讨论，以米粉感官品质与理化特性建立数学模型，来衡量适宜米粉品种的特质，结果显示，米粉品质与稻米种类呈极显著。

◆ 参考文献 ◆

[1] 邱友生. 江西水稻生产现状分析及发展对策探讨 [D]. 南京：南京农业大学，2004.
[2] 李娟，李忠海，付湘晋，等. 不同品种稻谷储藏期间品质变化的研究 [J]. 食品与机械，2012，1：197-199.
[3] 王炜华. 钙、铁和叶酸复合型营养强化大米的制备及性质研究 [D]. 南昌：南昌大学，2011.
[4] 董瑞婷，陆晖，赵丽芹，等. 低温储藏稻谷品质变化及其指标差异性分析 [J]. 粮油食品科技，2011，6：1-4.
[5] Bolting H, Hmpel G, Elbaya A W. Studies on storage of miled rice for a long period [J]. Food chem, 1979 (3)：17.
[6] 夏文. 低温储藏下轻碾米老化特性的研究及机理初探 [D]. 南昌：南昌大学，2014.
[7] Patindol J, Wang Y J, Jane J. Structure–functionality changes in starch following rough rice storage [J]. Starch/Starke, 2005, 57：197-207.
[8] 霍雨霞. 大米气调储藏及脂类变化研究 [D]. 天津：天津科技大学，2010.
[9] 陈国铭. 大米加工精度检测方法的研究 [D]. 南京：南京农业大学，2009.
[10] 刘月好. 陈大米产生的原因与处理方法 [J]. 山西食品工业，2003，2：26-27.
[11] YU X R, Zhou L, Xiong F, et al. Structural and histochemical characterization of developing rice caryopsis [J]. Rice Science, 2014, 21 (3)：142-149.
[12] 傅正兵，王君，俞海明，等. 大米适度加工与过度加工经济效益对比分析 [J]. 粮食加工，2014，1：25-27.
[13] 周显青. 我国大米加工技术现状及展望 [J]. 粮油食品科技，2012，1：7-11.
[14] 金增辉. 精度"过碾"与精磨"过度" [J]. 粮食流通技术，2006，5：33-35.
[15] 李天真. 碾减率对成品大米品质影响的研究 [J]. 食品科技，2006，3：96-100.
[16] 姜平. 储藏方式对小包装大米品质变化的影响 [D]. 无锡：江南大学，2012.
[17] 侯耀玲. 不同包装材料和包装方式对大米储藏保鲜效果的研究 [D]. 南京：南京农业大学，2012.

[18] 孙强,孙铭丽,张三元,等.大米储藏特性探讨[J].中国稻米,2009,1:39-42.

[19] 朱星晔.大米气调储藏保鲜品质变化规律的研究[D].呼和浩特:内蒙古农业大学,2010.

[20] 曲春阳,刘鹏,屠康.大米储藏保鲜技术现状及研究进展[J].粮食储藏,2009,3:22-26.

[21] 高德,胡红艳,巩雪.大米气调保鲜技术研究[C].中国机械工程学会包装与食品工程分会.中国机械工程学会包装与食品工程分会2010年学术年会论文集.[出版者不详].2010:21-25.

[22] 王雅芬,罗玉坤.大米陈化及其改良[J].中国稻米,1996,2:28-29.

[23] Okada M, Kobayashi K. Seasonal changes in canopy photosynthesis and respiration, and partitioning of photosynthate in rice (Oryzu. sativaL.) grown under free-air CO_2 enrichment. Plant Cell Physiol. 2005, 46: 1704-1712.

[24] Sowbhagya C M, Bhattacharya K R. Changes in pasting behaviour of rice during ageing. Journal of Cereal Science, 2001, 34: 115-124.

[25] Kim K M, Jang L S, Ha S D, et al. Rice by coating with rice bran protein. Improved storage stability of brown Korean Journal of Food Science and Technoloev, 2004, 36 (31): 490-500.

[26] 谢宏,李新华,王帅.不同气体条件对糙米储藏效果影响的研究[J].粮油加工,2007,4:61-63.

[27] 祁明霞,林艳,解彬.大米新鲜度及其影响因素的研究[J].啤酒科技,2007,9:23-29.

[28] 韩俊杰,王玉军,纪伟东,等.大米食味品质特性数据化研究进展[J].黑龙江粮食,2015,12:53-55.

[29] 张启莉,谢黎虹,李仕贵,等.稻米蛋白质与蒸煮食味品质的关系研究进展[J].中国稻米,2012,4:1-6.

[30] Yang C Z, Shu X L, Zhang L L, et al. Starch properties of mutant rice high in resistant starch [J]. Journal of Agricultural and Food Chemistry, 2006, 54: 523-528.

[31] 赵学伟,卞科,王金水,等.蛋白质与淀粉的相互作用对陈化稻米质构特性的影响[J].郑州粮食学院学报,1998,19(3):23-29.

[32] Zhou Z K, Robards K, Helliwell S, Blanchard C. Rice ageing: Effect of changes in protein on starch behaviour [J]. Starch/Starke, 2003, 55: 162-169.

[33] Teo C H, Abd A, Cheah P B, et al. On the roles of protein and starch in the aging of non-waxy rice flour [J]. Food Chemistry, 2000, 69: 229-236.

[34] Hoover R. Composition, molecular structure, and physicochemical properties of tuber and root starches: a review [J]. Carbohydrate Polymers, 2001, 45: 253-267.

[35] 周显青,张玉荣,王锋.稻谷储藏中细胞膜透性、膜脂过氧化及体内抗氧化酶活性变化[J].中国粮油学报,2008,2:159-162.

[36] 江帆.RVA仪分析不同添加物对大米粉糊化特性的影响[J].食品研究与开发,2013,

8：74-77.

[37] 谢黎虹，陈能，段彬伍，等.RVA特征值分析的影响因素及实验室间方法的比对［J］.浙江农业学报，2009，2：79-84.

[38] 李刚，邓其明，李双成，等.稻米淀粉RVA谱特征与品质性状的相关性［J］.中国水稻科学，2009，1：99-102.

[39] 朱满山，汤述劬，顾铭洪.RVA谱在稻米蒸煮食用品质评价及遗传育种方面的研究进展［J］.中国农学通报，2005，21（8）：59-64.

[40] 隋炯明，李欣，严松，等.稻米淀粉RVA谱特征与品质性状相关性研究［J］.中国农业科学，2005，4：657-663.

[41] 冷雪，曹龙奎.利用差示扫描量热仪研究小米淀粉及小米粉的糊化特性［J］.食品科学，2015，19：60-66.

[42] Gregory A G, Toshitaka U, Fumihiko T. Daisuke fractionated samples of propolis on microbial during storage［J］. Journal of Food Engineering, 2008, 88: 341-352.

[43] 高远.稻米硬度黏度自动测量系统及其评价分析的研究［D］.扬州：扬州大学，2011.

[44] 马涛，毛闯，赵锟.大米水分与食味品质和储藏关系的研究［J］.粮食与饲料工业，2007，5：3-4.

[45] 张群，夏延斌.米饭风味影响因素及其改良技术研究［J］.粮食与油脂，2005，4：12-15.

[46] 张玉荣，刘敬婉，周显青，等.CO_2气调解除后大米蒸煮特性、质构特性及食味品质的变化研究［J］.粮食与饲料工业，2015，9：12-16.

[47] 周显青，任洪玲，张玉荣，等.大米主要品质指标与米饭质构的相关性分析［J］.河南工业大学（自然科学版），2012，5：21-24.

[48] Yu S F, Ma Y, Sun D W. Impact of amylase retrogradation and texture of cooked milled content on starch rice during storage［J］. Journal of Cereal Science, 2009, 50 (2): 139-144.

[49] 宋伟，陈瑞，刘璐.小同储藏条件下糙米质构和蒸煮品质的规律变化及相关性研究［J］.中国食物与营养，2011，17（3）：36-40.

[50] 徐民，程旺大，蔡新华，等.储藏对大米淀粉结构及含量的影响［J］.中国农学报：2005，23（6）：113-115.

[51] 蔡一霞，朱智伟，王维，等.直链淀粉含量与米饭口感黏度硬度的研究［J］.扬州大学学报，2005，26（4）：53-5.

[52] 谢有发.加工精度对轻碾营养米的营养成分变化及质构特性的影响［D］.南昌：南昌大学，2012.

[53] 金正勋.稻米蒸煮食味品质特性间的相关性研究［J］.东北农业大学学报，2001，32（1）：1-7.

[54] 叶敏，许永亮，李洁，等.蒸煮方式对米饭品质的影响［J］.食品工业，2007，4：34.

[55] 李秀娟.成品大米仓储品质变化及快速缓苏CFD模拟研究［D］.洛阳：河南科技大学，2014.

[56] 石燕,邹金,张海玲.稻米主要营养成分和矿质元素的分布分析[J].南昌大学学报（工科版），2010，4：390-393，408.

[57] 王颖,张蕾.不同包装方式对大米保鲜效果影响的研究[J].包装工程，2006，27（5）：150-152.

[58] 张玉荣,周显青,杨兰兰,等.碾减率对大米理化特性及蒸煮食味品质的影响[J].河南工业大学学报，2008，29（4）：1-5.

[59] 王永兴,严火其.气候变化对黑龙江省水稻生产的影响初探[J].中国农学通报，2014，9：92-98.

[60] 朱星晔.大米气调储藏保鲜品质变化规律的研究[D].呼和浩特：内蒙古农业大学，2010.

[61] 王春莲.大米储藏保鲜品质变化研究[D].福州：福建农林大学，2014.

[62] 郎杰,朱银硕.大米过氧化氢酶活性的2种测定方法比较[J].中国粮油学报，2014，2：89-93，99.

[63] 朱星晔,韩育梅,陆晖,等.气调储藏对大米脂肪酸值变化的影响[J].粮油食品科技，2010，4：49-51.

[64] 史蕊,钱丽丽,闫平,等.黑龙江不同地域大米糊化特性和直链淀粉含量的研究[J].黑龙江八一农垦大学学报，2014，6：54-57.

[65] 日本精米工业会设计指导部.精米工业の最近の特许と技术开发の倾向.玄米ぃ关调质する研究[J].精米工业，1999（4）：10-12.

[66] 竹生新治郎.米の食味と理化学的性质の关联.淀粉化学[J].淀粉化学，1999（4）：49-65.

[67] 王莉蓉,张建华.糙米流通技术开发探讨[J].粮食与饲料工业，2000（1）：5-7.

[68] Da Bin Song. Milling Characteristics of Brown Rice Using a Continuous Type conditioner [J]. Food Engineering progress, 2001, 175: 179.

[69] 潘巨中,李喜宏,陈丽,等.大米储藏技术研究现状与进展[J].宁波农业科技，2005（1）：11-14.

[70] 景延秋,李珂,魏喜军.稻米中香味物质的研究进展[J].中国稻米，2008（2）：13-15.

[71] Sakthivel K, Rani N Shobha, Pandey Manish K, et al. Development of a simple functional marker for fragrance in rice and its validation in Indian Basmati and non-Basmati fragrant rice varieties [J]. Molecular Breeding, 2009, 185: 190.

[72] 刘敬科,郑理,赵思明,等.蒸煮方法对米饭挥发性成分的影响[J].中国粮油学报，2007（5）：12-15.

[73] 任文,康萍,秦绪光,等.对不同来源及不同贮存方式大米霉菌生长的研究[J].饲料研究，2012（2）：40-41.

[74] 严睿,王远亮,李宗军.稻谷中霉菌及其毒素危害研究进展[J].湖南农业科学，2009（11）：85-87.

[75] 单国尧,季萍,李莉莉,等. 稻米辐照杀虫防霉工艺研究[J]. 江苏农业科学,2009 (6):343-345.

[76] 谢宏. 稻米储藏陈化作用机理及调控的研究[D]. 沈阳:沈阳农业大学,2007.

[77] 吴磊,高玉群,石英. 大米储藏保鲜技术研究新进展[J]. 粮油食品科技,2008,16 (6):4-7.

[78] Donahaye E. Physiological differences between strains of Tribolium castaneum selected for resistance to hypoxia and hypercarbia, and the unselected strain [J]. Physiological Entomology, 1992, 21: 29.

[79] Fleurat-Lessard F. Food Preservation by Modified Atmospheres [M]. Boca Raton: CRC Press, 1990.

[80] Annis P C, Graver J S. Suggested Recommendations for the Fumigation of Grain in the ASEAN Region [M]. ASEAN Food Handling Bureau, 1990.

[81] Muangkaeo Rattananporn. Influence of Packing Materials an Storage time on Seed Viability and Component of Rice Seed [J]. Stuttgart-hohenheim, 2005 (10): 11-13.

[82] 邹强,刘建伟,魏西根. 糙米储藏过程表面颜色变化的研究[J]. 粮食储藏,2007 (2):34-39.

[83] 蔡静平. 储粮微生物活性及其应用的研究[J]. 中国粮油学报,2004,19 (4):76-79.

[84] 田海娟,蔡静平,等. 稻谷储藏中温湿度变化与微生物活动相关性的研究[J]. 粮食储藏,2006 (4):40-43.

[85] Zhongkai Zhou, Kevin Robards, Stuart Helliwell, et al. Effect of storage temperature on cooking behavior of rice [J]. Food Chemistry, 2007 (105): 491497.

[86] Sesmat A, Meullenet. Prediction of rice sensory texture attributes from a single compression test, multivariate regression, and stepwise model optimization method [J]. Journal of Food Science, 2001 (66): 124-131.

[87] Okabe M. Texture measurement of cooked rice and its relationship to the eating quality [J]. Journal of Texture Studies, 1979 (10): 131-152.

[88] 战旭梅,郑铁松,陶锦鸿. 质构仪在大米品质评价中的应用研究[J]. 食品科学,2007,28 (9):62-65.

[89] 陈大淦,倪培德,等. 植物蛋白的加工和利用[M]. 北京:中国食品出版社,1988.

[90] 宋东晓. 大米的特殊营养价值与即食方便米饭的加工技术[J]. 适用技术市场,1998,6:7-8.

[91] 中国预防医学科学院营养与食品卫生研究所. 食物成分表[M]. 北京:人民卫生出版社,1992:134-192.

[92] 丁琳,王恺,莫松成. 谷物早餐粉冲调性的研究[J]. 粮油加工,2010 (6):83-84.

[93] Myat L, Ryu G H. Effect of the rmostable alpha-amylase injection on mechanical and physiochemical properties for saccharification of extruded corn starch [J]. Journal of the Science of Food and Agriculture, 2014, 94 (2): 288-295.

[94] 陈振林, 黄华香. 黑芝麻花生糊配方和保藏稳定性研究 [J]. 食品工业科技, 2011 (8): 328-411.

[95] Martínez M M, Calvino A, Rosell C M, et al. Effect of different extrusion treatments and particle size distribution on the physicochemical properties of rice flour [J]. Food and bioprocess technology, 2014 (9): 2657-2665.

[96] 栗红瑜, 王峰, 马晓凤, 等. 燕麦沙棘复合膳食纤维冲调粉加工技术研究 [J]. 农产品加工, 2014 (11): 24-25, 28.

[97] 梁梦霞, 安鸣. 不同因素对玉米粉冲调性的影响 [J]. 食品科学, 2012 (2): 13-15.

[98] Xu J, Zhang H, Guo X, et al. The impact of germination on the characteristics of brown rice flour and starc [J]. Journal of the Science of Food and Agriculture, 2012, 92 (2): 380-387.

[99] 张洁, 张国权, 罗勤贵. 挤压对荞麦淀粉及其混配淀粉理化特性的影响 [J]. 农业机械, 2011 (32): 97-100, 101.

[100] 徐君, 叶敏, 赵思明. 膨化米粉溶解特性及膨化米糊流变学特性研究 [J]. 粮食与油脂, 2003 (1): 4-5.

[101] 崔凯凯, 任永胜. 损伤淀粉对大米粉黏度性质的影响 [J]. 食品与发酵科技, 2012, 48 (3): 60-62, 67.

[102] 李昌文, 岳青, 王宏闯. 食品添加剂对山药淀粉黏度性质影响的研究 [J]. 食品工业, 2013, 34 (4): 94-96.

[103] 熊柳, 卜祥辉, 孙庆杰. 芡实粉和芡实淀粉理化性质和消化性研究 [J]. 中国粮油学报, 2012, 27 (10): 54-57.

[104] 黄峻榕, 许亚伦. 淀粉年度性质研究进展 [J]. 食品与机械, 2011 (6): 7-11.

[105] Patindol J, Wang Y. Jane J. Structure-functionlity changes in starch following rough rice storage [J]. Starch/Starke, 2005, 57 (5): 197-207.

[106] Zobel H F, Young S N, Rocca L A. Starch gelatinization: an X-ray diffraction study [J]. Cereal Chem, 1988, 65 (6): 443-446.

[107] 冷雪, 曹龙奎. 用差示扫描量热仪研究小米淀粉及小米粉的糊化特性 [J]. 食品科学, 2015, 36 (19): 61-66

[108] 蒋苏苏, 段红伟, 于锋. DSC 测不同条件下玉米粉糊化特性及建立淀粉糊化度测定方法的探讨 [J]. 中国畜牧杂志, 2012, 48 (21): 74-78.

[109] 梁兰兰, 赵志敏, 吴军辉, 等. 稻谷陈化时间对米粉制品品质特性的影响 [J]. 华南理工大学学报(自然科学版), 2010, 38 (4): 65-70, 96.

[110] 庞慧敏, 陈芸, 赵思明, 等. 绿豆-小麦混合粉的流变学和热力学特性研究 [J]. 中国粮油学报, 2015, 30 (9): 36-38, 60.

[111] 王晓栋, 田雨, 李海平, 等. DSC 测试条件对淀粉糊化测试结果的影响 [J]. 2012, 10 (6): 75-78.

[112] 高群玉, 李素玲. 绿豆抗性淀粉的制备及特性 [J]. 华南理工大学学报(自然科学版),

2011, 39 (4): 88-93.

[113] Miao M, Zhang T, Jiang B. Effect of controlled gelatinization in excess water on digestibility of waxy maize starch [J]. Food Chemistry, 2010, 119 (1): 41-48.

[114] 李岩, 张来林, 陈娟, 等. 不同储藏温度及储藏方法对稻谷品质的影响 [J]. 粮食与饲料工业, 2011 (7): 17-19.

[115] 王慧. 酶法提取米糠蛋白及其褐变抑制 [D]. 哈尔滨: 东北农业大学, 2008.

[116] 王智霖. 酶解米糠蛋白制备米糠营养液的工艺研究 [D]. 成都: 西华大学, 2010.

[117] 陈义勇, 王伟, 沈宗根, 等. 米糠与米糠蛋白深度开发现状 [J]. 粮食加工, 2006, 31 (5): 24-28.

[118] 张志慧. 米糠的微波稳定化及其油脂和蛋白质的提取研究 [D]. 武汉: 华中农业大学, 2010.

[119] Ramezanzadeh F M, Rao R M, Prinyawiwatkul W, et al. Effects of microwave heat, packaging, and storage temperature on fatty acid and proximate compositions in rice bran [J]. Agric Food Chem, 2002, 48 (2): 464-467.

[120] 王立, 李柱, 陈正行. 米糠稳定化研究 [J]. 粮食与油脂, 2002 (9): 27-29.

[121] 姚梅桑. 米糠油的制备及其抗氧化活性研究 [D]. 南京: 南京农业大学, 2008.

[122] 史素伟. 酶法提取米糠油和蛋白及米糠油微胶囊化研究 [D]. 南昌: 南昌大学, 2011.

[123] 徐红华, 于国平. 米糠蛋白的分离及其营养特性的研究 [J]. 粮油食品科技, 2002 (1): 17-18.

[124] 姚惠源, 周素梅, 王立, 等. 米糠与米糠蛋白质的开发与利用 [J]. 无锡轻工大学学报, 2002 (5): 312-316.

[125] 王智霖. 酶解米糠蛋白制备米糠营养液的工艺研究 [D]. 成都: 西华大学, 2010.

[126] Sereewatthanawut I, Prapintip S, Watchiraruji K, et al. Extraction of protein and amino acids from deoiled rice bran by subcritical water hydrolysis [J]. Bioresource technology, 2008, 99 (3): 555-561.

[127] 王智霖, 刘建伟, 罗子放, 等. 酶解米糠蛋白制备米糠营养液的工艺研究 [J]. 食品与机械, 2009, 25 (6): 149-152.

[128] 曹晓虹, 温焕斌, 唐军涛, 等. 稻米蛋白源功能肽的研究进展 [J]. 中国粮油学报, 2009, 24 (1): 148-153.

[129] 陈正行, 姚惠源, 周素梅. 米蛋白和米糠蛋白开发利用 [J]. 粮食与油脂, 2002 (4): 6-9.

[130] 李喜红, 代红丽, 魏安池. 酶法从脱脂米糠中提取蛋白质 [J]. 粮油加工与食品机械, 2005 (6): 62-64.

[131] 刘颖, 田文娟, 马永强. 非蛋白酶提取米糠蛋白的研究 [J]. 农产品加工 (学刊), 2010 (10): 20-23.

[132] 张薇, 宋春春, 徐玉娟, 等. 米糠蛋白复合乳饮料制备及其乳化稳定性 [J]. 乳业科学与技术, 2013, 36 (4): 7-10

[133] 张智, 钮宏禹, 朱宏亮. 玉米蛋白生物活性肽的研发与利用 [J]. 国土与自然资源研究, 2008 (1): 81-82.

[134] Parrado J. Preparation of a rice bran enzymatic extract with potential use as functional food [J]. Journal of Food Chemistry, 2006, 98 (4): 742-748.

[135] 刘友明, 赵思明, 熊善柏, 等. 米糠的蛋白酶水解提取物抗氧化活性及分子量分布研究 [J]. 中国粮油学报, 2006, 21 (2): 1-4.

[136] 梅德军, 于国萍, 孙安敏. 双酶法制备米糠蛋白抗氧化肽 [J]. 食品工业技, 2011, 32 (12): 206-209.

[137] 付岩松. 米糠抗氧化肽对D-半乳糖致衰小鼠线粒体损伤的影响 [D]. 沈阳：沈阳农业大学, 2010.

[138] 樊金娟, 罗霞, 董智. 米糠抗氧化肽的提取和纯化工艺研究 [J]. 食品科技, 2008, 33 (12): 169-173.

[139] 李喆, 翟爱华. 米糠蛋白抗氧化肽的制备及初步分离 [J]. 黑龙江八一农垦大学学报, 2012, 24 (3): 56-59.

第2章 储藏过程中不同碾磨程度对寒地粳米品质影响的规律分析

2.1 寒地粳米营养物质分布及在储藏过程中营养品质的变化

水稻中各营养素分布不均匀。脂肪主要分布在米粒胚芽处，胚乳中脂肪极少。储藏过程中受储藏环境的影响寒地粳米中的脂类物质水解成脂肪酸，降低了寒地粳米的食用品质。蛋白质主要存在于胚及胚乳表面糊粉层中，胚乳内的含量较低。蛋白质在储藏过程中虽然总量没有发生明显改变，但其一级结构却发生了显著变化。四种蛋白存在于寒地粳米的不同位置，且分布不均匀。淀粉占据了寒地粳米的大部分空间，占寒地粳米胚乳的85%左右。淀粉含量多少以及内部结构对寒地粳米米饭食味品质起到决定性作用。其中直链淀粉是淀粉对寒地粳米食用品质有很大影响的主要元素。据蔡一霞等人报道：直链淀粉的多少，直接影响米饭软硬度、咀嚼感、弹性等质构品质。寒地粳米中矿物质元素主要分布在胚芽中，寒地粳米胚芽中含有很多人体必需的营养物质，这些营养物质是人体内不能合成只能通过外界摄入进行补充。本章利用先进的仪器设备研究不同品种寒地粳米营养成分的分布情况，以及寒地粳米在不同的储藏方式下，不同碾磨次数寒地粳米营养品质的变化规律。

2.1.1 材料与仪器设备

水稻原材料购自黑龙江省五常市和绥化市，水稻品种分别为：稻花香2号、绥粳4、龙粳40、茴香1号和超北2号。

2.1.1.1 仪器与设备

见表2-1。

表 2-1　实验设备

仪器名称	生产厂家
FC2K 型砻谷机	日本佐竹公司
DABR-5 型气调包装机	武汉中粮机械公司
LM-3100 型粉碎机	北京格瑞德曼仪器设备公司
S-3400N 扫描电镜	日立高新技术（上海）国际贸易有限公司
HITACHI E-1010 离子溅射仪	日本日立公司
VP-32T 实验碾米机	日本佐竹公司
马弗炉	苏珀仪器有限公司
SZC-C 脂肪测定仪	上海纤检仪器有限公司
TAS-986S 原子吸收分光光度计	北京谱析通用仪器有限公司
Infratec TM 1241 FOSS 近红外谷物品质分析仪	法国 FOSS

2.1.1.2　主要试剂

见表 2-2。

表 2-2　实验试剂

主要试剂	试剂公司
无水乙醚（分析纯）	国药有限公司
镁、锌、铜、钙、铁标准储备液（标准品）	国家标准物质研究中心
浓硝酸（分析纯）	沈阳化工公司
浓盐酸（分析纯）	国药有限公司
高氯酸（分析纯）	沈阳化工公司
氯化锶（分析纯）	国药有限公司
氢氧化钠（分析纯）	天津大茂
甲基红	天津大茂
85%乙醇（分析纯）	国药有限公司

2.1.2　试验方法

2.1.2.1　水稻原料的处理

称取水稻样品 5 kg 用砻谷机处理得到糙米，用碾米机对所得糙米进行 1 次碾磨。碾米机参数设为白度为 2，流速为 3，碾磨时间为 10 s。

2.1.2.2 储藏水稻预处理

对所得寒地粳米用气调包装机包装储藏,每袋 1 kg。

储藏方式:常温常规、常温充 100% CO_2、常温充 $N_2:CO_2=1:1$、低温(4℃)常规、低温(4℃)充 100% CO_2、低温(4℃)充 $N_2:CO_2=1:1$。

储藏时间:10 个月,每隔 1 个月取出样品 2 kg 进行一次指标检测。

对取出的样品进行加工。碾米机参数设置同上。对寒地粳米进行 6 次碾磨。1 次碾磨米磨损率为 3.14%,2 次碾磨米的磨损率为 5.98%,3 次碾磨米磨损率为 7.95%,4 次碾磨米磨损率为 9.72%,5 次碾磨米磨损率为 11.23%,6 次碾磨米磨损率为 12.48%。对每次碾磨所得寒地粳米进行指标检测,并通过 S-3400N 扫描电镜观察米样。

2.1.2.3 基础营养成分的测定

(1) 水分的测定。水分用 FOSS 近红外谷物品质分析仪(Infratec TM 1241)进行测定。

(2) 粗蛋白质的测定。粗蛋白质用 FOSS 近红外谷物品质分析仪(Infratec TM 1241)进行测定。

(3) 粗淀粉的测定。参照 GB/T 5009.9—2008《酸水解法》。

(4) 直链淀粉的测定。直链淀粉用 FOSS 近红外谷物品质分析仪(Infratec TM 1241)进行测定。

(5) 粗脂肪的测定。SZC-C 脂肪测定仪检测。

(6) 灰分的测定。参照 GB/T 5009.4—2010《灼烧重量法》。

2.1.2.4 矿物质元素含量的测定

本文采用火焰原子吸收法检测 Cu、Zn、Ca、Mg、Fe 5 种矿质元素,操作过程如下:

配制 20 mg/mL Sr 溶液:精密称取 6.08 g $SrCl_2 \cdot 6H_2O$ 于小烧杯中,然后取少量水将其溶解,转移并定容至 100 mL。

配制 100 μg/mL 的矿物质元素标准工作液:用移液管准确移取 1000 μg/mL 矿物质标准储备液 10 mL,置于 100 mL 容量瓶中,加 HCl (1+1) 5 mL,用水稀释至刻度。

(1) 绘制矿物质元素标准曲线。分别移取 100 μg/mL 矿物质元素标准工作液 0、1.0 mL、2.0 mL、3.0 mL、4.0 mL、5.0 mL、6.0 mL 于 7 个 50.0 mL 的容量瓶中,准确加入上述 Sr 溶液 1.0 mL,HCl (1+1) 1 滴,定容至刻度,摇匀。此系列含矿物质元素的浓度分别为:0、2 μg/mL、4 μg/mL、6 μg/mL、8 μg/mL、10 μg/mL、12 μg/mL。在表 2-3 矿物质元素原子吸收测定条件下,以 0 μg/mL

溶液为参比,测定矿物质元素原子的吸光度,然后用 Excel 作标准曲线。

(2) 样品预处理和分析测定。将待测寒地粳米粉碎过 100 目筛后,取 2.0 g 寒地粳米样品于消化管中,加硝酸,浸泡过夜,第二天在消化管中加入 5 mL 上述 Sr 溶液置于消化炉中加热消化,起始消化温度设置为 90℃,消化 30~40 min,再持续升温到 190℃左右,若未消化完全,则再向管中补加硝酸直到样品溶液为无色澄清透明。最后加入几滴蒸馏水,加热赶出硝酸,待瓶中所剩溶液 3 mL 左右时,取下消化管冷却,并向其中加入 10 mL 上述 Sr 溶液,移出定容备用。同法制备空白溶液。

用 TAS-986S 原子吸收分光光度计进行分析检测,3 次重复(表 2-3)。

表 2-3 火焰原子吸收分光光度计最佳工作参数

元素	波长 /nm	光谱带宽 /nm	工作灯电流 /mA	燃烧器高度 /mm	燃气流量 /(mL/min)
Cu	324.7	0.2	2.0	6.0	1400
Zn	213.9	0.2	3.0	6.0	1100
Ca	422.7	0.2	3.0	6.0	1400
Mg	285.2	0.2	2.0	6.0	1400
Fe	248.3	0.2	3.3	6.0	1400

2.1.2.5 数据处理方法

采用 SPSS19.0 软件。

2.1.3 试验结果与分析

2.1.3.1 不同碾磨次数寒地粳米的外观特征

寒地粳米碾磨加工过程中,主要磨去的是外糠层、内糠层、寒地粳米胚芽、部分胚乳等。由图 2-1 可知,寒地粳米的胚芽随着碾磨次数的增加而逐渐脱落,当碾磨次数为 1 时背沟留有皮,有 70%以上粒面留皮不超过 50%,由于只碾磨 1 次,米粒表皮结构未被严重破坏,因此保留了大部分的皮层和糊粉层,未伤害到米粒胚芽,但由于加工较轻,米粒表面粗糙不平整,米粒颜色暗沉,无光泽。当碾磨次数为 2 时,背沟留有皮,米粒表面粗糙,无光泽,胚芽被碾除 1/2。当碾磨次数为 3 时,背沟留有皮,有 80%以上米粒表面留皮不超过 20%,由于碾磨次数增多,米粒大部分胚芽被碾除,表面初见平整,稍显光滑。当碾磨次数为 4 时,背沟留有皮,有 80%以上米粒表面留皮不超过 1/6,胚芽所剩无几,表面较光滑,米粒泛白。当碾磨5次时,背沟留有皮,有90%以上米粒表面基本无米皮,此寒地粳米胚乳基本完全裸露,米粒白度增加。当碾磨6次时,背沟没有米皮,米粒表面光滑,白度再次增加。综合米粒留皮程度,以及前人研究的营养物质分布情况考虑不同碾磨次数寒地粳米的食用品质,3次碾磨米应为最佳加工精度。

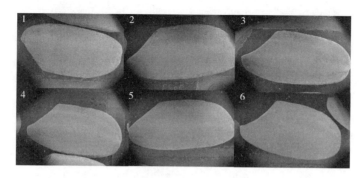

图2-1 不同程度的碾磨寒地粳米电镜扫描图片

2.1.3.2 不同品种水稻基础营养成分分布的差异性分析

由表2-4~表2-8可见:首先可以得出不同碾磨次数的5种水稻基础营养成分含量,由含量的多少可以初步判定基础营养成分的分布情况。5种水稻的基础营养成分除淀粉外都随碾磨次数的增加而降低。

表2-4 超北2号水稻基础营养成分分布情况/%

碾磨次数	水分	蛋白质	脂肪	淀粉	灰分
糙米	14.72 ± 0.11^a	8.74 ± 0.10^a	2.31 ± 0.12^a	71.98 ± 0.19^e	1.26 ± 0.01^a
一次碾磨	13.03 ± 0.09^b	8.52 ± 0.12^b	0.76 ± 0.04^b	74.95 ± 0.15^d	0.74 ± 0.01^b
二次碾磨	12.94 ± 0.12^b	8.47 ± 0.11^b	0.59 ± 0.05^c	75.29 ± 0.12^c	0.62 ± 0.01^c
三次碾磨	12.88 ± 0.08^{bc}	8.45 ± 0.12^b	0.46 ± 0.09^d	75.61 ± 0.13^b	0.46 ± 0.01^d
四次碾磨	12.67 ± 0.18^{cd}	8.44 ± 0.09^b	0.38 ± 0.06^{de}	75.42 ± 0.11^{bc}	0.35 ± 0.01^e
五次碾磨	12.55 ± 0.13^{de}	8.42 ± 0.07^b	0.31 ± 0.04^e	76.04 ± 0.12^a	0.31 ± 0.01^f
六次碾磨	12.41 ± 0.11^e	8.40 ± 0.10^b	0.26 ± 0.02^e	76.23 ± 0.12^a	0.24 ± 0.01^g

注:同一列不同字母表示差异显著$P<0.05$,小写字母表示,下同。

表2-5 茴香1号水稻基础营养成分分布情况/%

碾磨次数	水分	蛋白质	脂肪	淀粉	灰分
糙米	13.24 ± 0.12^a	7.91 ± 0.09^a	2.33 ± 0.13^a	73.49 ± 0.15^d	1.04 ± 0.01^a
一次碾磨	12.22 ± 0.08^b	7.12 ± 0.11^b	0.54 ± 0.13^b	77.24 ± 0.16^c	0.66 ± 0.01^b

续表

碾磨次数	水分	蛋白质	脂肪	淀粉	灰分
二次碾磨	12.13±0.13[bc]	7.10±0.08[b]	0.44±0.07[bc]	77.58±0.13[b]	0.46±0.01[c]
三次碾磨	12.05±0.06[bc]	7.08±0.12[b]	0.37±0.09[cd]	77.68±0.13[b]	0.40±0.01[d]
四次碾磨	11.93±0.15[cd]	7.06±0.06[b]	0.30±0.04[cd]	77.53±0.12[b]	0.32±0.01[e]
五次碾磨	11.85±0.11[d]	7.05±0.08[b]	0.26±0.08[d]	77.99±0.16[a]	0.26±0.01[f]
六次碾磨	11.72±0.10[d]	7.02±0.06[b]	0.22±0.05[d]	78.17±0.15[a]	0.16±0.01[g]

表 2-6 稻花香 2 号水稻基础营养元素分布情况/%

碾磨次数	水分	蛋白质	脂肪	淀粉	灰分
糙米	16.71±0.14[a]	7.85±0.12[a]	2.33±0.12[a]	70.13±0.11[f]	1.40±0.01[a]
一次碾磨	14.03±0.11[b]	7.24±0.11[b]	0.53±0.09[b]	75.21±0.08[e]	0.81±0.01[b]
二次碾磨	13.91±0.12[bc]	7.21±0.12[b]	0.46±0.09[b]	75.56±0.10[d]	0.66±0.01[c]
三次碾磨	13.78±0.09[cd]	7.17±0.13[b]	0.42±0.05[bc]	75.84±0.12[c]	0.48±0.01[d]
四次碾磨	13.69±0.12[de]	7.16±0.11[b]	0.30±0.03[cd]	75.60±0.11[d]	0.36±0.01[e]
五次碾磨	13.55±0.12[ef]	7.08±0.09[bc]	0.28±0.05[d]	76.30±0.12[b]	0.31±0.01[f]
六次碾磨	13.43±0.08[f]	6.92±0.10[c]	0.24±0.06[d]	76.62±0.12[a]	0.21±0.01[g]

表 2-7 绥粳 4 水稻基础营养成分分布情况/%

碾磨次数	水分	蛋白质	脂肪	淀粉	灰分
糙米	15.16±0.13[a]	8.77±0.14[a]	2.36±0.11[a]	70.99±0.10[f]	1.45±0.01[a]
一次碾磨	12.43±0.10[b]	8.18±0.11[b]	0.68±0.11[b]	76.06±0.11[e]	0.86±0.01[b]
二次碾磨	12.32±0.11[bc]	8.14±0.09[b]	0.50±0.10[c]	76.32±0.13[d]	0.66±0.01[c]
三次碾磨	12.18±0.08[cd]	8.12±0.12[b]	0.42±0.09[cd]	76.64±0.13[c]	0.41±0.01[d]
四次碾磨	12.04±0.11[de]	8.07±0.13[b]	0.35±0.06[cd]	76.36±0.11[d]	0.36±0.01[e]
五次碾磨	11.96±0.13[e]	8.05±0.07[b]	0.33±0.06[cd]	76.94±0.14[b]	0.25±0.01[f]
六次碾磨	11.87±0.09[e]	8.02±0.09[b]	0.23±0.04[d]	77.17±0.11[a]	0.20±0.01[g]

表 2-8 龙粳 40 水稻基础营养成分分布情况/%

碾磨次数	水分	蛋白质	脂肪	淀粉	灰分
糙米	15.54±0.12[a]	8.34±0.13[a]	2.54±0.12[a]	71.15±0.12[d]	1.06±0.01[a]
一次碾磨	12.86±0.13[b]	8.32±0.11[b]	0.84±0.09[b]	75.51±0.13[c]	0.68±0.01[b]

续表

碾磨次数	水分	蛋白质	脂肪	淀粉	灰分
二次碾磨	12.75±0.10^{bc}	8.30±0.12^{b}	0.57±0.06^{c}	75.94±0.12^{bc}	0.32±0.01^{c}
三次碾磨	12.62±0.11^{cd}	8.28±0.13^{b}	0.39±0.06^{d}	76.20±0.11^{ab}	0.27±0.01^{d}
四次碾磨	12.49±0.09^{de}	8.26±0.13^{b}	0.25±0.06^{e}	75.91±0.08^{bc}	0.23±0.01^{e}
五次碾磨	12.37±0.08^{ef}	8.25±0.10^{b}	0.20±0.05^{e}	76.51±0.11^{b}	0.22±0.01^{f}
六次碾磨	12.25±0.10^{f}	8.25±0.08^{b}	0.16±0.02^{e}	76.64±0.10^{a}	0.19±0.01^{g}

（1）碾磨次数与水分含量的关系。由表2-4～表2-8可以看出，5种水稻的水分含量随碾磨次数的增加而降低，0次碾磨与1、2、3、4、5、6次碾磨水分含量差异显著（$P<0.05$），1、2、3、4、5、6次碾磨水分含量差异不显著，由此说明水稻中果皮部分的水分含量较高，水分较为均匀地分布在胚乳的种皮、糊粉层和胚乳内部。稻花香2号的水分含量在相同碾磨次数条件下要明显高于其他四种水稻，其他四种水稻的含水量并无显著差异。之所以会出现这种现象，是因为稻花香2号水稻栽种在黑龙江省五常市而其余四种水稻产自绥化市，由于来自不同地区，受生长环境影响水分含量出现显著差异。

（2）水稻碾磨次数对蛋白质含量的影响。由表2-4～表2-8可知，5种水稻的蛋白质含量随碾磨次数的增加呈缓慢的下降趋势，其中除龙粳40外，其他四种寒地粳米0次碾磨与1、2、3、4、5、6次碾磨蛋白质含量差异显著（$P<0.05$），1、2、3、4、5、6次碾磨寒地粳米蛋白质含量差异不显著，当碾磨次数为1时，水稻中蛋白质含量下降较快，随后平缓下降，这与谢有发等人研究的结果基本一致，而龙粳40稻米品种在碾磨过程中蛋白质含量变化不显著，由此表明，龙粳40水稻品种蛋白质的分布较为均匀，而其他四种水稻的蛋白质主要分布在胚芽和糠层，而胚乳中的蛋白质含量较少，由于糙米在碾磨过程中胚芽和部分糠层会被碾去，就此导致0次碾磨到1次碾磨过程中蛋白质含量快速下降。从表2-5和表2-6中可以看出，茴香1号和稻花香2号稻米在相同碾磨次数条件下蛋白质含量明显低于其他三种水稻。金正勋研究了稻米蒸煮品质的相关性中指出由于米粒中的蛋白质大多分布在细胞壁中同时也有少数填补于淀粉粒间，若稻米中的蛋白质多，则淀粉粒之间空隙就会减少，它们之间就会紧紧连接在一起，由于出现这种状况，稻米在蒸煮时水分难以进入淀粉粒中，致使淀粉不易糊化，导致寒地粳米蒸煮时间延长，熟制米饭硬度大，黏度小，米粒之间较为松散，因此，高蛋白质米饭的质构品质以及食味品质差。由此可知，稻花香2号和茴香1号的食用品质优于其他三种水稻品种。

（3）碾磨次数与脂肪含量的关系。表2-4~表2-8显示，5种水稻脂肪含量随碾磨次数的增加而降低，糙米中脂肪含量最高。由表2-4和表2-8可知，超北2号和龙粳40两种水稻脂肪分布相似，当碾磨次数从0升到4时，脂肪含量的变化差异显著（$P<0.05$），前者由2.31%下降至0.38%，下降了83.55%，后者由2.54%下降至0.25%，下降了90.16%。当碾磨次数由4升到6时，脂肪含量变化不显著，平缓下降，并且脂肪含量很少。由此说明这两种水稻的脂肪主要分布在糙米的果皮、种皮和糊粉层，而胚乳中脂肪含量很少。茴香1号和稻花香2号两种水稻脂肪分布相似，在相同碾磨次数条件下，脂肪含量几乎相同，根据叶敏等人研究结论中可知脂肪对米饭食味品质影响显著。由此可知，茴香1号和稻花香2号这两种水稻的食味品质相似。碾磨次数从0到1时，脂肪含量变化差异显著（$P<0.05$），下降速度快，前者由2.33%下降至0.54%，下降了76.82%，后者由2.33%下降至0.53%，下降了77.25%。当碾磨次数由2升到6时，脂肪含量呈下降趋势但变化不显著，6次碾磨米的脂肪含量仅剩0.2%左右。由此说明此两种水稻脂肪主要分布在胚芽及糠层中，胚乳外层脂肪含量比胚乳内部高，但是差异不显著。由表得知不同品种水稻脂肪分布有显著差异。

（4）碾磨次数与淀粉含量的关系。由表2-4~表2-8可知：5种水稻糙米中淀粉含量最低，6次碾磨米的淀粉含量最高，淀粉含量随碾磨次数的增加而升高，其中第4次碾磨米的淀粉含量稍有下降。这是因为寒地粳米淀粉大部分存在胚乳内部，所以碾磨次数越多，其淀粉含量越高。从表2-4~表2-8可以看出，寒地粳米中的淀粉含量远远高于其他营养物质。不同品种寒地粳米淀粉含量差异不显著，五种水稻淀粉含量在70%~80%之间，因而也常将淀粉含量作为评价寒地粳米营养品质的重要指标之一。

（5）碾磨次数与灰分含量的关系。表2-4~表2-8表明，5种水稻随着碾磨次数的增加灰分含量呈下降的趋势，糙米中灰分含量远远高于其他碾磨次数的寒地粳米。6次碾磨米的灰分含量最低。灰分在水稻中分布极其不均匀。其中稻花香2号和绥粳4的灰分含量在相同碾磨次数条件下高于其他三种水稻。由此可知，灰分主要分布在糙米的果皮、种皮中，而糊粉层和胚乳中的灰分含量较少，这与谢有发的研究结果一致。

2.1.3.3 不同品种水稻矿物质元素分布的差异性分析

水稻中Ca、Fe、Zn、Cu、Mg五种是有益矿物质元素。钙是人体中矿质最多的元素，主要分布在人的骨骼和牙齿中，如果钙的摄入量不足会导致人体骨质疏松和肌肉痉挛。铁元素有"补血素"之称，是血红蛋白和肌蛋白的重要组成成分，也是很多酶和免疫系统的重要成分，缺铁会导致贫血。锌和铜一样是生命活动中许多酶的组成成分，缺锌会导致人的智力下降，食欲不振以及影响生殖能力。镁可以使身体内不起作用的酶被激活产生一定的作用,可以确保核酸结构不混乱,维持正常的稳定。

采用火焰原子吸收法测定不同品种经不同程度加工的水稻矿物质含量,测定结果如表 2-9~表 2-13 所示,由表可知不同品种水稻的五种矿物质元素含量,其中茴香 1 号和稻花香 2 号的矿物质含量差异不显著,与其他三种水稻差异显著且矿物质元素含量高于其他三种水稻品种。由表可知,寒地粳米中 Mg、Ca、Fe、Zn、Cu 五种矿物质元素在糙米中含量最高,随着加工精度的增加,含量下降,这与石燕等人研究的稻米主要营养成分和矿物质元素的分布分析结果一致。

表 2-9 不同品种水稻 Mg 元素分布情况/(μg·g^{-1})

碾磨次数	超北 2 号	茴香 1 号	稻花香 2 号	绥粳 4	龙粳 40
糙米	1215.0±0.7^a	1425.5±0.8^a	1451.0±0.8^a	1165.5±0.7^a	1362.5±0.7^a
一次碾磨	504.0±0.5^b	732.0±0.5^b	786.5±0.5^b	436.0±0.3^b	521.5±0.3^b
二次碾磨	415.5±0.3^{bc}	542.0±0.3^c	552.0±0.5^c	388.5±0.2^c	402.0±0.2^{bc}
三次碾磨	297.5±0.2^d	356.5±0.2^{cd}	364.5±0.3^{cd}	275.0±0.1^{cd}	296.5±0.2^c
四次碾磨	256.5±0.2^d	275.0±0.2^d	298.0±0.2^d	224.0±0.1^d	254.0±0.1^{cd}
五次碾磨	189.0±0.1^d	203.5±0.1^d	252.5±0.1^d	165.5±0.1^d	192.0±0.1^d
六次碾磨	145.5±0.1^d	176.0±0.1^d	186.0±0.1^d	131.5±0.1^d	162.5±0.1^d

表 2-10 不同品种水稻 Cu 元素分布情况/(μg·g^{-1})

碾磨次数	超北 2 号	茴香 1 号	稻花香 2 号	绥粳 4	龙粳 40
糙米	3.37±0.01^a	3.60±0.01^a	3.63±0.01^a	3.33±0.01^a	3.54±0.01^a
一次碾磨	2.98±0.01^b	3.11±0.01^b	3.13±0.01^b	2.99±0.01^b	3.03±0.01^b
二次碾磨	2.86±0.01^{bc}	3.05±0.01^b	2.99±0.01^c	2.88±0.01^{bc}	2.91±0.01^{bc}
三次碾磨	2.80±0.01^c	2.93±0.01^{bc}	2.89±0.01^{cd}	2.81±0.01^c	2.85±0.02^c
四次碾磨	2.75±0.01^{cd}	2.86±0.01^c	2.80±0.01^c	2.71±0.01^{cd}	2.74±0.01^{cd}
五次碾磨	2.70±0.01^d	2.80±0.01^{cd}	2.76±0.02^d	2.65±0.01^d	2.70±0.01^{cd}
六次碾磨	2.64±0.01^d	2.64±0.01^d	2.62±0.01^d	2.49±0.01^d	2.51±0.01^d

表 2-11 不同品种水稻 Zn 元素分布情况/(μg·g^{-1})

碾磨次数	超北 2 号	茴香 1 号	稻花香 2 号	绥粳 4	龙粳 40
糙米	16.98±0.04^a	17.80±0.04^a	18.22±0.04^a	16.98±0.04^a	17.35±0.03^a
一次碾磨	15.43±0.03^b	16.65±0.04^b	16.86±0.03^b	15.75±0.04^b	15.87±0.03^b
二次碾磨	13.56±0.03^c	14.33±0.03^c	14.68±0.03^c	13.76±0.03^c	13.99±0.05^c

续表

碾磨次数	超北2号	茴香1号	稻花香2号	绥粳4	龙粳40
三次碾磨	12.69±0.02^{cd}	13.57±0.03^{cd}	13.87±0.03^{cd}	12.89±0.04^{cd}	13.12±0.05^{cd}
四次碾磨	12.14±0.02^{d}	13.03±0.02^{cd}	13.25±0.03^{d}	12.35±0.03^{d}	12.88±0.02^{d}
五次碾磨	11.98±0.01^{d}	12.37±0.02^{d}	12.77±0.02^{d}	12.02±0.02^{d}	12.47±0.01^{d}
六次碾磨	11.65±0.01^{d}	12.04±0.02^{d}	12.52±0.02^{d}	11.88±0.01^{d}	12.03±0.01^{d}

表2-12 不同品种水稻Ca元素分布情况/($\mu g \cdot g^{-1}$)

碾磨次数	超北2号	茴香1号	稻花香2号	绥粳4	龙粳40
糙米	164.0±0.1^{a}	173.0±0.1^{a}	179.5±0.1^{a}	155.0±0.1^{a}	159.5±0.1^{a}
一次碾磨	109.0±0.1^{b}	118.5±0.1^{b}	121.5±0.1^{b}	110.0±0.1^{b}	113.0±0.1^{b}
二次碾磨	99.5±0.1^{c}	103.5±0.1^{c}	105.5±0.1^{c}	98.5±0.1^{c}	99.5±0.1^{c}
三次碾磨	90.0±0.1^{c}	95.0±0.1^{cd}	96.0±0.1^{cd}	89.5±0.1^{cd}	90.0±0.1^{c}
四次碾磨	79.5±0.1^{d}	80.0±0.1^{d}	81.5±0.1^{d}	74.0±0.1^{d}	75.5±0.1^{d}
五次碾磨	71.5±0.1^{d}	70.0±0.1^{d}	70.5±0.1^{d}	65.0±0.1^{d}	66.5±0.1^{d}
六次碾磨	68.5±0.1^{d}	62.5±0.1^{d}	63.5±0.1^{d}	59.5±0.1^{d}	60.0±0.1^{d}

表2-13 不同品种水稻Fe元素分布情况/($\mu g \cdot g^{-1}$)

碾磨次数	超北2号	茴香1号	稻花香2号	绥粳4	龙粳40
糙米	13.5±0.4^{a}	14.0±0.4^{a}	15.5±0.5^{a}	12.0±0.4^{a}	13.5±0.5^{a}
一次碾磨	9.5±0.3^{b}	10.5±0.3^{b}	11.5±0.3^{b}	10.5±0.2^{b}	10.0±0.3^{b}
二次碾磨	8.0±0.1^{b}	10.0±0.1^{b}	10.5±0.2^{b}	9.0±0.2^{b}	9.0±0.2^{b}
三次碾磨	7.5±0.1^{b}	9.0±0.2^{b}	9.0±0.1^{b}	8.0±0.1^{b}	8.5±0.1^{b}
四次碾磨	7.0±0.1^{b}	8.5±0.1^{b}	8.5±0.1^{b}	7.5±0.1^{b}	7.0±0.1^{b}
五次碾磨	6.5±0.1^{b}	8.0±0.1^{b}	7.5±0.1^{b}	7.0±0.1^{b}	6.5±0.1^{b}
六次碾磨	6.0±0.1^{b}	7.0±0.1^{b}	7.0±0.1^{b}	6.0±0.1^{b}	6.0±0.1^{b}

表2-9显示，随着碾磨次数的增加镁元素含量下降，其中0、1、2、3次碾磨米镁含量差异显著（$P<0.05$）。当碾磨次数为0时，五种水稻镁元素含量为1176.50~1451.00 μg/g，当碾磨次数为4时，五种水稻镁元素含量下降为224.00~298.00 μg/g，由镁元素随加工精度的变化趋势可知镁元素主要分布在糙

米的果皮、种皮和糊粉层,而胚乳中的含量很少。

表 2-10 显示,水稻中的铜元素含量较低,五种水稻铜元素含量变化差异不显著,随着碾磨次数的增加铜元素含量减少,糙米中的含量最高,糙米与 1 次碾磨米差异显著,铜元素在水稻胚乳中的分布较为均匀。稻花香 2 号水稻中铜元素含量较高,绥粳 4 的含量最低。

表 2-11 显示,茴香 1 号和稻花香 2 号的锌元素含量较高,五种水稻锌元素随着碾磨次数的增加含量下降,其中 0 次、1 次、2 次、3 次碾磨下降较快,4 次、5 次、6 次碾磨变化不明显。产生这种现象的原因是在次 0 次、1 次、2 次、3 次碾磨过程中主要碾磨掉了糙米的果皮、种皮和糊粉层,而锌主要分布在这些结构中,胚乳中锌的含量较少。

表 2-12 显示,寒地粳米中的钙含量仅低于镁的含量,糙米中茴香 1 号和稻花香 2 号的钙含量远远高于绥粳 4 和龙粳 40。随着碾磨次数的增加钙含量下降,碾磨次数从 0 到 3 时,寒地粳米中钙含量下降明显,稻花香 2 号下降了 46.5%,茴香 1 号下降了 45.1%,超北 2 号下降了 45.1%,绥粳 4 下降了 42.3%,龙粳 40 下降了 43.6%。而碾磨次数从 3 到 6 时,寒地粳米中钙含量无明显变化。由此可知,五种水稻中钙元素的分布不存在差异性。钙元素主要分布在糙米的果皮和种皮中,而胚乳中含量较少且分布均匀。

表 2-13 显示,五种水稻中铁元素含量无明显差异。糙米中铁元素含量最高,6 次碾磨米中铁元素含量最低,碾磨次数增加铁元素含量呈缓慢下降的趋势。碾磨次数从 0 到 1 时,下降较明显,当碾磨次数从 1 到 6 时,无明显变化。由此可知水稻中铁元素主要分布在寒地粳米的种皮和胚芽中,而糊粉层和胚乳中铁元素含量分布较为均匀。

2.1.3.4 储藏中不同碾磨次数米水分含量的变化

图 2-2 为茴香 1 号在不同储藏条件下不同碾磨次数寒地粳米水分含量的变化。由图 2-2 可知,储藏前寒地粳米水分含量随碾磨次数的增加而降低,五种寒地粳米之间无显著性差异。受储藏环境、包装材料以及寒地粳米自身代谢影响,寒地粳米在储藏过程中水分含量的变化没有表现出一定的规律性,但总体水分含量下降,其中低温充 100% CO_2 储藏过程中水分含量变化与其他储藏方式存在显著差异($P<0.05$)且变化较平稳。由图 2-3 可知,稻花香 2 号与超北 2 号水稻水分含量变化一致,均随储藏时间延长水分含量降低,而绥粳 4、龙粳 40 和茴香 1 号水稻在储藏 1 个月时水分含量有增加的趋势,这是因为新收获的水稻水分还处于不稳定阶段,经过一段时间放置后水分才会平稳。同时受包装材料影响以及所处环境的相对湿度的影响水分含量在储藏前期出现增加的现象。

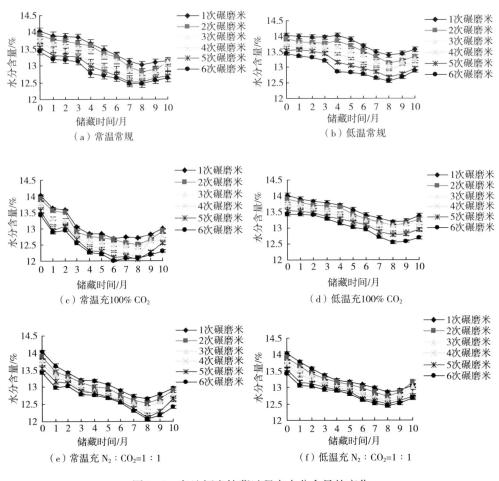

图 2-2 寒地粳米储藏过程中水分含量的变化

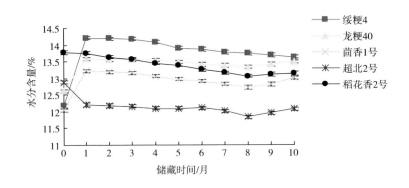

图 2-3 3 次碾磨米低温充 100% CO_2 储藏水分含量的变化

2.1.3.5 储藏后不同碾磨次数米直链淀粉含量的变化

直链淀粉是影响寒地粳米蒸煮和食用品质的主要因素之一。因而，分析储藏后不同碾磨次数寒地粳米的直链淀粉的变化是非常有必要的。图 2-4 为茴香 1 号在不同储藏方式下不同碾磨次数寒地粳米直链淀粉含量的变化。

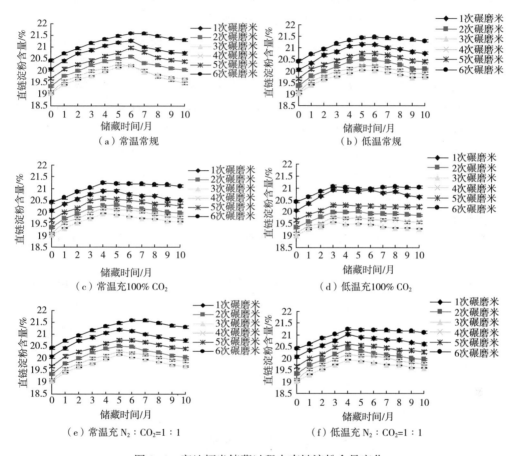

图 2-4 寒地粳米储藏过程中直链淀粉含量变化

由图 2-4 可知，1~3 次碾磨米直链淀粉含量下降，3~6 次碾磨米直链淀粉增加，6 次碾磨米的直链淀粉高于 1 次碾磨米。由此可知寒地粳米中直链淀粉主要分布在胚乳内层。常规储藏，储藏前 6 个月含量增加，储藏 6 个月时，3 次碾磨米的直链淀粉含量最低。6 个月过后开始下降，其中 5 次、6 次碾磨米下降较为平缓。战旭梅在研究稻米储藏过程中质构品质变化及其机理中指出，寒地粳米中的脱支酶在储藏过程中仍保持活性，且随着温度提高，酶活性增强。因此储藏过程中直链淀粉的增加是脱支酶作用于支链淀粉所导致。随储藏时间的延长脱支酶活性降低，因此在第 6 个月直链淀粉含量有所下降。储藏 8 个月后，4 次碾磨米含量最低。低温常规和常温充 $N_2:CO_2=1:1$ 储藏条件下直链淀粉在第 5 个月值最高，储藏 5 个月时 3 次碾磨米的直链淀粉含量最低，达到 20.14%，5 个月后开始缓慢下降。常温充 100% CO_2 和低温充 $N_2:CO_2=1:1$ 储藏条件下，寒地粳米在储藏 4 个月时直链淀粉含量最高，随后缓慢下降。低温（4℃）充 100% CO_2 储藏条件下，寒地粳米直链淀粉前 3 个月缓慢升高，储藏 3 个月后 3 次碾磨米的直链淀粉含量最低为 19.57%，4 月后平缓下降。这是因为在低温充 100% CO_2 储藏条件下随着时间的延长，脱支酶的活性下降所致，但是变化不显著。气调储藏 10 个月后 3 次碾磨米的直链淀粉含量最低。稻花香 2 号与超北 2 号、绥粳 4、龙粳 40 这三种寒地粳米对储藏过程中不同加工精度寒地粳米的直链淀粉的变化影响不显著。茴香 1 号与其他四种水稻略有不同，茴香 1 号在储藏初期碾磨 2 次的寒地粳米直链淀粉含量最低，储藏 10 个月后，常规储藏条件下，3 次碾磨米的直链淀粉含量最低，低温充 100% CO_2 储藏条件下，2 次碾磨米含量最低。图 2-5 为 3 次碾磨米在不同储藏条件下直链淀粉含量的变化，由图 2-5 可知，储藏 4 个月后不同储藏条件直链淀粉含量差异显著（$P<0.05$），气调储藏条件下直链淀粉含量变化要优于常规储藏，低温充 100% CO_2 储藏直链淀粉变化最平稳。由图 2-6 可知，储藏过程中绥粳 4 的直链淀粉含量最高，龙粳 40、稻花香 2 号和茴香 1 号水稻直链淀粉含量相近均较低。储藏中寒地粳米淀粉分子从多分支且分支之间错综排列到分支减少，排列开始有序化，导致淀粉凝沉倾向增强，促使淀粉糊化特性有所改变。

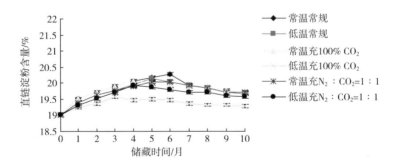

图 2-5 3 次碾磨米不同储藏方式直链淀粉的变化

2.1.3.6 储藏后不同碾磨次数米蛋白质的变化

图 2-7 和图 2-8 为茴香 1 号稻米蛋白质的变化，图 2-9 为不同品种寒地粳米储后 3 次碾磨米在不同储藏方式下蛋白质的变化。由图 2-7 和图 2-8 可知，寒地粳米在储藏前，随着碾磨次数的增加蛋白质含量下降。无论何种储藏方式蛋白质

第 2 章 储藏过程中不同碾磨程度对寒地粳米品质影响的规律分析

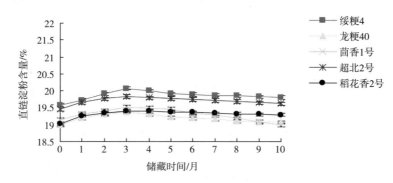

图 2-6　3 次碾磨米低温充 100% CO_2 储藏直链淀粉含量的变化

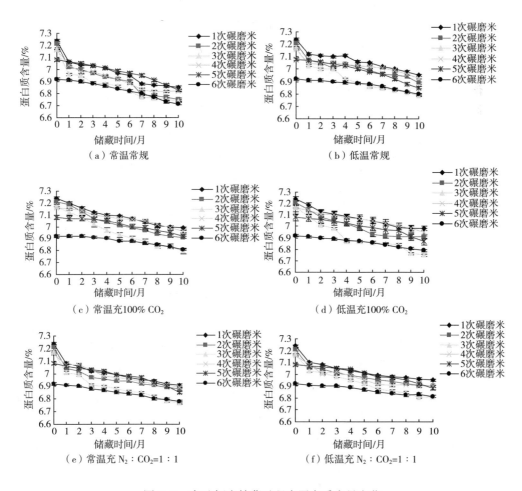

图 2-7　寒地粳米储藏过程中蛋白质含量变化

含量都稍有减少。常温常规储藏的寒地粳米储藏 10 个月后 1~6 次碾磨米的蛋白质下降 5.4%~3.3%，低温常规储藏蛋白质下降 5.1%~2.9%，常温充 100% CO_2 蛋白质下降 3.9%~1.7%，低温充 100% CO_2 储藏条件蛋白质下降 3.5%~1.2%。其他气调储藏蛋白质稍有减少。储藏 10 个月后 3 次、6 次碾磨米的蛋白质含量最低。由图 2-8 可知，储藏 6 个月后不同储藏方式蛋白质含量差异显著（$P<0.05$），低温充 100% CO_2 储藏蛋白质变化不明显。绥粳 4 和茴香 1 号蛋白质的变化与稻花香 2 号一致，超北 2 号和龙粳 40 除气调储藏第一个月蛋白质的变化与稻花香 2 号不同，其余储藏方式及月份蛋白质含量变化都是一致的。由图 2-9 可知，超北 2 号寒地粳米在气调储藏第一个月时蛋白质含量快速下降，下降后低温充 100% CO_2 储藏条件下蛋白质含量高于其他三种储藏条件，并且下降趋势受到抑制。储藏中虽然蛋白质的总含量变化不显著，但是蛋白质的一级结构会发生改变。谢宏在研究寒地粳米的陈化机理中指出，储藏时，由于巯基减少，二硫键增多，促使二硫键将多个低分子蛋白连接在一起形成高分子蛋白，高分子蛋白的增加会促使寒地粳米热力学特性发生变化。储藏中蛋白质与淀粉的共同作用会使米饭的质构品质发生一定的变化。

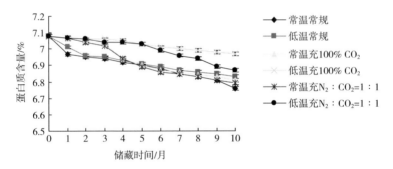

图 2-8 稻花香 2 号水稻 3 次碾磨米不同储藏方式蛋白质含量变化

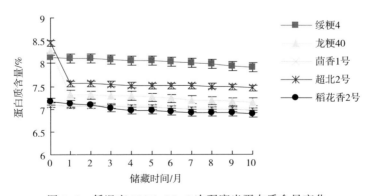

图 2-9 低温充 100% CO_2 3 次碾磨米蛋白质含量变化

2.2 寒地粳米储藏过程中蒸煮糊化特性的变化

寒地粳米的蒸煮品质在一定程度上可以反映出稻米食用品质的好坏，通过测定寒地粳米在蒸煮过程中的加热吸水率、膨胀率、米汤 pH 和米汤固体溶出物等指标可较为客观地判断寒地粳米的食用品质。

寒地粳米粉的糊化特性与米饭的食味品质关系紧密。RVA 谱特征值可以间接判断食用品质的优良状态。Yu Heng-xiu 等指出从 RVA 糊化曲线上可以直接得到峰值黏度（peak viscosity，简称 PV）、最低黏度（trough viscosity 或 hold viscosity，简称 HS）、最终黏度（final viscosity，简称 FV）和糊化开始温度（pasting temp，简称 PaT）四个基本参数，通过前三个基本参数可以计算出与寒地粳米质构特性显著相关的崩解值（breakdown，简称 BD，又称"衰减值"，峰值黏度-最低黏度）和消减值（setback，简称 SB，又称"回生值"，最终黏度-峰值黏度）。HS 代表淀粉颗粒溶胀程度与破裂程度之间的平衡；FV 代表冷糊的胶凝程度；PaT 表示黏度开始增加的温度；BD 值可以表示淀粉颗粒的破裂程度，同时反映寒地粳米粉加热成糊后的抗剪切能力和耐热能力。随着温度的升高，淀粉颗粒之间在膨胀过程中产生摩擦使黏度上升，达到最高值，随着温度继续上升，淀粉粒膨胀破裂，黏度急剧下降至最低，糊化液经冷却至室温后再度变稠黏度上升，达到最终黏度。最终黏度反映米饭的软硬程度。

2.2.1 材料和仪器

2.2.1.1 主要材料

水稻原材料购自黑龙江省五常市和绥化市，水稻品种分别为：稻花香 2 号、绥粳 4、龙粳 40、茴香 1 号和超北 2 号。

2.2.1.2 主要仪器

见表 2-14。

表 2-14 实验设备

仪器名称	生产厂家
RVA4500 快速黏度分析仪	波通瑞联科技有限公司
METTLER TOLEDO DSC1 差示扫描量热仪	瑞士梅特勒-托利多仪器有限公司
HITACHI E-1010 离子溅射仪	日本日立公司
AR2140 型分析天平	上虞市华丰五金仪器公司
S-3400N 扫描电镜	日立高新技术（上海）国际贸易有限公司

续表

仪器名称	生产厂家
压样机	美国 Perkin-Elmer 公司
pH 计	上海器宏科学仪器设备有限公司

2.2.2 主要试剂

实验室蒸馏水。

2.2.3 试验方法

2.2.3.1 水稻预处理

对所得寒地粳米用气调包装机包装储藏，每袋 1 kg。

储藏方式：常温常规、常温充 100% CO_2、常温充 $N_2:CO_2=1:1$、低温（4℃）常规、低温（4℃）充 100% CO_2、低温（4℃）充 $N_2:CO_2=1:1$。

储藏时间：10 个月，每隔 1 个月取出样品 2 kg 进行一次指标检测。

2.2.3.2 寒地粳米蒸煮品质的测定

参照 GB/T 15682—2008。

2.2.3.3 寒地粳米粉糊化特性的测定

RVA 4500 与电脑连接，使用 Thermocline for Windows（TCW3）工作软件用于操作和数据管理。将寒地粳米粉碎过 120 目筛，称取 3.50 g 寒地粳米粉碎样品放入测试桶中，当寒地粳米粉含水量为 14% 时加 25 mL 蒸馏水。放入 RVA 中进行检测。电脑自动制图并读取特征数值。黏滞性值用"Rapid Visco Units（RVU）"或 cP 作单位表示，1RVU = 12 cP。

DSC 差示扫描量热仪测定热焓值

准确称取 3.0 mg 寒地粳米粉样品放入坩埚中，加入 7 μL 蒸馏水，使样品与水分混合均匀，盖上坩埚盖。用压样器对坩埚进行压制，确保坩埚密封良好，平衡压制好的坩埚 12 h，将静置后的坩埚移入 DSC 扫描量热仪中，操作参数设置为：氮气流量 150 mL/min、压力 0.1 MPa、以 5℃/min 的速度升温、温度由 20℃ 升至 100℃。通过电脑程序显现 DSC 曲线。糊化温度和热焓值用仪器自带的 TA Universal Analysis 软件计算。每组数据做 3 个平行。

2.2.3.4 扫描电镜检测寒地粳米淀粉结构

取储藏前后不同碾磨次数有代表性的寒地粳米样品，单向刀切下寒地粳米中部的横断面，3~5 mm 厚，黏在圆盘上，镀金膜，时间约为 1 h，将镀好的寒地粳米样品放入 S-3400 N 扫描电镜中观察，束流 58 μA，加速电压 15 kV，在不同的放大倍数下扫描图片。

2.2.3.5 数据处理方法

数据分析采用 SPSS 19.0 软件和 Origin 8.0 软件。

2.2.4 结果与分析

2.2.4.1 储藏时寒地粳米蒸煮品质的变化

（1）储藏时不同碾磨次数寒地粳米加热吸水率的变化。Kasai 等提出，寒地粳米的加热吸水率是评价米饭蒸煮品质好坏的主要元素之一。图 2-10 为茴香 1 号水稻在不同储藏条件下不同碾磨次数寒地粳米米饭加热吸水率的变化图。

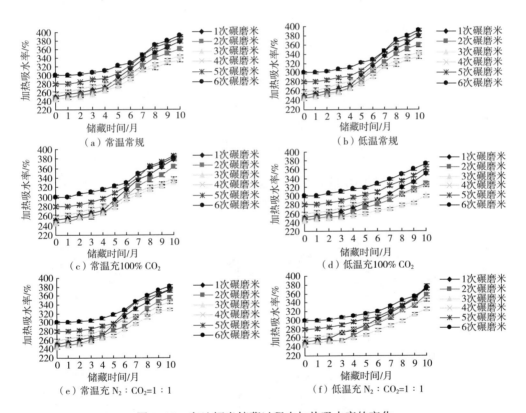

图 2-10 寒地粳米储藏过程中加热吸水率的变化

由图 2-10 可见，储后不同碾磨次数寒地粳米加热吸水率均增加。常温常规储藏条件下储藏 6 个月时，碾磨次数为 3 时，米饭加热吸水率最低为 302.5%，当储藏 6 个月后，碾磨次数为 4 时，米饭加热吸水率最低。由此说明，1~3 次碾磨米在储藏过程中加热吸水率增加幅度大于 4~6 次碾磨米。低温（4℃）充 100%

CO_2 储藏条件下储藏 10 个月后,当碾磨次数为 3 时,米饭加热吸水率最低为 300%,其他三种气调储藏条件米饭加热吸水率的变化与其一致。李益良等指出,寒地粳米在储存过程中寒地粳米内部组织结构发生变化,不溶于水的物质增加,同时小分子聚集形成大分子,使寒地粳米在做成米饭的时候需要的水分提高,因此致使寒地粳米的加热吸水率提高。储藏过程中 5 次、6 次碾磨米随储藏时间的变化加热吸水率增加的幅度较小。由图 2-11 可知,稻花香 2 号水稻的加热吸水率在储藏过程中最低,绥粳 4 米饭加热吸水率最高。其他四种水稻在储藏过程中加热吸水率的变化规律与茴香 1 号寒地粳米品种基本相同。由此得出东北粳稻品种对储藏过程中米饭加热吸水率的变化没有影响。

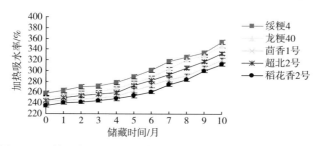

图 2-11 低温充 100% CO_2 储后 3 次碾磨米加热吸水率的变化

(2)储藏时不同碾磨次数寒地粳米膨胀率的变化。图 2-12 和图 2-13 为茴香 1 号水稻在储藏过程中寒地粳米米饭膨胀率的变化图。

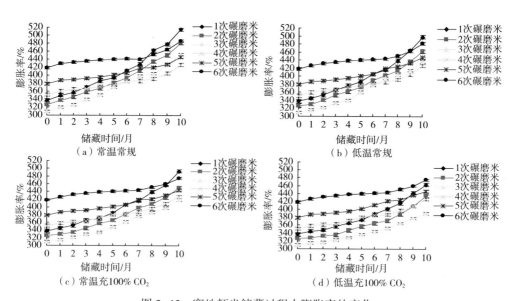

图 2-12 寒地粳米储藏过程中膨胀率的变化

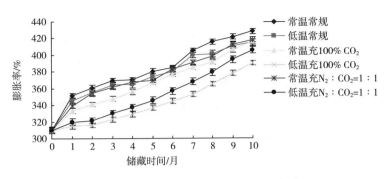

图 2-13　3 次碾磨米不同储藏方式膨胀率的变化

图 2-14 中可以看出,无论何种方式储藏,随着储藏时间的延长,不同碾磨次数寒地粳米的膨胀率都升高,其中 5 次、6 次碾磨米升高幅度较低。常温常规储藏 6 个月时,在碾磨次数为 3 时,寒地粳米的膨胀率最低为 384%,6 个月后 4 次碾磨米的膨胀率最低。由此说明,寒地粳米在储藏过程中 1~3 次碾磨米随着储藏时间的增加膨胀率增幅大于 4~6 次碾磨米。储藏 7 个月后低温常规储藏与常温常规储藏寒地粳米膨胀率差异显著($P<0.05$),低温(4℃)储藏比常温储藏变化缓慢。在低温(4℃)充 100% CO_2 储藏条件下储藏 10 个月后,当碾磨次数为 3 时,寒地粳米膨胀率最低为 390%,其他三种气调储藏条件寒地粳米膨胀率的变化与其一致,但变化幅度都高于低温充 100% CO_2 的储藏条件,差异显著($P<0.05$)。由图 2-14 知,茴香 1 号水稻和稻花香 2 号膨胀率的变化基本相似,均低于其他三种水稻,其中绥粳 4 的膨胀率最高。其他四种水稻在储藏过程中膨胀率的变化规律与茴香 1 号寒地粳米基本相同。由此得出东北粳稻品种对储藏过程中米饭膨胀率的变化无显著差异。

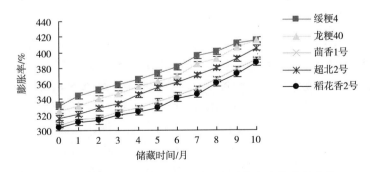

图 2-14　低温充 100% CO_2 储后 3 次碾磨米膨胀率的变化

(3) 储藏时不同碾磨次数寒地粳米米汤 pH 的变化。米汤的 pH 与米饭的味道有关。随储藏时间的增加茴香 1 号不同碾磨次数寒地粳米米汤 pH 的变化如

图 2-15 和图 2-16 所示。

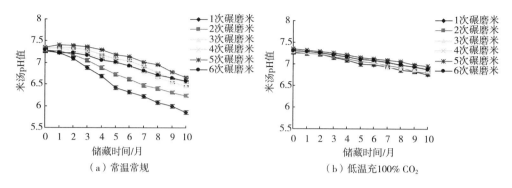

（a）常温常规　　　　　　　　　　（b）低温充 100% CO_2

图 2-15　寒地粳米储藏过程中米汤 pH 的变化

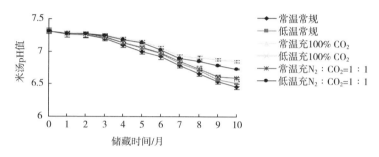

图 2-16　3 次碾磨米不同储藏方式 pH 的变化

储藏时不同碾磨次数米汤 pH 表现出减少趋势，常温常规储藏 1、2 次碾磨米汤 pH 下降迅速，1 次碾磨米储藏 10 个月变化范围为 7.26~5.85，2 次碾磨米变化范围为 7.28~6.24。常温常规和低温常规储藏对米汤 pH 的变化差异不显著（$P>0.05$）。低温（4℃）充 100% CO_2 储藏 10 个月后 1 次碾磨米米汤 pH 下降至 6.76，6 次碾磨由 7.3 下降至 6.81。图 2-16 表明，储藏 7 个月后米汤 pH 差异显著（$P<0.05$），低温充 100% CO_2 储藏变化最平稳。有研究表明，寒地粳米在储藏过程中脂类降解产生游离脂肪酸等各种有机酸，使最终米汤的 pH 降低。由图 2-17 可知，茴香 1 号和稻花香 2 号米汤 pH 相近均高于其他三种水稻，绥粳 4 的米汤 pH 最低。其他四种水稻在储藏过程中米汤 pH 的变化规律与茴香 1 号寒地粳米品种基本相同。

（4）储藏时不同碾磨次数寒地粳米米汤固形物含量的变化。茴香 1 号不同碾磨次数寒地粳米的米汤固形物含量的变化如图 2-18 和图 2-19 所示。储藏时米汤固形物含量出现下降现象。常温常规储藏 10 个月。当碾磨次数为 1 时，米汤固形物含量下降 20.16%，当碾磨次数为 6 时，米汤固形物含量下降 15.4%，由此可

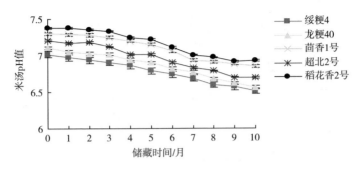

图 2-17 低温充 100% CO_2 储后 3 次碾磨米米汤 pH 的变化

知储藏过程中随着碾磨次数的增加下降越缓慢。低温充 100% CO_2 储藏 10 个月，1 次碾磨米米汤固形物含量下降 13.7%，6 次碾磨下降 9.5%。有关报道表明，这是由于寒地粳米在长时间存放时米粒细胞壁不易被破坏，淀粉可溶物的流出受到很大阻碍，导致米汤固形物含量减少，品质下降。由图 2-20 可知，稻花香 2 号米汤固形物含量与茴香 1 号差异不显著（$P>0.05$）均高于其他三种水稻，绥粳 4 的固形物含量最低。其他四种水稻米汤固形物含量在储藏过程中的变化与茴香 1 号基本一致。

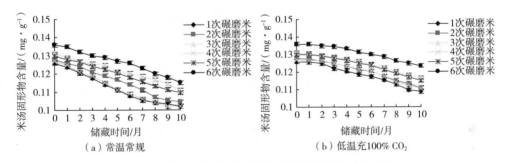

图 2-18 寒地粳米储藏过程中米汤固形物含量的变化

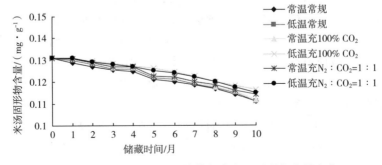

图 2-19 3 次碾磨米不同储藏方式米汤固形物含量变化

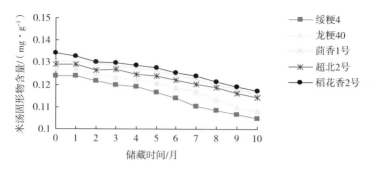

图 2-20 低温充 100% CO_2 储后 3 次碾磨米米汤固形物含量的变化

2.2.4.2 寒地粳米理化指标与蒸煮指标的相关性分析

由表 2-15 可知:寒地粳米中蛋白质和脂肪酸值与米汤 pH 的相关系数分别为 $r=0.606$,$P<0.01$、$r=-0.526$,$P<0.01$,呈极显著负相关。由此说明,米饭蒸煮过程中,米汤的 pH 主要受蛋白质和脂肪酸值的影响。直链淀粉与米汤固形物的相关系数为 $r=0.684$,$P<0.01$,呈极显著正相关。由此可以解释说明寒地粳米在储藏过程中米汤 pH 的下降可能受到蛋白质的影响所致,米汤固形物含量的下降可能受直链淀粉的影响所致。但蒸煮品质的变化并不仅仅受理化指标中单一元素影响。

表 2-15 理化指标与蒸煮指标的相关性分析

理化指标	蒸煮指标			
	吸水率	膨胀率	米汤 pH 值	米汤固形物含量
直链淀粉	0.045	0.116	0.215	0.684**
蛋白质	-0.092	0.087	0.606**	-0.047
脂肪酸值	0.145	0.168	-0.526**	0.069

(1) 储藏中不同碾磨次数寒地粳米糊化特征的变化。表 2-16 和表 2-17 表现了茴香 1 号水稻在储藏过程中糊化特性的变化:储藏前,随碾磨次数的增加峰值黏度和崩解值无变化规律,其中 3 次碾磨米的峰值黏度和崩解值最高。储藏后不同碾磨次数寒地粳米的峰值黏度和崩解值呈先增加后降低的趋势。常规储藏 2 个月时峰值黏度和破损值有最大值,储藏 10 个月时值最小。在储藏过程中 2~4 个月的寒地粳米其峰值黏度和崩解值比未储藏前高 ($P<0.05$),储藏 6~10 个月的寒地粳米其峰值黏度和崩解值比未储藏前明显降低 ($P<0.05$)。气调储藏 4 个月时 PV 和 BD 有最大值,储藏 10 个月时值最小,在储藏过程中 4~6 个月的寒地粳米其峰值黏度和崩解值比未储藏前高 ($P<0.05$),储藏 6~10 个月的寒地粳米其峰值黏度和崩解值比未储藏前明显降低 ($P<0.05$),其中低温充 100% CO_2 储藏条

件下下降得较为平缓。研究表明，PV 和 BD 与食用品质密切相关，峰值黏度和崩解值越大，寒地粳米食味越好。Zhou 等的研究结果表明，寒地粳米粉储藏四个月后其 PV 值和 BD 值比储藏前高，与本实验的结果相同。

表 2-16　低温充 100% CO_2 储藏不同碾磨次数米 RVA 谱特征值的变化（cP）

碾磨次数	储藏时间/月	峰值黏度	热浆黏度	冷浆黏度	破损值	回生值	糊化温度/℃
1	0	4325	1895	3143	2430	-1182	56.30
	2	4639	2019	3333	2620	-1306	57.97
	4	4567	2134	3619	2433	-948	59.33
	6	4301	2209	4173	2092	-128	62.21
	8	4181	2314	4764	1867	583	74.02
	10	4003	2445	5004	1558	1001	76.05
2	0	4365	1694	2760	2671	-1605	56.70
	2	4789	1739	2929	3050	-1860	57.35
	4	4638	1909	3297	2729	-1341	58.85
	6	4497	2008	3728	2489	-769	59.93
	8	4355	2118	4140	2237	-215	60.25
	10	4132	2188	4421	1944	289	61.90
3	0	4838	1687	3045	3151	-1793	55.20
	2	5129	1727	3135	3402	-1994	55.48
	4	5016	1916	3491	3100	-1525	56.12
	6	4871	2020	3813	2851	-1058	58.01
	8	4688	2116	4136	2572	-552	59.30
	10	4323	2163	4374	2160	51	60.21
4	0	4766	1737	2838	3029	-1928	55.90
	2	4968	1867	2916	3101	-2052	56.98
	4	4839	1967	3176	2872	-1663	57.76
	6	4713	2089	3584	2624	-1129	58.35
	8	4537	2197	3705	2340	-832	59.40
	10	4346	2201	3860	2145	-486	60.20

续表

碾磨次数	储藏时间/月	峰值黏度	热浆黏度	冷浆黏度	破损值	回生值	糊化温度/℃
5	0	4526	1806	2784	2720	−1742	55.13
	2	4771	1995	2896	2776	−1875	56.32
	4	4669	2075	2981	2594	−1688	57.15
	6	4525	2195	3392	2330	−1133	57.96
	8	4450	2220	3482	2230	−968	59.35
	10	4357	2297	3659	2060	−698	60.20
6	0	4588	1849	2725	2739	−1863	56.45
	2	4794	1918	2817	2876	−1977	57.05
	4	4691	2034	2945	2657	−1746	58.28
	6	4589	2113	3108	2476	−1481	58.52
	8	4471	2179	3269	2292	−1202	59.30
	10	4378	2249	3477	2129	−901	60.10

表 2-17 储藏后 3 次碾磨米 RVA 谱特征值的变化 (cP)

储藏方式	峰值黏度	热浆黏度	冷浆黏度	破损值	回生值	糊化温度/℃
常温常规	3623	2263	5374	1360	1751	70.9
低温常规	3822	2241	5001	1581	1179	60.98
常温充 100% CO_2	3914	2201	4837	1713	923	60.88
低温充 100% CO_2	4323	2163	4374	2160	51	60.21
常温充 $N_2:CO_2=1:1$	4021	2199	4886	1822	865	60.75
低温充 $N_2:CO_2=1:1$	4139	2115	4623	2024	484	60.32

储藏前不同碾磨次数寒地粳米的糊化温度随碾磨次数的增加而降低,除 1 次碾磨米的糊化温度为 68.1 外其他碾磨次数米的糊化温度变化不明显,均在 66℃ 左右。储藏中寒地粳米的糊化温度升高。谢宏研究的稻米陈化作用机理指出寒地粳米在存放时淀粉分子的排列会发生变化,由原来的无规则变成有序化,凝沉倾向增强,导致糊化温度升高。常温常规储藏条件下,储藏 0~8 个月过程中 1~3 次碾磨米糊化温度增加显著 ($P<0.05$),4~6 次碾磨米糊化温度缓慢升高,8~10 月无明显变化。储藏 10 个月后,4 次碾磨米的糊化温度最低。气调储藏条件下不同碾磨次数寒地粳米的糊化温度缓慢增加,其中低温充 100% CO_2 的储藏条件糊

化温度增加得最为平缓，储藏10个月后，3次碾磨米的糊化温度最低。

储藏前1~4次碾磨米的回生值下降，4~6次碾磨米增加，其中4次碾磨米的回生值最低。储藏初期寒地粳米的回生值略微有所下降，随后回生值快速升高。回生值的改变与寒地粳米所处环境有很大关系。常温常规储藏0~2个月回生值降低，2~10个月回生值快速升高，1~4次碾磨米快速升高，5次、6次碾磨米缓慢升高。其中储藏2个月时，4次碾磨米的回生值最低为-2036，3次碾磨米次之为-1991。储藏10个月，5次碾磨米的回生值最低为-429，4次碾磨米次之为-415。气调储藏过程中，0~4月回生值有所下降，4~10月回生值缓慢升高，储藏过程中4次碾磨米的回生值始终最低，5次、6次碾磨米的回生值变化不明显。低温充100% CO_2条件下不同碾磨次数寒地粳米的回生值最稳定。研究表明，回生值与米饭的质构和食味有显著相关性。储藏2个月时回生值最小，表明蒸出的米饭最软，储藏时间短，米饭太软没有嚼劲，储藏时间过长则蒸出的米饭太硬不好吃。这与东南亚国家的人喜好吃软质米饭而把寒地粳米存放一段时间再吃相符。回生值的大小是由寒地粳米淀粉颗粒破裂多少而定，以PV较大为前提，当破裂适度，则米饭既有了黏性又有嚼劲。其他四种水稻的RVA谱的变化与茴香1号变化一致。

储藏前，1~4次碾磨米的最低黏度下降，4~6次碾磨米的最低黏度升高。碾磨次数的增加使冷浆黏度值减小。不同储藏条件下不同碾磨次数寒地粳米的最低黏度和最终黏度总体都呈现增加的趋势，随储藏方式的不同增加的趋势有所不同。常规储藏条件下，最低黏度在储藏0~8月快速增加，其中1~3次碾磨增加显著（$P<0.05$），4~6次碾磨增加平稳，4次碾磨米的最低黏度值最低为2197，常温储藏与低温储藏差异显著（$P<0.05$）。8~10月，最低黏度无明显变化。气调储藏条件下，0~6月最低黏度缓慢增加，其中1~3次碾磨米变化较快，3~6次碾磨米变化不显著（$P>0.05$）。6~10月最低黏度变化不明显。低温充100% CO_2储藏条件下，寒地粳米最低黏度变化最稳定，4次碾磨米的最低黏度值最低为1987。寒地粳米最终黏度与寒地粳米热浆黏度的变化一致。龙粳40、绥粳4、稻花香2号和超北2号水稻与茴香1号水稻的变化一致。

（2）寒地粳米理化指标与RVA谱特征值的相关性分析。储后不同碾磨次数寒地粳米理化指标与RVA谱淀粉糊化特性指标的相关性分析如表2-18所示，结果表明：直链淀粉与回生值和糊化温度的相关系数分别为$r=0.515$，$P<0.05$；$r=-0.742$，$P<0.01$，表现为显著正相关和极显著正相关，与崩解值的相关系数为$r=-0.850$，$P<0.01$，表现为极显著负相关，与热浆黏度和冷浆黏度的相关系数分别为$r=0.638$，$P<0.01$；$r=0.836$，$P<0.01$，呈极显著正相关。蛋白质与寒地粳米粉的糊化温度呈显著负相关。脂肪酸值与峰值黏度和回生值的相关系数分别为$r=-0.854$，$P<0.01$；$r=-0.676$，$P<0.01$，表现为极显著负相关，与热浆黏

度和冷浆黏度的相关性系数分别为 $r=0.811$，$P<0.01$；$r=-0.778$，$P<0.01$，表现为极显著正相关。

表 2-18　理化指标与 RVA 谱特征值的相关性分析

理化指标	RVA 谱特征值					
	峰值黏度	热浆黏度	冷浆黏度	崩解值	回生值	糊化温度
直链淀粉	-0.119	0.638**	0.836**	-0.850**	0.515	0.742**
蛋白质	0.037	-0.188	-0.069	-0.027	0.049	-0.546*
脂肪酸值	-0.854**	0.811**	0.778**	0.036	-0.676**	0.049

（3）储藏中不同储藏方式热焓值的变化。由表 2-19 可知，储藏前，随碾磨次数增加寒地粳米粉的热焓值降低。储藏中不同碾磨次数的寒地粳米热焓值表现为上升趋势。储藏方式和碾磨次数对热焓值的影响显著（$P<0.05$），常规储藏条件下 1~3 次碾磨米热焓值上升迅速，4~6 次碾磨米热焓值缓慢升高。储藏 0~5 月 3 次碾磨米热焓值较低为 6.81，5~10 月 4 次碾磨米的热焓值最低为 8.15，3 次碾磨米次之为 8.17，3 次、4 次碾磨米热焓值差异不显著（$P>0.05$）。气调储藏条件下，热焓值上升得较为缓慢，其中低温充 100% CO_2 条件下热焓值上升最为平稳，3 次碾磨米的热焓值最低。其他气调方式与此变化一致。其余四种水稻在储藏过程中不同碾磨次数米的热焓值变化趋势与茴香 1 号基本相同。

表 2-19 为茴香 1 号在不同储藏方式下不同碾磨次数寒地粳米粉热焓值的变化。

表 2-19　不同储藏方式下不同碾磨次数寒地粳米的热焓值的变化

碾磨次数	储藏时间/月	常温常规	低温常规	常温充 100% CO_2	低温充 100% CO_2	常温充 $N_2:CO_2=1:1$	低温充 $N_2:CO_2=1:1$
1	0	6.86	6.86	6.86	6.86	6.86	6.86
	5	8.14	7.55	7.43	7.15	7.57	7.37
	10	9.01	8.36	8.25	7.86	8.33	8.28
2	0	6.24	6.24	6.24	6.24	6.24	6.24
	5	7.88	7.34	7.28	6.89	7.35	7.18
	10	8.67	8.08	7.92	7.47	8.02	7.81
3	0	5.01	5.01	5.01	5.01	5.01	5.01
	5	6.81	6.65	6.71	5.88	6.75	6.28
	10	8.17	7.13	7.15	6.51	7.23	6.93

续表

碾磨次数	储藏时间/月	常温常规	低温常规	常温充100% CO_2	低温充100% CO_2	常温充$N_2:CO_2=1:1$	低温充$N_2:CO_2=1:1$
4	0	6.13	6.13	6.13	6.13	6.13	6.13
4	5	7.08	6.99	7.01	6.69	6.97	6.88
4	10	8.15	7.95	8.02	7.23	7.92	7.64
5	0	5.25	5.25	5.25	5.25	5.25	5.25
5	5	6.06	5.87	5.89	5.61	5.92	5.79
5	10	7.52	7.22	7.34	6.88	7.31	7.13
6	0	4.33	4.33	4.33	4.33	4.33	4.33
6	5	6.65	6.02	5.96	5.42	5.79	5.62
6	10	8.24	7.31	6.88	6.55	6.86	6.58

（4）不同储藏条件寒地粳米内部淀粉粒微观结构的变化。

①不同储藏条件米粒横切面细胞表面微观结构的变化。选取不同储藏方式的茴香1号有代表性的米粒进行横切喷金，在加速电压为5 kV，放大到2000倍的条件下，观察米粒横切面边缘细胞表面显微结构。

如图2-21所示：储藏前寒地粳米胚乳细胞表面比较光滑，有一些小孔，这些小孔是胚乳细胞内外物质在细胞生长过程中进行交换留下的通道。储藏10个月后米粒横切面边缘胚乳细胞表面发生显著变化，且储藏方式对其影响显著。常温常规储藏，胚乳细胞表面变得不平整，小孔孔径明显变大增多，储藏温度对其影响显著。气调储藏条件下，细胞表面小孔有所增加，但很少变大，表面较为光滑。其中低温充100% CO_2储藏条件下的细胞表面变化不明显，较为平整，并且小孔同样有增加的趋势但孔径大小变化不明显。此外，受储藏环境的影响米粒细胞表面的蛋白质膜会出现"翘起"的现象，储藏方式对这一现象的影响较为显著。常温常规储藏的米粒表面蛋白质膜翘起的现象与原始样品相比差别较大。低温充100% CO_2储藏条件下蛋白质膜几乎没有翘起现象。

②不同储藏条件米粒横切面淀粉粒微观结构的变化。寒地粳米胚乳细胞中主要有两种淀粉体，一种为单粒淀粉体，另一种为复合淀粉体，除此之外在淀粉体之间仍有蛋白质体和脂肪滴（直径约为2 μm）存在。Debabandya M在研究寒地粳米蒸煮品质与淀粉结构关系中指出单粒淀粉体的形态以及内部结构影响着蒸煮品质。

图2-22为茴香1号的原始样品、不同储藏方式储藏10个月的寒地粳米样品

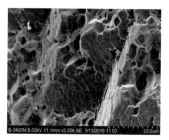

原始样品

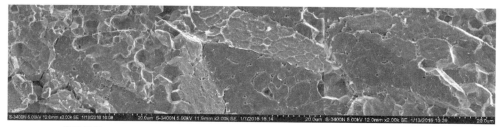

常温常规　　　　　　　　　低温常规　　　　　　　　常温充100% CO_2

低温充100% CO_2　　　　常温充N_2：CO_2=1：1　　　　低温充N_2：CO_2=1：1

图2-21　胚乳细胞表面的变化

在5 kV加速电压下，放大5000倍，观察米粒横切面边缘淀粉粒结构。如图2-22所示，不同储藏方式的寒地粳米储藏10个月后其胚乳细胞仍由单粒淀粉体和复合淀粉体组成，常温常规储藏寒地粳米的胚乳细胞与原始对照样品相比，单粒淀粉数量明显增加，其复合淀粉颗粒周围明显出现较大的裂纹，可能是脱支酶使复合淀粉表面脱支造成的。复合淀粉蛋白质膜变得模糊不清，且有翘起现象，这是因为储藏过程中寒地粳米严重失水，导致淀粉颗粒集结，密度变大。淀粉颗粒之间出现缝隙，颗粒边缘变得模糊不清。低温充100% CO_2储藏条件下寒地粳米淀粉颗粒中裸露的单体淀粉颗粒少，与此同时复合淀粉颗粒较多，复合淀粉颗粒之间连接紧密无缝隙存在，且棱角清晰。淀粉颗粒之间出现的孔洞是因为在制样过程中将原本镶嵌在复合淀粉颗粒之间的蛋白颗粒脱落所致，储藏过程中蛋白颗粒与淀粉颗粒之间结合变得疏松所以很容易在外力作用下使其分离。

多酚类化合物和阿魏酸在储藏过程中由于发生酶促和非酶促反应而游离，寒

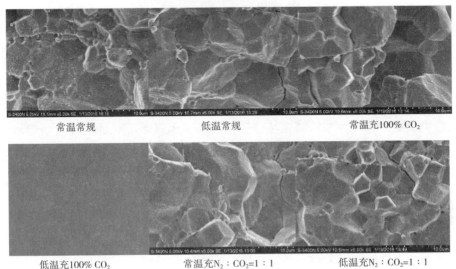

图 2-22 淀粉颗粒结构变化

地粳米细胞壁由于受到细胞内的活性氧和自由基的攻击，其失去原有的富有弹性的网状结构，因此致使储藏一段时间后的寒地粳米淀粉颗粒之间排列不紧密，并且棱角模糊不清。储藏 10 个月后的寒地粳米其横断面失去原有的光滑，表面变得不平整。战旭梅研究稻米质构特征中对这一现象做了申明，出现这种现象的原因是寒地粳米在存放时产生的游离酚酸也是木质素的主要前体物质，这些物质相互结合，形成复杂的聚合体，产生陈米细胞组织，导致细胞壁变脆。本研究中出现的这种现象与周显青等人研究观察到的现象相似。

2.2.5 讨论

2.2.5.1 关于储藏时寒地粳米蒸煮品质变化成因以及对食味品质影响的探讨

寒地粳米的蒸煮品质影响着米饭的食味品质，同时也反映着寒地粳米的新陈度。寒地粳米蒸煮品质的变化不是由单一元素导致。储藏过程中水分、蛋白、直链淀粉的变化都会影响米饭的蒸煮品质。郑铁松研究水分对米饭蒸煮品质影响中指出，米饭蒸煮时水分通过米粒淀粉间隙进入寒地粳米内部，而寒地粳米的背腹部淀粉间隙大小不一致。储藏过程中由于寒地粳米本身水分含量减少，米饭蒸煮时水分快速被腹部吸收，导致米粒前后水分差异显著，在加热的瞬间米粒龟裂，淀粉颗粒从裂缝处流出。这个过程需要吸收大量的水，因此加热吸水率和膨胀率增加，与此同时米饭失去弹性，黏度变大，影响米饭的质构品质。通过扫描电镜观察到寒地粳米储藏前淀粉粒上有蛋白质镶嵌其中，储藏后在淀粉粒中的蛋白质含量减少，淀粉颗粒上出现很多小洞，淀粉颗粒间排列疏松，在米饭蒸煮时加热吸水率和膨胀率就会升高，煮出的米饭发散。

2.2.5.2 探讨影响寒地粳米糊化特性的因素以及糊化特性与食味品质的关系

造成储藏中寒地粳米粉糊化特性变化的主要因素是淀粉的变化。钱海峰在研究陈化米淀粉性质变化中表明，陈化促使淀粉中支链淀粉含量减少，支链淀粉的变化是影响陈米糊化特性的主要因素。本文主要研究的是直链淀粉在陈化中的变化，与其研究的稍有不同，但是作用原理一致。储藏中支链淀粉在脱支酶作用下一部分转变为直链淀粉，因此储藏过程中直链淀粉含量增加，支链淀粉含量减少。直链淀粉之间拥有较强的结合力，随着直链淀粉的增加，在糊化过程中就需要较强的外力破坏直链淀粉之间的连接，从而含高直链淀粉的寒地粳米的糊化温度也较高，高直链淀粉抑制淀粉粒潜在的膨胀能力，降低糊化多相体刚性，最终导致峰值黏度降低，最终黏度和回生值升高。研究表明，峰值黏度和崩解值与食用品质密切相关，峰值黏度和崩解值越大，寒地粳米食味越好。储藏前期峰值黏度增加，原因是寒地粳米储藏前期有大量的水分子被束缚在大量完整淀粉颗粒的周围。崩解值增加表明大量淀粉分子在淀粉颗粒加热破裂过程中被释放，短期储藏促进淀粉颗粒溶胀破裂的程度。储藏时蛋白质中二硫键的增加，导致寒地粳米粉糊化温度增加，热焓值升高。寒地粳米粉糊化特性的变化会影响米饭质构品质以及食味值的变化。在此基础上研究不同储藏方式，不同碾磨次数寒地粳米蒸煮品质的变化情况，结果显示低温充100% CO_2 储藏条件下3次碾磨米的理化指标以及蒸煮品质变化较小，结合影响蒸煮糊化品质因素在储藏过程中的变化，由此得出低温充100% CO_2 储藏后3次碾磨米的食用品质最佳。

2.3 寒地粳米储藏过程中食用品质的变化研究

寒地粳米在储藏过程中伴随储藏品质的变化，会促使质构品质发生变化，最终导致寒地粳米失去食用价值。质构品质特征值中硬度、黏度和弹性是主要影响米饭口感的指标，其值的高低会影响食味品质。如今人们用质构仪代替过去人为感官评定对质构品质进行测定，测定结果更为准确。质构仪就是通过模拟人的口腔咀嚼功能，用具体的数据表示米饭的硬度、黏度和弹性等质构指标。寒地粳米的食味值受寒地粳米诸多品质的影响，可以说食味值是其他品质的综合指标，食味值的高低代表着寒地粳米的新陈度以及食用价值。食味值的测定由感官评定晋升为用仪器进行评定。食味计对米饭的检测主要参照人为感官评定进行研究，主要检测香气、光泽、完整性、味道和口感五个指标最后得到一个综合评分，最后的综合数值由于没有个体差异要比感官评价客观精确。为研究寒地粳米在储藏过程中食用品质的变化规律，本章对不同品种水稻在不同储藏方式下不同碾磨次数寒地粳米的质构品质和食味值的变化规律进行了研究，最终确定最佳储藏方式以及储后寒地粳米的合理加工精度。

2.3.1 材料与仪器设备

2.3.1.1 试验材料

水稻原材料购自黑龙江省五常市和绥化市，水稻品种分别为：稻花香2号、绥粳4、龙粳40、茴香1号和超北2号。

2.3.1.2 仪器设备

见表2-20。

表2-20 实验设备

仪器名称	生产厂家
RHS1A 型硬度黏度仪	日本佐竹
STA1A 型食味计	日本佐竹
RFDM1A 测鲜仪	日本佐竹

2.3.1.3 主要试剂

见表2-21。

表2-21 实验试剂

主要试剂	试剂公司
苯（分析纯）	沈阳化工公司

续表

主要试剂	试剂公司
85%乙醇（分析纯）	国药有限公司
酚酞	天津大茂
氢氧化钾（分析纯）	天津大茂

2.3.2 试验方法

2.3.2.1 脂肪酸值的测定

依据 GB/T 5510—2011《粮食、油料检验 脂肪酸值测定法》进行测定。

2.3.2.2 寒地粳米新鲜度的测定

调试测鲜仪，测定前准备完毕后，称取寒地粳米样品 2 g 于试管中，向试管中加入 10 g 测鲜试药，盖上试管塞，置于振荡器上震荡 1 min，吸取上层液 1.5 mL，移入微型管中，放入小型微量离心机中离心 1 min，把溶液移入长方形管并装入测定槽中进行新鲜度检测。

2.3.2.3 米饭质构特性的测定

称量 8 g 米饭样品置于测定专用的圆环模具中，进行挤压成形，正反各压一次，每次压制时间 10 s。最后将压制好的米饭饭饼放入硬度黏度仪中进行测定，通过电脑读取测定数据。

2.3.2.4 米饭食味值的测定

将制好的米饭饭饼放入食味计中进行检测，通过电脑读取测定数据。

2.3.2.5 数据处理方法

数据分析采用 SPSS 19.0 软件和 Origin 8.0 软件。

2.3.3 结果与分析

2.3.3.1 储藏时不同碾磨次数寒地粳米脂肪酸值的变化

脂肪酸值的高低直接反映寒地粳米劣变程度和储存品质。图 2-23～图 2-25 为茴香 1 号寒地粳米储藏后不同碾磨次数寒地粳米脂肪酸值的变化。图 2-23～图 2-25 表明，储藏前，寒地粳米的脂肪酸值随碾磨次数的增加而下降。表 2-22 和表 2-23 为方差分析结果，可以看出寒地粳米的储藏方式和储后碾磨次数对脂肪酸值的增加影响显著。

第 2 章 储藏过程中不同碾磨程度对寒地粳米品质影响的规律分析

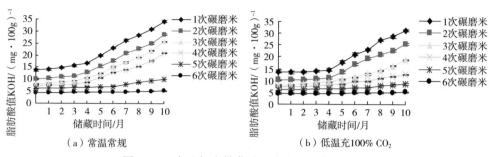

图 2-23 寒地粳米储藏过程中脂肪酸值的变化

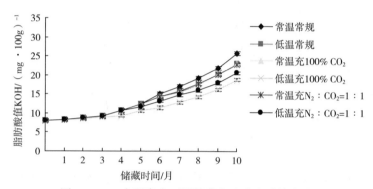

图 2-24 3 次碾磨米不同储藏方式脂肪酸值变化

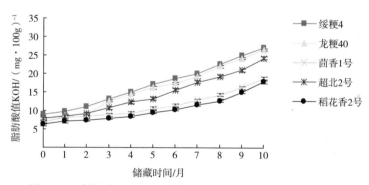

图 2-25 低温充 100% CO_2 储后 3 次碾磨米脂肪酸值的变化

表 2-22 寒地粳米脂肪酸值的方差分析结果

参数属性	SS	df	MS	F 值	Sig.
碾磨次数	1264.139	5	252.828	124.129	0.000
储藏时间	220.003	10	36.667	18.002	0.000
误差	144.614	71	2.037		
校正的总计	1632.700	83			

注：$R^2 = 0.911$（调整 $R^2 = 0.896$）。

表 2-23　寒地粳米储藏期脂肪酸值变化的多重比较

处理	均值	差异显著性	
		0.05	0.01
0 月	8.2883	a	A
1 月	8.4025	a	A
2 月	8.6617	ab	A
3 月	9.0167	ab	A
4 月	9.7167	bc	AB
5 月	11.0900	d	B
6 月	13.0458	e	C
7 月	14.2359	f	F
8 月	16.0124	g	G
9 月	17.1238	h	H
10 月	18.2675	i	I

常温常规储藏过程中 1~4 次碾磨米的变化最显著，5 次、6 次碾磨米的脂肪酸值变化较小。低温常规储藏，1~3 次碾磨米的变化显著，4~6 次碾磨米变化小。气调储藏条件下 1 次、2 次碾磨米脂肪酸值变化大，3~6 次碾磨米上升较平缓。低温充 100% CO_2 储藏能有效抑制脂肪水解，从而使脂肪酸值在储藏过程中无明显变化。由图 2-23 可以看出，寒地粳米在储藏的前 4 个月，储后不同碾磨次数寒地粳米脂肪酸值无明显变化，4 个月过后脂肪酸值明显上升，储藏温度越高上升得越快。这是因为寒地粳米储藏第 5 个月时进入了夏季高温季节，寒地粳米中的脂类物质在酶的作用下分解产生脂肪酸，而低温 4℃ 储藏酶的活性要低于常温，气调储藏能有效地抑制酶的活性。统计分析表明，在置信度 0.05 和 0.01 时，寒地粳米在储藏前 4 个月脂肪酸值变化差异不显著，而 5、6 个月时变化显著。考虑到要保持寒地粳米良好的品质，低温充 100% CO_2 的储藏条件较好。由图 2-23 可知，绥粳 4 在储藏过程中脂肪酸值含量最高，而稻花香 2 号含量最低，稻花香 2 号和茴香 1 号脂肪酸值含量相近。其他四种水稻品种与茴香 1 号品种脂肪酸值的变化一致。

2.3.3.2　寒地粳米新鲜度（FD 值）的变化

寒地粳米的新鲜度用 FD 值表示，FD 值代表寒地粳米的酸化程度，用于判定寒地粳米的新陈度。图 2-26~图 2-28 为茴香 1 号寒地粳米储藏后不同碾磨次数 FD 值的变化。

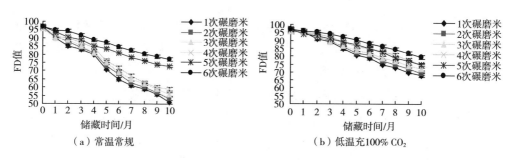

图 2-26　寒地粳米储藏过程中 FD 值的变化

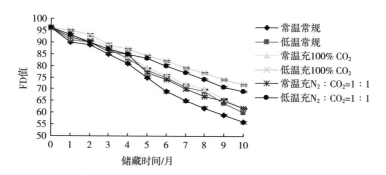

图 2-27　储藏过程中 3 次碾磨米 FD 值的变化

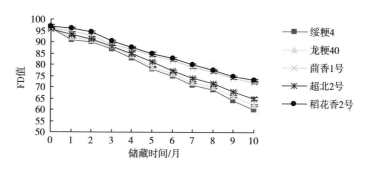

图 2-28　低温充 100% CO_2 储后 3 次碾磨米 FD 值的变化

由图 2-26 和图 2-27 可知，储藏前不同碾磨次数寒地粳米的 FD 值差异不显著（$P>0.05$）。储藏条件和储藏时间对不同碾磨次数寒地粳米的 FD 值影响显著（$P<0.05$）。常规储藏中 0~4 月，1~3 次碾磨米的 FD 值略有下降，4~6 次碾磨米的 FD 值无明显变化，4~10 月，1~4 次碾磨米的 FD 值迅速下降，5 次、6 次碾磨米 FD 值缓慢下降。常温常规储藏 1~4 次碾磨米 FD 值下降 47.4%~39.2%，5 次、6 次碾磨米下降 25.7%、20.6%。气调储藏过程中，不同碾磨次数米 FD 值下降平缓，低温充 100% CO_2 储藏 1~6 次碾磨米的 FD 值下降 29.9%、27.4%、

25%、22.7%、20.6%、18.5%。由此说明低温充100% CO_2 储藏的寒地粳米新鲜度较好。由图2-28可知，茴香1号和稻花香2号的新鲜度相近，绥粳4和龙粳40的新鲜度最差。其他四种水稻FD值的变化与茴香1号的变化相似。

2.3.3.3 储藏中不同碾磨次数米饭质构特性的变化

米饭的质构特性对寒地粳米的食用品质有一定的影响。质构品质中硬度和黏度是最重要的两个指标，影响着米饭的食味品质。图2-29和图2-30为茴香1号寒地粳米储藏后不同碾磨次数米饭硬度的变化。

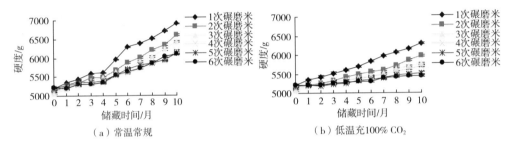

图2-29　寒地粳米储藏过程中硬度的变化

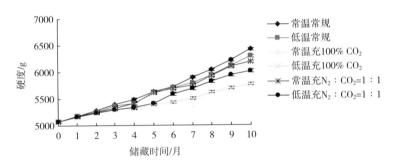

图2-30　3次碾磨米不同储藏方式米饭硬度变化

由图2-28和图2-29可知，储藏前1~3次碾磨米的米饭硬度下降，4~6次碾磨米的米饭硬度稍有上升，变化不显著。在储藏过程中储藏方式以及碾磨次数对米饭的硬度变化影响显著（$P<0.05$）。其中常规储藏中1~2次碾磨米的米饭硬度增加最快5次、6次碾磨变化较为平缓。0~6月时3~6次碾磨米的米饭硬度较低，6~10月时4~6次碾磨米的硬度无显著性差异（$P>0.05$），硬度值较低。气调储藏过程中，1次碾磨米的硬度增加较明显，2~6次碾磨米饭的硬度缓慢增加，低温充100% CO_2 储藏，不同碾磨次数米饭硬度增加趋势最为平缓。储藏过程中3~6次碾磨米的米饭硬度无显著差异均较低。由此可知低温充100% CO_2 储藏能有效抑制寒地粳米脂肪酸增加，减少淀粉—脂类复合物的形成，并未阻碍寒地粳米糊化过程中水的通过,使糊化温度不是很高,没有增加寒地粳米淀粉强度,因此在充 100% CO_2 储藏过程中米饭硬度增加趋势较为平缓。由图 2-31 可知,储藏前稻花香 2 号不同碾磨米的米饭硬度最低。超北 2 号米饭硬度最高,绥粳 4、龙粳 40 和茴香 1 号的硬度无显著差异($P>0.05$)。其他四种水稻在储藏过程中硬度的变化与茴香 1 号一致。

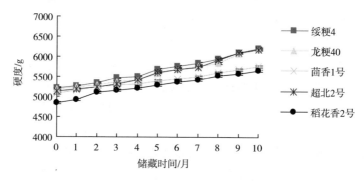

图 2-31　低温充 100% CO_2 储后 3 次碾磨米硬度的变化

寒地粳米黏度能够评价寒地粳米的蒸煮品质和储藏稳定性。图 2-32 和图 2-33 为茴香 1 号寒地粳米储藏后不同碾磨次数寒地粳米黏度的变化。

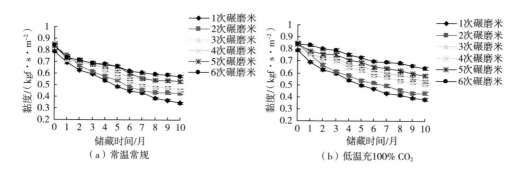

图 2-32　寒地粳米储藏过程中黏度的变化

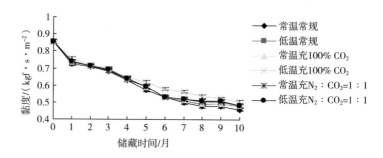

图 2-33　3 次碾磨米不同储藏方式黏度的变化

由图 2-33 和图 2-34 可知，储藏前，随着碾磨次数的增加米饭的黏度总体呈增加的趋势，其中 4 次碾磨米米饭黏度有所下降，6 次碾磨米的黏度远远大于 1 次碾磨米的黏度。无论何种储藏方式以及碾磨次数，随储藏时间的延长米饭的黏度均呈下降趋势。常规储藏条件下，1~3 次碾磨米米饭黏度下降迅速，4~6 次碾磨相对下降速率低，在储藏 0~4 月时，3~6 次碾磨米米饭黏度差异不显著（$P>0.05$），黏度值较高，在 5~10 月时 4~6 次碾磨米的黏度差异不显著（$P>0.05$），黏度值较高。气调储藏过程中，3~6 次碾磨米米饭黏度差异不显著（$P>0.05$），黏度值较高，其中低温充 100% CO_2 储藏条件下，米饭黏度下降平缓。储藏期米饭黏度下降是由于寒地粳米中脂肪酸在储藏过程中增加，大量的脂肪酸与直链淀粉结合，形成螺旋状复合物，也有可能是直链淀粉间的分子聚合致使淀粉糊化困难。其中低温充 100% CO_2 储藏黏度下降缓慢是因为储藏过程中脂肪酸值增加得较少。由图 2-35 可知，稻花香 2 号的黏度值最高，茴香 1 号和超北 2 号次之。其他四种水稻储藏过程中黏度的变化与茴香 1 号一致。但超北 2 和绥粳 4 储藏前随碾磨次数的增加，米饭黏度的变化与茴香 1 号略有不同。图 2-35 可以看出，随着碾磨次数的增加 4 次、6 次碾磨米的米饭黏度下降，这可能是因为 4 次、6 次碾磨米中的直链淀粉含量较高。

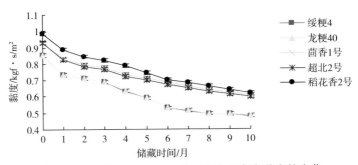

图 2-34 低温充 100% CO_2 储后 3 次碾磨米黏度的变化

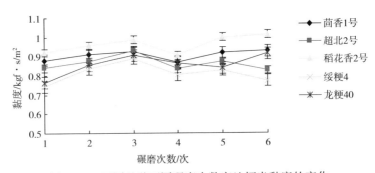

图 2-35 不同品种不同碾磨次数寒地粳米黏度的变化

米饭弹性是反映寒地粳米食味的重要指标之一，米饭弹性越大越有嚼劲。图 2-36、图 2-37 为茴香 1 号米储藏后不同碾磨次数寒地粳米弹性的变化。

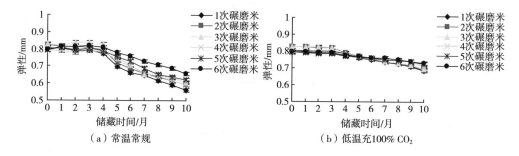

图 2-36　寒地粳米储藏过程中弹性的变化

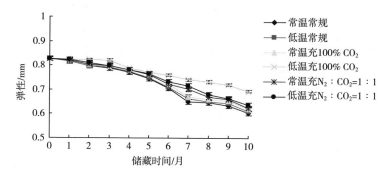

图 2-37　3 次碾磨米不同储藏方式弹性的变化

由图 2-36 和图 2-37 可知，寒地粳米弹性随碾磨次数的增加 1~3 次碾磨米增加，4 次碾磨米的弹性有所下降。储藏时米饭弹性下降。常规储藏过程中 0~4 月 1 次、2 次碾磨米米饭弹性稍有下降，3~6 次碾磨米米饭弹性变化不显著（$P>0.05$）。储藏 4~10 月，1~3 次碾磨米迅速下降，4~6 次碾磨米缓慢下降。气调储藏过程中 0~4 月不同碾磨次数米饭弹性下降不显著（$P>0.05$），4~10 月米饭弹性缓慢下降，其中低温充 100% CO_2 储藏米饭弹性变化不显著（$P>0.05$）。综合米饭的硬度、黏度和弹性考虑，为保持寒地粳米的优质品质，应采用低温充 100% CO_2 的储藏方式。由图 2-38 可知，茴香 1 号和稻花香 2 号米饭的弹性相近均高于其他三种水稻。其他四种水稻米饭弹性的变化与茴香 1 号一致。

2.3.3.4　储藏时不同碾磨次数米饭食味值的变化

米饭的食味值可以代表寒地粳米最终品质。本次实验的米饭食味值是通过食味计测得，所得结果如图。由图 2-39 可知，五种寒地粳米随着碾磨次数的增加，1~3 次碾磨米米饭的食味值快速增加，4~6 次碾磨米食味值有所下降，但下降缓

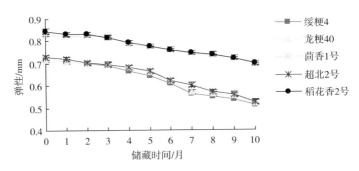

图 2-38　低温充 100% CO_2 储后 3 次碾磨米弹性的变化

慢。1 次碾磨的米饭食味值要明显低于 2 次、3 次、4 次、5 次、6 次，碾磨次数越多米饭食味值越趋于稳定，变化不明显。这是由于 1 次碾磨的寒地粳米碾磨精度较低，蛋白质和脂肪等理化指标较高，影响了米饭的食味值。稻花香 2 号水稻米饭的食味值最高，茴香 1 号次之。图 2-40、图 2-41 为茴香 1 号寒地粳米储藏后不同碾磨次数寒地粳米食味值的变化。

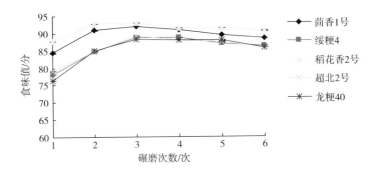

图 2-39　五种寒地粳米不同碾磨次数食味值的变化

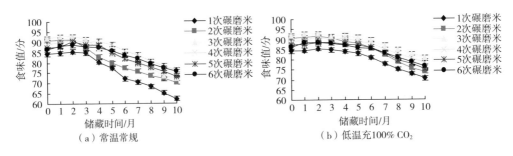

图 2-40　寒地粳米储藏过程中食味值的变化

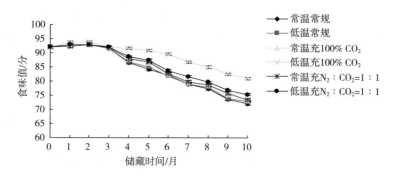

图 2-41　3 次碾磨米不同储藏方式食味值的变化

由图 2-40 和图 2-41 可知，寒地粳米在存储期间，米饭的食味值总体呈下降的趋势，前 3 个月变化较平缓，其中前 2 个月无论是何种储藏条件，寒地粳米的食味值都有所升高，其中 3 次碾磨米的食味值最高。这可能是储藏初期水分不稳定所致。从第 4 个月起，食味值下降趋势较明显（$P<0.05$）。从图 2-40 中得出，常温常规储藏过程中 1 次碾磨米的食味值下降速度快。4~10 月，4 次碾磨米的食味值最高。气调储藏条件下 1~6 月食味值的变化较为平缓，6~10 月，1 次碾磨米的食味值下降较为明显，其他碾磨次数米的食味值下降不显著（$P>0.05$）。3 次碾磨米食味值始终最高。低温充 100% CO_2 储藏米饭食味值变化不显著（$P>0.05$）。由图 2-42 可知，储藏过程中茴香 1 号和稻花香 2 号水稻食味值相近且最高，超北 2 号次之，龙粳 40 和绥粳 4 的食味值很相近。其他四种水稻米饭食味值在储藏过程中的变化与茴香 1 号相似。

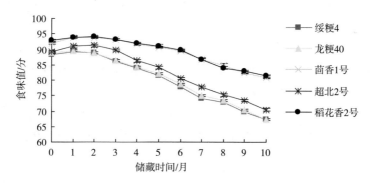

图 2-42　低温充 100% CO_2 储后 3 次碾磨米食味值的变化

2.3.3.5　相关性分析

将寒地粳米的理化指标、质构特性与食味值的各项指标当作独立因素，进行相关性分析，结果见表 2-24、表 2-25。

表 2-24 理化特征指标与质构特性的相关性分析

性状	硬度	黏度	弹性
直链淀粉	0.180	-0.093	0.346**
蛋白质	0.591**	-0.729**	-0.226
脂肪酸	0.499**	-0.838**	-0.593**

表 2-25 理化指标、质构特性、储藏时间与食味值的相关性分析

性状	硬度	黏度	弹性	直链淀粉	脂肪酸	食味值
储藏时间	0.890**	-0.660**	-0.699**	0.284**	0.335**	-0.742**
食味值	-0.879**	0.824**	0.798**	0.036	-0.692**	1

注：**表示相关性极显著（$P<0.01$），*表示相关性显著（$P<0.05$），未标注代表相关性不显著（$P>0.05$），下同。

由表 2-24 可知，寒地粳米中直链淀粉含量与米饭弹性的相关系数为 $r=0.346$，$P<0.01$ 呈极显著正相关。其中直链淀粉含量与米饭的硬度和黏度的相关性并不显著，这与 Perez 和 Juliano 的研究结果并不完全一致。随着储藏时间的增加，寒地粳米中直链淀粉含量增加，表面上显示质构品质的改变是由直链淀粉的增加所致，然而 Perez 和 Juliano 在研究两者之间关系时发现有些水稻品种并没有出现这种现象。寒地粳米中蛋白质和脂肪酸值与米饭的硬度的相关系数分别为 $r=0.591$，$P<0.01$ 和 $r=0.499$，$P<0.01$，呈极显著正相关，蛋白质和脂肪酸值与黏度的相关系数分别为 $r=-0.729$，$P<0.01$ 和 $r=-0.838$，$P<0.01$，呈极显著负相关。

由表 2-25 可知，储藏时间与寒地粳米的储藏品质指标、质构品质指标以及食味值都存在极显著的相关性，米饭食味值与质构品质和寒地粳米理化指标有极显著相关性，其中米饭食味值与硬度、脂肪酸值和蛋白质的相关系数分别为 $r=-0.879$，$P<0.01$，$r=-0.692$，$P<0.01$，$r=-0.652$，$P<0.01$，呈极显著负相关，与黏度和弹性的相关系数分别为 $r=0.792$，$P<0.01$，$r=0.693$，$P<0.01$，呈极显著正相关。

2.3.4 讨论

2.3.4.1 关于储藏时影响食味品质劣变因素的探讨

由相关性分析可知直链淀粉、蛋白质和脂肪酸与米饭质构品质有显著相关性。储藏过程中寒地粳米内部酶仍保持活性，脂肪酶将脂肪水解成为脂肪酸，游

离的脂肪酸增加,附着在淀粉颗粒表面抑制米粒在蒸煮时的膨胀破裂,导致米饭黏度下降,较为松散。细胞壁的坚固使米饭的硬度增加,降低了米饭的食味值。宋伟在研究不同储藏条件下脂肪酸值的变化中指出低温低氧的储藏条件能有效抑制脂肪酸值的增加,使米饭的食味品质下降缓慢。与本文研究的结果一致,王若兰等人研究表明储藏时游离脂肪酸与直链淀粉结合形成螺旋结构,阻碍淀粉的糊化,使米饭的硬度增加,黏度降低。通过食味值和脂肪酸值在不同储藏条件下的变化得出低温充 100% CO_2 储藏条件下脂肪酸值的增加以及米饭的食味值变化均较为平缓,其中 3 次碾磨米的脂肪酸值最低。水分含量对米饭质构品质的影响也较大,储藏过程中结合水的减少,使米粒在蒸煮时较易龟裂,导致淀粉颗粒从裂缝中流出失去黏度、弹性,降低米饭的食味值。Onate 以及 Juiiano 研究发现,蛋白质含量越低,蒸煮后米饭的黏度越高。Little 和 Bawdon 研究蛋白质影响质构特性原因,米粒细胞壁中存在蛋白质,淀粉颗粒之间也有蛋白质穿插,蛋白质的存在使水分无法轻易进入与淀粉颗粒接触,限制了淀粉粒的膨胀,从而对黏度、硬度产生影响。低温充 100% CO_2 储藏 10 个月后 3 次碾磨米的水分含量较高,米粒中亲水凝胶颗粒空间结构破坏较少,米饭食味值较好。

2.3.4.2 探讨储藏过程中寒地粳米内部结构的变化对食味品质的影响

通过电子显微镜观察淀粉颗粒结构的变化可知,多酚类化合物和阿魏酸在储藏过程中由于发生酶促和非酶促反应而游离,寒地粳米细胞壁由于受到细胞内的活性氧和自由基的攻击导致其失去原有富有弹性的网状结构,因此致使储藏一段时间后的寒地粳米淀粉颗粒之间排列不紧密,并且棱角模糊不清。这种现象的出现导致蒸煮过程中淀粉粒不能溃散形成完全凝胶,因此影响寒地粳米的质构品质。食味值的检测指标包含了质构品质的检测,因此质构品质的好坏直接影响着食味值的高低。

◆参考文献◆

[1] 战旭梅. 稻米储藏过程中质构品质变化及其机理研究 [D]. 南京:南京师范大学,2008.
[2] 周世英,钟丽玉. 粮食学与粮食化学 [M]. 北京:中国商业出版社,1986.
[3] 贾良,丁雪云,王平荣,等. 稻米淀粉 RVA 谱特征及其与理化品质性状相关性的研究 [J]. 作物学报,2008,5:790-794.
[4] Yu H X, Liu Q Q, Xu L, et al. Quality characteristics and field performance of selectable marker-free transgenic rice with antisense Wx gene and improved quality derived from the elite parents of hybrid indica rice [J]. Journal of cereal science, 2009, 50 (3):370-375.
[5] Florence T M. Degradation of protein disulfide bonds in dilute alkali [J]. Biochemical Journal, 1980 (189):507-520.

[6] ZHAO Si-ming. Rheological properties of amylopectins from different rice type during storage [J]. J. Cent. South Univ. Technol, 2007, 1 (14): 510-513.

[7] Mi-Ra Yoon, Catherine W. Rico, Hee-Jong Koh, Mi-Young Kang. A Study on the Lipid Components of Rice in Relation to Palatability and Storage [J]. Journal of the Korean Society for Applied Biological Chemistry, 2012, 55 (4): 515-521.

[8] 林亲录,肖华西,等. 大米粉、大米淀粉及其磷酸酯淀粉的物性特征研究 [J]. 中国粮油学报, 2010, 25 (2): 1-6, 39.

[9] Kasai M, Leis A, Marica F, et al. NMR imaging investigation of rice cooking [J]. Food Research Internationalm, 2005, 38 (4): 403-410.

[10] 李益良,毛金水. 小包装优质鲜米品质变化及保鲜期的研究 [J]. 谷物化学与品质分析, 2005, 34 (1): 31-37.

[11] 张玉荣,周显青,张秀华,等. 大米蒸煮条件及蒸煮过程中米粒形态结构变化的研究 [J]. 粮食与饲料工业, 2008 (10): 1-4.

[12] 唐为民,张旭晶,李文敏,等. 糙米的储藏技术及品质变化 [J]. 粮食与饲料工业, 2001 (1): 10-13.

[13] 夏吉庆,郑先哲,刘成海. 储藏方式对稻米黏度和脂肪酸含量的影响 [J]. 农业工程学报, 2008, 24 (11): 260-263.

[14] Zhou Z, Robards I C, Helliwell S, et al. Effect of rice storage on pasting properties of rice flour [J]. Food Research International, 2003, 36: 625-634.

[15] Zhou Z, Robards K, et al. Ageing of stored rice: changes in chemical and attributes [J]. Journal of Cereal Science, 2002, 35: 65-78.

[16] Renzetti S, Arendt E K. Effect of protease treatment on the baking quality of brown rice bread: Fromtextural and rheological properties to biochemistry and microstructure [J]. Journal of Cereal Science, 2009, 50 (1): 22-28.

[17] Debabandya M, Satish B. Cooking quality and instrumental textural attributes of cooked rice for different milling fractions [J]. Journal of Food Engineering, 2006, 73 (3): 253-259.

[18] 周显青,张玉荣. 储藏稻谷品质指标的变化及其差异性 [J]. 农业工程学报, 2008, 24 (12): 238-242.

[19] Zhou Xianqing, Zhang Yurong. Changes and differential analysis of the quality indexes of stored paddy [J]. Transactions of the CSAE, 2008, 24 (12): 238-242.

[20] 郑铁松,龚院生. 粮食与食品生化实验指 [M]. 郑州:河南医科大学出版社, 1996.

[21] 钱海峰,陈玉铭. 大米陈化过程中淀粉性质变化研究 [J]. 粮食与饲料工业, 2001, 11: 12-14.

[22] 任顺成,周瑞芳,李永红. 大米陈化过程中蛋白质与大米质构特性的变化 [J]. 中国粮油学报, 2002, 17 (2): 42-46.

[23] 周显青,张玉荣. 大米食味品质评价技术进展 [J]. 粮食与饲料工业, 2011 (5): 37-40.

[24] 三上隆司. 水稻检测仪器的开发与利用 [J]. 北方水稻, 2008, 5: 78-80.

[25] 肖建文, 张来林, 金文, 等. 充氮气调对玉米品质的影响研究 [J]. 河南工业大学学报 (自然科学版), 2010, 31 (4): 57-60.

[26] 王春莲, 王则金, 林震山, 等. 大米储藏过程品质变化研究 [J]. 粮食与饲料工业, 2014 (5): 5-14.

[27] 孙建平, 侯彩云, 王启辉, 等. 食味仪评价我国大米食味值的可行性探讨 [J]. 粮油食品科技, 2008, 16 (6): 1-3.

[28] 王若兰, 白栋强. 脂肪氧化酶缺失稻谷新品种储藏品质研究 [J]. 中国粮油学报, 2005, 20 (5): 115-121.

[29] 张玉荣, 周显青, 杨兰兰. 大米食味品质评价方法的研究现状与展望 [J]. 中国粮油学报, 2009, 24 (8): 155-160.

[30] 张玉荣, 周显青, 杨兰兰, 等. 碾减率对大米理化特性及蒸煮食味品质的影响 [J]. 河南工业大学学报, 2008, 29 (4): 1-5.

[31] Perez C M, Juliano B O. Indicators of eating quality for non-waxy rices [J]. Food Chem, 1979 (4): 185.

[32] Chrastile J. Effect of storage on the physicochemical properties and quality factors of rice in Rice: Science and Technology [M]. Marshall and James. I. Wadsworth, 1994.

[33] Juliano B O, Onate L U, Delmand A M. Relation of starch composition, protein content, and gelatinition temperature to cooking and eating qualities of milled rice [J]. Food Techno., 1995 (19): 1006.

[34] Little R R, Bawson E H. Histology and chemistry of raw and cooked rice kernels [J]. Food Chem, 1983 (47): 573.

[35] Chrastile J. Change in peptide subunit composition of albumin, globulin, prolamin and oryzenin in maturing rice grains [J]. J. Agric. Biol. Chem., 1994, 42: 2152-2155.

第3章

不同储藏条件对寒地粳米品质稳定性及感官影响的研究

3.1 不同储藏条件对寒地粳米理化指标的影响研究

寒地粳米是人类的主要粮食,对外界的温度、气体成分的影响比较敏感,吸湿性强,带菌量多,营养物质代谢速度较快,极易发生陈化,发生霉变,虫害,品质裂变等特殊的生理特性,严重影响寒地粳米的储藏时间,造成粮食浪费。因此寒地粳米保鲜是国内外研究的热点问题,选择合适的包装方法,对寒地粳米保鲜具有重大意义。本章实验在阅读大量资料的基础上排除出不适合温度对低温条件下进行研究,通过检测寒地粳米的容易受影响,又对口感、营养等有重要影响的指标进行检查,选出最佳的储藏温度与包装方法,为寒地粳米小包装及气调包装提供理论参考和技术支持。

3.1.1 实验材料

3.1.1.1 原料

见表3-1。

表 3-1 原料种类及来源

原料	来源
龙粳3号	黑龙江查哈阳

3.1.1.2 仪器与设备

实验仪器与设备见表3-2。

表 3-2 主要仪器与设备

仪器名称	型号	生产厂家
可见分光光度计	722S	沈阳市博腾仪器设备有限公司

续表

仪器名称	型号	生产厂家
电子分析天平	BSA224S	德国赛多利斯公司
电热恒温水浴锅	HH-S4	常州市万合仪器制造有限公司
双目生物显微镜	XPV-25C/25D	上海普丹光学仪器有限公司
电热恒温培养箱	DHP-9272	上海一恒科技有限公司
电热恒温鼓风干燥箱	DGG-9070A	上海森信实验仪器有限公司

3.1.2 实验方法

3.1.2.1 寒地粳米储藏前期处理

每个包装中样品为1 kg，精米的储藏期为200 d，每40 d取一次样品对其指标进行检测。检测指标包括：寒地粳米含水率、寒地粳米还原糖含量的测定、寒地粳米脂肪酸值的测定、寒地粳米过氧化物酶活性的测定。排除出不适合温度，选取最适合5℃到20℃进行储藏。

（1）常温储藏条件下样品的处理：利用塑料编织袋将精米样品进行包装，并分别放置在5℃、10℃、15℃、20℃。

（2）气调储藏条件下样品的处理：利用充气包装机将精米样品进行包装，包装的气调条件分别为3大类别。①所充气体全部为二氧化碳；②所充气体全部为氮气；③所充气体为CO_2与N_2的混合气体，CO_2与N_2比例分别为：3∶2、1∶1、2∶3。将不同气调比的样品分别在5℃、10℃、15℃、20℃三个温度条件下进行保存。

（3）真空储藏条件下样品的处理：利用真空包装机将精米样品进行包装，包装样品在5℃、10℃、15℃、20℃下储藏。

3.1.2.2 寒地粳米水分的测定

GB/T 21305—2007谷物及谷物制品水分的测定常规法。

3.1.2.3 寒地粳米脂肪酸的测定

GB/T 20569—2006稻谷脂肪酸值测定方法测定。

3.1.2.4 寒地粳米过氧化氢酶的测定

（1）过氧化氢酶提取液的制备。称取寒地粳米样品1 g置于研钵中，将3 mL配制好的pH 7.8的磷酸盐缓冲溶液加入研钵中，同时在研钵中加入少量石英砂，研磨寒地粳米样品，再将5 mL上述缓冲溶液加入研钵中继续研磨至均匀。将研磨好的样品转至25 mL比色管中，用少量的缓冲溶液将残留在研钵上的样品冲洗至 25 mL 的比色管中，再利用缓冲溶液将比色管中的样品溶液定容至刻度，摇匀。用移液管取出 20 mL 溶液置于离心管中，将样品放入离心机中并调平，在 4℃、3500 r/min 条件下离心 15 min，取出上清液取出，转移至带盖试管中保存。

（2）酶活性的测定。对照样品的制备，在对照试管中分别加入 3 mL 缓冲液、0.2 mL 酶提取液、0.4 mL 蒸馏水、2.0 mL 硫酸、0.4 mL 过氧化氢溶液。在样品试管中分别加入 3 mL 缓冲溶液、0.2 mL 酶提取液、2.4 mL 蒸馏水，向样品溶液中加入 0.4 mL 过氧化氢溶液，并计时 4 min。4 min 后加入 2 mL 硫酸终止反应。在 240 nm 处，测定样品试管溶液与对照试管溶液的吸光度。

（3）制定标准曲线。按照图 3-1 中的编号分别对六个试管进行编号，并向试管中加入对应试剂，在 240 nm 处以 0 号试管调零，测定 1~5 号试管的吸光度。

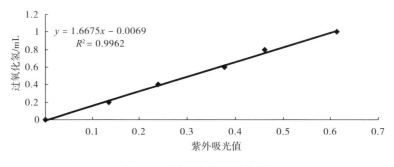

图 3-1 过氧化氢标准曲线

由图 3-1 可得，过氧化氢与吸光度之间呈显著的线性关系，相关系数为 0.9962，说明采用紫外分光光度法测定溶液中过氧化氢的定量分析是可行的。

（4）结果计算。寒地粳米中过氧化氢酶活力按公式（3-1）计算。

$$E(\mathrm{mgH_2O_2/min \cdot g}) = \frac{a(A_1 - A_2) + b}{t} \times \frac{25}{0.2} \quad (3-1)$$

式中：A_1——对照组吸光度；

A_2——样品吸光度；

t——反应时间/min；

a、b——标准曲线回归方程常数。

3.1.2.5 寒地粳米还原糖的测定

（1）试验样品的制取。称取 200 g 寒地粳米样品，用粉碎机粉碎，通过 60 目筛，取筛下物 15 g（精确至 0.01 g）。将 15 g 样品放入 250 mL 的容量瓶中，向瓶中加入蒸馏水 200 mL 后，放入已加热到 45℃ 的恒温振荡水浴锅中 60 min。从水浴锅中取出并冷却至室温，切不可用凉水冲洗瓶壁。向瓶中加入蒸馏水至刻度，并振荡摇匀。静置 20 min，待溶液中沉淀形成时，吸取上清液 200 mL 置于另一 250 mL 的容量瓶中。同时缓缓加入 5 mL 乙酸锌溶液和 5 mL 亚铁氰化钾溶液，定容至刻度后摇匀并静置 30 min。过滤时采用干燥后的滤纸，并在开始过滤后一段时间再进行滤液的收集备用。

（2）碱性酒石酸铜溶液的标定。用移液管精确移取碱性酒石酸铜 A 液和 B 液各 5 mL 于 250 mL 的锥形瓶中，同时加入 10 mL 蒸馏水。将若干粒防爆沸玻璃珠放入锥形瓶中。用滴定管移取 9 mL 葡萄糖标液，加热，短时间内使其沸腾，同时将葡萄糖标液趁热缓慢匀速地加入，直至溶液的蓝色恰好褪去滴定终点。记录滴定所消耗的葡萄糖标液的体积。做 3 组平行试验，对其结果取平均值。计算公式：

$$F = C \times V \tag{3-2}$$

式中：F——10 mL 碱性酒石酸铜溶液相当于葡萄糖的质量（mg）；

　　　C——葡萄糖标液的浓度（mg/mL）；

　　　V——滴定所消耗的葡萄糖标液的体积（mL）。

（3）样品溶液预测。

（4）样品溶液测定。用移液管精确移取碱性酒石酸铜 A 液和 B 液各 5 mL 于 250 mL 的锥形瓶中。将若干粒防爆沸玻璃珠放入锥形瓶中。从滴定管中加入比预测时样品溶液消耗总体积少 1 mL 的样品溶液，加热使其在 2 min 内沸腾，精确计时沸腾时间 30 s，同时将葡萄糖标液趁热缓慢匀速地加入，直至溶液的蓝色恰好褪去，此时为滴定终点。记录下滴定所消耗的葡萄糖标液的体积。做 3 组平行试验，对其结果取平均值。

（5）计算公式。

$$还原糖(以葡萄糖计\%) = \frac{F}{m \times (v/250)} \times 100\% \tag{3-3}$$

式中：m——样品质量（g）；

　　　F——10 mL 碱性酒石酸铜溶液相当于葡萄糖的质量（mg）；

　　　v——测定时平均消耗的样品溶液的体积（mL）；

　　　250——样品溶液的总体积（mL）。

3.1.2.6　总淀粉含量的测定

（1）水解。用 3100 旋风磨将一定量不同条件下储藏的寒地粳米样品磨成粉末。取上述粉末 0.2 g 置于 50 mL 烧杯中，用 5 mL 移液枪移取 3 mL 过氯酸加于其中，搅拌 10 min，静止 5 min，让淀粉充分溶解，用蒸馏水冲入 100 mL 容量瓶中，稀释至刻度，离心分离吸取上清液 2 mL 置于另一 100 mL 容量瓶中，定容至刻度，同时做空白对照试验。

(2) 做标准曲线。分别吸取已配置好的各浓度葡萄糖溶液 2 mL 于不同试管中，各加蒽酮 5 mL，摇动 10 min，在沸水中加热 10 min，然后取出，迅速冷却（用冰块冷却）5 min，在 620 nm 波长处测定其吸光度。以葡萄糖浓度为横坐标，吸光度为纵坐标绘制标准曲线。

(3) 比色。按 (2) 方法对各试样进行吸光度的测定，同时做空白对照试验。根据所得吸光度值在标准曲线中求出试样及空白的葡萄糖含量。

(4) 计算公式

$$淀粉(\%) = 100 \times 100/2 \times [(S' - S)/W] \times 0.9 \times 100 \tag{3-4}$$

式中：W——试样重量（单位：g）；

S'——空白试样葡萄糖含量；

S——试样中葡萄糖含量；

0.9——葡萄糖转换成淀粉的系数。

3.1.2.7 统计学分析

数据采用 $\bar{x} \pm s$ 表示，采用 SAS 9.1.3 统计学软件进行统计学分析，Excel 软件绘制相关图表，组间比较采用 T 检验，$P<0.05$ 有统计学意义。

3.1.3 结果与分析

3.1.3.1 不同储藏条件下寒地粳米中水分含量的变化规律

(1) 不同包装方式下寒地粳米中水分含量的变化。图 3-2 为在 15℃ 下三种不同的寒地粳米储藏方式对其水分含量的影响规律。普通的储藏条件为普通塑料编织袋包装，气调储藏条件为：气体混合比例为 $CO_2 : N_2 = 1:0$ 和真空包装。从图 3-2 中可以看出，在储藏期间气调与真空对寒地粳米水分含量影响不大但空气储藏影响波动较大，初始水分 14.5% 的稻米储藏，而空气储藏的寒地粳米含水量在第 80 d 就有了明显的变化，由 14.5% 下降到 13.8%，随着储藏时间的增加到第 200 d 时寒地粳米的含水量下降到 9.8%，变化极为显著。气调组寒地粳米水分含量基本保持稳定，其主要原因是气调储藏条件下空间封闭，且对包装材料的透水、气密等性质要求较高，可有效控制水分蒸发，保持寒地粳米较好的品质；而对照组是采用编织袋包装放置在空气条件下的寒地粳米储藏，不能有效防止水分散失，若在高温干燥条件下寒地粳米水分损失更为严重。

(2) 不同温度下寒地粳米中水分含量的变化。图 3-3 为气调比例为 $CO_2 : N_2 = 1:0$ 的条件下，不同温度对寒地粳米水分含量的影响。由图 3-3 得知，在不同温度条件下，寒地粳米水分含量随着储藏时间的延长而变化，在储藏 200 d 后 5℃、10℃、15℃、20℃ 水分分别 +0.5%、+0.2%、-0.2%、-1.4%。出现这种

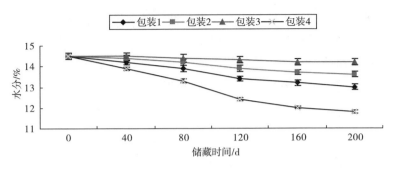

图 3-2　不同包装方式对水分的影响

现象的原因可能是 5℃ 和 10℃ 环境湿度偏大，普通袋装的寒地粳米吸湿性较强，寒地粳米吸收空气中的水蒸气导致水分增加；环境温度上升时，寒地粳米的水分含量随储藏时间的延长而降低，普通袋装隔离了部分的空气水分，但寒地粳米自身呼吸作用、微生物降解等作用，消耗一部分水分，温度越高，此现象越明显。根据分析表明在置信度 5% 的情况下，储藏温度越高，各处理间的差异越大，5℃、10℃、15℃ 间的差异不显著，说明 15℃ 以下的储藏温度对储藏期间寒地粳米含水率的变化影响不明显，较能达到保鲜的目的。

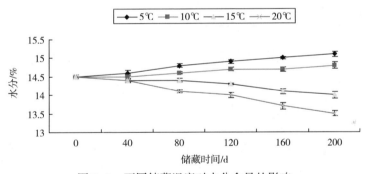

图 3-3　不同储藏温度对水分含量的影响

（3）不同气调比例对寒地粳米中水分含量的变化。如图 3-4 和表 3-3 所示，不同气体成分对寒地粳米含水率影响差异较大，总体趋势呈下降的趋势，CO_2 和 N_2 的比例为 1∶1 时，包装水分下降得较为缓慢，储藏 200 d 后寒地粳米含水率仍还有 14.4%，与初始鲜样相比，下降了 0.1%，差别不明显，其次是 CO_2 和 N_2 的比例为 1∶0 包装下寒地粳米，储藏 200 d 后含水率为 14.1%，100% N_2 充气组下储藏的寒地粳米含水率先下降再平缓一段时间后，寒地粳米含水率增分别加，随后又降低，CO_2 和 N_2 的比例为 4∶1 充气组下的寒地粳米变化前期下降剧烈，储藏 200 d 时已下降至 13.9%，寒地粳米含水率在 13%~16% 范围内各种感官品质都比较良好，风味、口感都处于较优水平，虽各种气体成分下的寒地粳米含水率都有所下降，但均处于正常水分范围内。出现上述原因可能是，气调储藏的环境各气体成分较固定，寒地粳米处于较封闭的环境条件下，用于气调包装的材料其气密性、透湿性要求比较高，能够较好地防止寒地粳米水分流失，保持较高的寒地粳米品质。

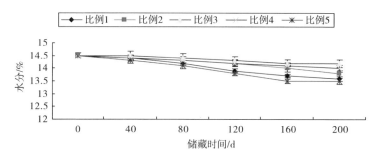

图 3-4　不同气调比例对水分含量的影响

表 3-3　对图 3-4 中各种气体比例的说明

气体组成	比例 1	比例 2	比例 3	比例 4	比例 5
$CO_2 : N_2$	1:0	1:4	1:1	4:1	0:1

3.1.3.2　不同储藏条件下寒地粳米中脂肪酸含量的变化规律

（1）不同包装方式下寒地粳米中脂肪酸含量的变化。图 3-5 为在 15℃ 下三种不同的寒地粳米储藏方式对其脂肪酸含量的影响规律。普通的储藏条件为普通塑料编织袋包装，气调储藏条件为：气体混合比例为 $CO_2 : N_2 = 1 : 0$ 和真空包装。由图 3-5 得知，在储藏 200 d 后，三种气调方式的脂肪酸值均有不同程度的增加，其中空气储藏状态下增长幅度最大，在经过 160 d 时就已经达到 24.62 mgKOH/100 g 接近了寒地粳米储藏的安全线。真空条件的增长幅度略大于气调储藏，但在储藏的 200 d 里并未超过国家标准线，明显延迟了品质劣变，延长储藏期。以脂肪酸含量为储藏指标，在寒地粳米的储藏过程中，气调储藏效果最好，并且当气调比例为 $CO_2 : N_2 = 1 : 0$ 时脂肪酸含量增加幅度小于其他气调比例。真空储藏也有效地抑制的寒地粳米中脂肪的酸败，但抑制作用小于气调储藏。常温储藏不能很好地抑制寒地粳米中脂肪酸的增加，在储藏过程中容易腐败变质形成陈米。

（2）不同温度下寒地粳米中脂肪酸含量的变化。图 3-6 为气调比例为 $CO_2 : N_2 = 1 : 0$ 的条件下，不同温度对寒地粳米脂肪酸含量的影响。由图 3-6 得知，在不同温度条件下，寒地粳米脂肪酸含量随着储藏时间的延长而增加。在 5℃、10℃、

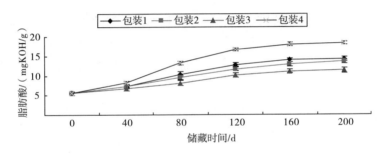

图 3-5　不同包装方式对寒地粳米脂肪酸的影响

15℃和20℃条件下，脂肪酸增加的量分别为：121%、138%、153%、194%。

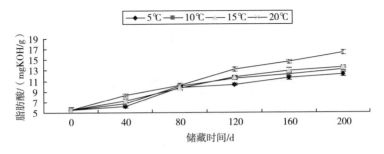

图 3-6　不同温度下对寒地粳米脂肪酸的影响

　　5~15℃的温度条件使寒地粳米处于相对稳定的环境中，自身新陈代谢、氧化合成速率减慢，因此低温条件下，脂肪酸值也相应减少。统计分析表明置信度5%水平内，15℃这个温度下寒地粳米脂肪酸值变化较不显著，随储藏温度的上升，差异显著。20℃时脂肪酸的含量加速增加。

　　说明降低寒地粳米的储藏温度会降低寒地粳米中的水解反应和氧化反应的速率，提高稳定性。寒地粳米中脂肪的分解作用主要依赖于油在物料中的扩散作用，在低温条件下这种作用会受到抑制。

　　(3) 不同气调比例对寒地粳米中脂肪酸含量的变化。图 3-7 和表 3-4 显示，不同的气体浓度，对寒地粳米脂肪酸值影响较大，特别是100% N_2气体下，对寒地粳米脂肪酸值抑制作用很低，储藏200 d后寒地粳米脂肪酸值已上升为17.12 mgKOH/100 g，为初始值3.08倍，其次是充CO_2和N_2的比例为1:4和4:1包装组，保持最完好的是充CO_2和N_2的比例为1:1的包装组，其次是100% CO_2包装组，储藏200 d时，充CO_2和N_2的比例为1:1的包装组其脂肪酸值为12.09 mgKOH/100 g，与初始值相差6.53 mgKOH/100 g，100% CO_2包装组是13.16 mgKOH/100 g，与初始值相差7.6 mgKOH/100 g，充100% CO_2包装组与真空包装组均能维持好寒地粳米较优品质，出现这种现象的原因是，寒地粳米经脂肪酶氧化分解作用，生成脂肪酸与甘油，使游离脂肪酸含量增加，同时寒地粳米内不饱和脂肪酸处于游离状态，容易氧化成酮、醛、酸等物质，使寒地粳米发生酸败，产生难闻的哈喇味。

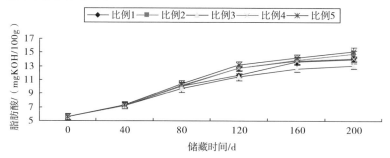

图 3-7　不同气调比例对脂肪酸含量的影响

表 3-4　对图 3-7 中各种气体比例的说明

气体组成	比例1	比例2	比例3	比例4	比例5
$CO_2 : N_2$	1:0	1:4	1:1	4:1	0:1

3.1.3.3　不同储藏条件下寒地粳米中过氧化氢酶活性含量的变化规律

（1）不同包装方式下寒地粳米中过氧化氢酶活性含量的变化。图 3-8 为在 15℃三种不同的寒地粳米储藏方式对其过氧化氢酶活力的影响规律。空气的储藏条件为普通塑料编织袋包装。气调储藏条件为：气体混合比例为 $CO_2 : N_2 = 1 : 0$ 和真空包装。由图 3-8 得知，在储藏 200 d 后，三种气调方式的过氧化氢酶活力均有不同程度的下降，其中常温状态下降低幅度最大，降低了 46.9%（$P<0.05$）。真空条件的增长幅度略大于气调储藏。在寒地粳米的储藏过程中，气调储藏效果最好。

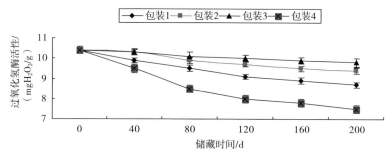

图 3-8　不同包装方式对过氧化氢酶活性的影响

(2) 不同温度下寒地粳米中过氧化氢酶活性含量的变化。图 3-9 为在气体比例为 $CO_2:N_2=1:0$ 的条件下，不同储藏温度对寒地粳米过氧化氢酶活力的影响变化情况。由图 3-9 得知，在 5℃、10℃、15℃、20℃ 温度下寒地粳米的过氧化氢酶活力的变化是逐渐减慢的。在 200 d 的储藏过程中，其过氧化氢酶活力下降分别为 10.4%、13.2%、18.9%、30.2%。由此可见，寒地粳米在相同时间内，温度越高，寒地粳米的过氧化氢酶活性变化越大。储藏温度在 5℃、10℃、15℃ 对寒地粳米的过氧化氢酶活性的影响是不显著的。

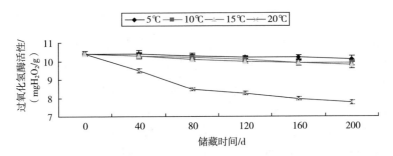

图 3-9　不同储藏温度对寒地粳米过氧化氢酶活力的影响

其变化的主要原因为细胞膜上的磷脂和三酰甘油首先水解成以亚油酸为代表的游离脂肪酸，在脂肪氧化酶的作用下氧化为脂肪氢过氧化物，随后进一步分解为酮等小分子产物，这一过程称为膜脂过氧化，其主要产物为丙二醛（MDA）。而高温状态又使寒地粳米处于一个不稳定的环境中，加速了丙二醛的产生，由于丙二醛具有强关联性质，会破坏蛋白质结构和催化功能，而过氧化氢酶是蛋白质，因此在一定程度上会降低它的活性。

(3) 不同气调比例对寒地粳米中过氧化氢酶活性含量的变化。图 3-10 和表 3-5 为不同充气条件对寒地粳米储藏过程中寒地粳米过氧化氢酶活力的影响，

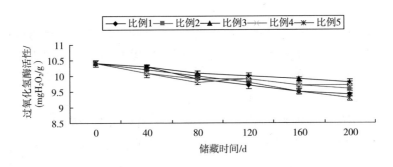

图 3-10　不同气调比例对寒地粳米过氧化氢酶的影响

由图3-10得知，各种气调比例在200 d的储藏过程中过氧化氢酶活力均有下降，但过氧化氢酶活力下降并不显著，说明在气调比例的储藏中都能有效地抑制寒地粳米中过氧化氢酶活力的下降，选择哪一种气体比例储藏对其影响不大。

表3-5 对图3-10中各种气体比例的说明

气体组成	比例1	比例2	比例3	比例4	比例5
$CO_2 : N_2$	1:0	1:4	1:1	4:1	0:1

3.1.3.4 不同储藏条件下寒地粳米中还原糖含量的变化规律

（1）不同包装方式下寒地粳米中还原糖含量的变化。图3-11为在15℃下三种不同的寒地粳米储藏方式对其还原糖含量的影响规律。普通的储藏条件为普通塑料编织袋包装，气调储藏条件为：气体混合比例为$CO_2 : N_2 = 1 : 0$，温度在15℃。由图3-11得知，普通包装样品长时间暴露在空气当中，淀粉在淀粉酶的作用下不断地转化成麦芽糖和糊精，导致还原糖急剧上升，随着储藏时间的增长，寒地粳米的呼吸作用将糖转化成CO_2和水，从而还原糖略微有所下降，寒地粳米的品质进一步有所降低。而真空储藏排除了包装袋中绝大部分的空气，对淀粉的分解转化以及呼吸作用都起到了抑制的效果。

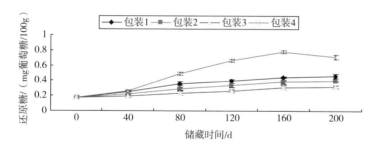

图3-11 不同包装方式对寒地粳米还原糖含量的影响

气调储藏与真空储藏相比较，能更进一步地抑制寒地粳米的呼吸强度，使其处于缺氧呼吸状态。缺氧呼吸强度极为虚弱，所以呼吸的中间产物也是很微弱的，同时高浓度二氧化碳对寒地粳米品质和呼吸作用均不产生较大影响。

（2）不同温度下寒地粳米中还原糖含量的变化。图3-12显示，储藏期间，不同储藏温度下的寒地粳米还原糖，其总体变化趋势为上升的趋势，随着储藏时间的延长，15℃以下低温和20℃左右的室温条件下，还原糖值均呈现缓慢增加，其变化趋势一致，5℃、10℃、15℃和20℃在储藏200 d后寒地粳米还原糖分别上升：2.09%、2.28%、2.48%、2.77%，初始值分别为：0.17、0.17、0.16、

0.18。出现这种现象的原因可能是寒地粳米内部微生物的滋生,无氧呼吸消耗部分的糖原,低温使寒地粳米长期处于较稳定的状态,同时低温能抑制微生物的生长,最终延缓还原糖的增加。

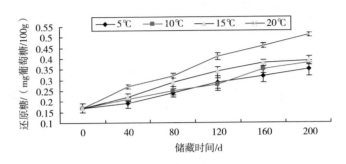

图 3-12 不同储藏温度对还原糖的影响

(3) 不同气调比例对寒地粳米中还原糖含量的变化见表 3-6 和图 3-13。

表 3-6 对图 3-13 中各种气体比例的说明

气体组成	比例 1	比例 2	比例 3	比例 4	比例 5
$CO_2 : N_2$	1:0	1:4	1:1	4:1	0:1

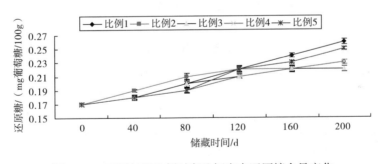

图 3-13 不同气调比例对寒地粳米中还原糖含量变化

3.1.3.5 不同储藏条件下寒地粳米中直链淀粉含量的变化规律

淀粉在寒地粳米营养组分中含量最高,根据品种不同,其含量在 80% 左右,因而其淀粉含量也常作为评价寒地粳米营养品质的主要指标之一。寒地粳米淀粉根据分子结构不同分为直链淀粉和支链淀粉。自然条件下,寒地粳米中的直链淀粉不能形成晶体,以单螺旋结构掺入支链淀粉分子形成的疏密相间的晶体区。在储藏过程中,直链淀粉含量对寒地粳米品质的影响更大,与米饭的香味、食味综合评分呈负相关,与外观硬度呈正相关。据蔡一霞报道,直链淀粉含量高的米饭质地硬,咀嚼有渣感,无弹性;直链淀粉含量低的米饭质地较黏,咀嚼无渣感,有弹性。

(1)不同包装方式下寒地粳米中直链淀粉含量的变化。图3-14为在15℃下三种不同的寒地粳米储藏方式对其直链淀粉含量的影响规律。普通的储藏条件为普通塑料编织袋包装,气调储藏条件为:气体混合比例为$CO_2:N_2=1:0$,温度在15℃。由图可以看出,真空和气调条件下储藏的寒地粳米直链粉含量都是在17.3%~18%之间波动;只有空气对照组的寒地粳米直链淀粉含量略微有所减小。对寒地粳米总淀粉含量进行显著性分析,各种储藏方式之间寒地粳米总淀粉含量均未存在显著性差异($P>0.05$)。

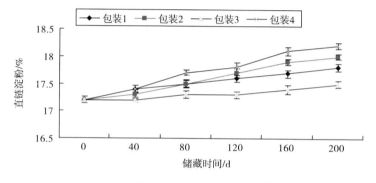

图3-14 不同包装方式对直链淀粉含量的影响

(2)不同温度下寒地粳米中直链淀粉含量的变化。图3-15为在15℃下四种不同的寒地粳米储藏方式对其直链淀粉含量的影响规律。普通的储藏条件为普通塑料编织袋包装,气调储藏条件为:气体混合比例为$CO_2:N_2=1:0$时温度在5~20℃时直链淀粉的变化。由图可以看出,20℃条件下储藏的寒地粳米直链粉含量增多最显著;各种储藏方式之间寒地粳米总淀粉含量均未存在显著性差异。

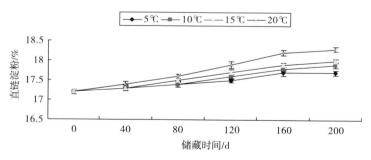

图3-15 不同储藏温度对直链淀粉含量的影响

(3) 不同气调比例对寒地粳米中直链淀粉含量的变化。图 3-16 和表 3-7 为在 15℃下三种不同的寒地粳米储藏方式对其直链淀粉含量的影响规律。普通的储藏条件为普通塑料编织袋包装，气调储藏条件为：气体混合比例为 $CO_2:N_2=1:0$，温度在 15℃。由图可以看出，真空和气调条件下储藏的寒地粳米直链粉含量都是在 17.3%~18% 之间波动；只有空气对照组的寒地粳米直链淀粉含量略微有所减小。对寒地粳米总淀粉含量进行显著性分析，各种储藏方式之间寒地粳米总淀粉含量均未存在显著性差异（$P>0.05$）。

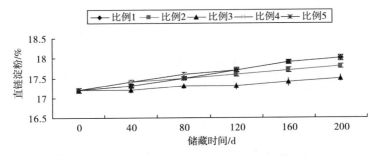

图 3-16　不同气调比例对直链淀粉含量的影响

表 3-7　对图 3-16 中各种气体比例的说明

气体组成	比例 1	比例 2	比例 3	比例 4	比例 5
$CO_2:N_2$	1:0	1:4	1:1	4:1	0:1

3.2　不同储藏条件对寒地粳米蒸煮特性与质构特性及食味品质变化的研究

寒地粳米品质包括储藏品质、营养品质、蒸煮品质等，其中最为重要的就是寒地粳米的食用品质，而食用品质和寒地粳米的蒸煮和质构具有显著的相关性，因此测定蒸煮品质和质构品质十分必要。寒地粳米在蒸煮过程中，完整的籽粒寒地粳米必会发生组织结构破裂，使其显示出一定的质构特性也是寒地粳米食用品质最重要的因素，即使一种寒地粳米不同储藏方式后其蒸煮后质构特性也不同。寒地粳米陈化过程中质构特性最明显的变化黏度下降硬度增强，会使寒地粳米的食用品质下降，所以研究寒地粳米蒸煮、质构和食味品质的变化规律，对寒地粳米储藏品质的判定有着十分重大意义。

目前，对寒地粳米的质构进行评价最基本的方法是感官评价，这是一种经典的方法,但是,由于个人喜好的差异会使评价结果产生一定的偏差,随着科技的不断进步,质构仪(TAP)已经广泛应用于各种食品的质构测定中,与之相结合的蒸煮特性测定指标有加热吸水率、膨胀容积、米汤固形物和米汤 pH 等。本文通过测定不同模拟储藏条件下的米饭的蒸煮品质及质构特性的变化通过这些变化来反映米饭最终食用品质的劣变程度,为高端米开发研究提供理论参考。

3.2.1 材料与设备

3.2.1.1 原料

见表 3-8。

表 3-8 原料种类及来源

原料	来源
龙粳 3 号	黑龙江查哈阳

3.2.1.2 仪器与设备

实验仪器与设备见表 3-9。

表 3-9 主要仪器与设备

仪器名称	型号	生产厂家
可见分光光度计	722S	沈阳市博腾仪器设备有限公司
电子分析天平	BSA224S	德国赛多利斯公司
电热恒温水浴锅	HH-S4	常州市万合仪器制造有限公司
双目生物显微镜	XPV-25C/25D	上海普丹光学仪器有限公司
电热恒温培养箱	DHP-9272	上海一恒科技有限公司
电热恒温鼓风干燥箱	DGG-9070A	上海森信实验仪器有限公司

3.2.2 实验方法

3.2.2.1 寒地粳米的蒸煮品质

参考王肇慈寒地粳米蒸煮特性试验,测定寒地粳米热吸水率、膨胀率、米汤固形物、米汤 pH。

3.2.2.2 寒地粳米质构特性的测定方法

将不同储藏条件下的寒地粳米按照规定的蒸煮条件蒸制成米饭,然后利用物性结构测试仪对米饭的质构品质进行测定，具体测定步骤为：从不同储藏方式的寒地粳米中，挑取 15 g 整粒米，然后准确称量 10 g 整粒米作为试样置于蒸煮米饭专用的金属盒中，用 40 mL 蒸馏水对试样进行淘洗，同样的淘洗方法重复一次，然后沥净金属盒中的水，以沥水时 5 s 内不再滴出水滴为准。向淘洗好的试样中加入 13 mL 蒸馏水，用玻璃棒将试样搅匀，尽量使试样平铺在金属的底部。将金属盒放置于事先加入适量水的电饭锅内，摆放时不要叠落摆放，并记录加热时间，蒸煮时间为 40 min，蒸煮完成后不要打开锅盖继续焖 10 min。

将蒸煮好的米饭样品，冷却至室温后开始测定，测定取样时要从米样的中间部位随机取出 3 粒整粒米，放置于测定载物台的中间位置，米粒平行放置且相互间隔 1 cm 左右。对一组样品进行 3 次平行测定，然后取平均值。结果数据采用 $\bar{x} \pm s$ 表示，采用 SAS 9.1.3 统计学软件进行统计学分析，Excel 软件绘制相关图表，组间比较采用 T 检验，$P<0.05$ 有统计学意义。米饭样品质构品质的测定参数如下：

探头：P/35S 寒地粳米专用探头

操作模式：压力测定

压缩比例（strain rate）：70%

操作类型：Compression

触发点（trigger）：10 g

测试循环数（total cycles）：1 次

测试速度（test speed）：0.5 mm/s

测试后速度（return speed）：3 mm/s

目标单位（target unit）：Distance

数据获取速度：400 pps

研究寒地粳米质构品质需要测定的指标为：硬度（hardness）、弹性（springiness）、黏着性（adhesiveness）、黏度（adhesiveforce）。

3.2.2.3 米饭食味品质的测定

（1）米饭食味计的测定原理。食味值的测定装置是对成形为一定形状的米饭，通过近红外光和可视光波段的反射和透过进行分光测定。以光学原理测定米饭的香气、光泽、完整性、味道、口感等感官特性并综合评定米饭好吃程度指标值。食味值的测定装置。此仪器由于对米饭的好吃程度进行客观的评价，可以对寒地粳米的品质进行监控管理，还可以对寒地粳米加工厂和稻米品种的食味进行评价。

（2）测定方法。将不同储藏方式的寒地粳米称取 30 g 置于金属筒中，加入适量的水浸泡 30 min，在浸泡过程中完成淘洗和定量的操作，淘洗是将自来水管直接接入筒中，利用水流流动产生的力对米粒进行淘洗，注意调节水流量的大小，避免米粒在淘洗时从筒盖的筛网中被筛出。定量是调节筒中的加水量，其加水量为米质量的1.35倍。将定量后的金属筒盖上滤纸盖，放入专用蒸煮锅中进行蒸制，蒸煮时间设定为30 min，然后焖10 min后开盖。蒸好后，将金属筒取出，用不黏米的塑料勺对筒中的米饭进行搅拌，再一次盖上滤纸盖，放入通风盒中冷却20 min后取出，将滤纸盖换成原装金属盖在室温条件下静置90 min后开始测量。准确称量8 g已经完全冷却的米饭样品置于测定专用的圆环模具中，利用手动压饭器对圆环中的米饭进行挤压成形，正反各压一次，每次压制时间10 s。最后将压制好的米饭饭饼放入食味计中进行测定，通过电脑读取测定数据。

测定米饭样品质构品质的指标，包括食味值（满分100分）、香气（满分10分）、光泽（满分10分）、完整性（满分10分）、味道（满分10分）、口感（满分10分）。

3.2.3 结果与分析

3.2.3.1 不同储藏条件下寒地粳米的蒸煮品质测定结果

（1）不同包装方式下寒地粳米蒸煮品质的变化。在不同包装方式下，寒地粳米不仅理化品质裂变变化，蒸煮品质也会发生变化，图3-17中通过研究寒地粳米吸水率的变化发现，采用50% CO_2+50% NO_2与100% CO_2包装的寒地粳米其吸水率基本保持不变，抽真空次之，而在自然混合包装组中，寒地粳米吸水率先降低，后增加，寒地粳米的新旧程度直接影响寒地粳米的吸水率的高低，随着时间的延长，寒地粳米的陈化逐渐改变会导致淀粉晶束结构加强，难以糊化，同时果胶、蛋白质、纤维素等细胞壁发生不同程度失去，使仍存活性的寒地粳米细胞内吸水能力增强，故会使寒地粳米的吸水率在下降后会发生不同程度的回升。

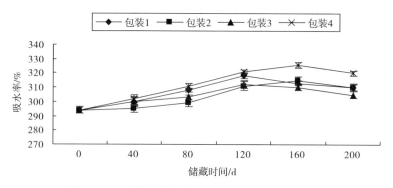

图3-17 不同包装方式下寒地粳米吸水率的影响

图 3-18 通过研究寒地粳米在不同储藏条件下随着储藏时间的延长,在吸水量相同的情况下,膨胀率均有所增加。这是由于寒地粳米在储藏期间逐渐干燥,容重增大,经高温加热,米饭体积膨胀,使出饭率增加。糙米膨胀率增加的化学实质系淀粉变性所致。除此以外,胶体脱水收缩,此外,硬度增加也会促使糙米在高温加热时增加体积。一般情况下,寒地粳米储藏越久,胀性越好。

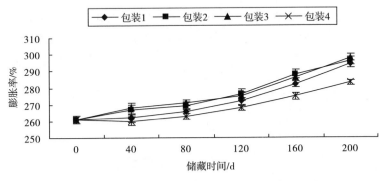

图 3-18　不同包装方式下寒地粳米膨胀率的影响

图 3-19 中通过研究寒地粳米米汤 pH 的变化情况可以看出,总体趋势是一样的,均是前期变化缓慢,储藏 40 d 都发生不同程度的降低,米汤偏碱性,但随着储藏时间的变化,pH 逐渐降低,酸性越发明显,其中 50% CO_2+50% NO_2 包装组下储藏的寒地粳米其米汤 pH 值下降最为缓慢,充空气自然包装组下的寒地粳米米汤 pH 下降得最快,出现这种现象的原因,是由于随着储藏时间的延长,寒地粳米内部脂肪酸值含量增加,内部游离的脂肪酸易被氧化成酮、醛等酸性物质,此外,蛋白质也容易分解成氨基酸,寒地粳米内少量的磷酯也容易生成磷酸,导致酸性物质增加,最终使得寒地粳米的 pH 降低。

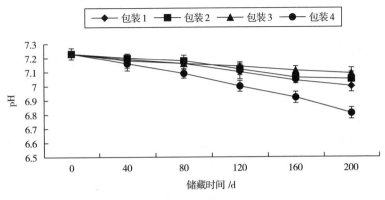

图 3-19　不同包装方式下寒地粳米 pH 的影响

图 3-20 中的数据可以发现,随着储藏时间的延长,寒地粳米米汤中固形物含量呈现逐渐降低的趋势,在 CO_2 和 N_2 比例为 1∶1 的气调包装中,米汤干物质下降趋势比其他包装慢,并且温度较高时寒地粳米降低尤为明显。20℃ 的空气储藏 200 d 储藏期内其干物质含量约下降 60%。低温下寒地粳米的变化要缓和得多并且差异不大。这主要是由于温度较高时寒地粳米呼吸作用较为旺盛,各种水解和呼吸酶活力较强,而寒地粳米旺盛的呼吸及其他生命活动会消耗大量的干物质,引起的损失和品质变化也较大。有文献指出这可能是由于寒地粳米在陈化过程中细胞壁的溶解性下降,抑制了淀粉可溶出物的溶出,从而使米汤中所具有的溶出物含量减少。

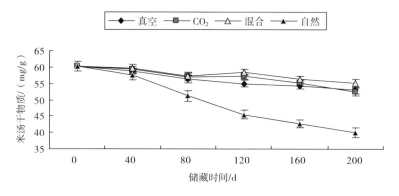

图 3-20 不同包装方式下寒地粳米米汤干物质的影响

(2) 不同温度下寒地粳米蒸煮品质的变化。由图 3-21 可知,储藏环境温度升高,寒地粳米的吸水率也增大。由图看出在 20℃ 环境条件下寒地粳米吸水率升高最快,变化范围是 294%~315%,在 5℃ 环境条件下,寒地粳米的吸水率上升较

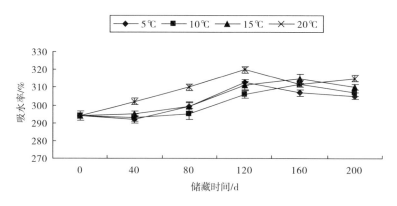

图 3-21 不同温度下寒地粳米吸水率的影响

为缓慢,变化范围分别为294%~300%。陈米比新米出饭多,根本原因是温度升高会易促进寒地粳米在储存过程中组织和结构发生变化,更易促进其发生陈化,使能溶于水的物质减少,细胞内小分子聚集形成大分子,而大的分子结构在蒸煮过程中吸收的水分较多,从而使储藏后寒地粳米吸水率增加。在20℃时与其他温度显著变化($P<0.05$)。

图3-22显示,不同储藏温度下的寒地粳米膨胀率其总体变化趋势为上升的趋势,随着储藏时间的延长,20℃条件下储藏的寒地粳米,其膨胀率变化后趋于平缓。

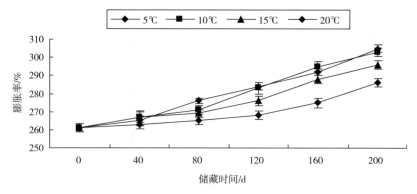

图3-22 不同温度下寒地粳米膨胀率的影响

从图3-23可以发现:在储藏期内不同组样品寒地粳米的米汤pH均呈现下降趋势,储藏温度越高,样品寒地粳米的米汤pH越小。储藏期内,20℃样品寒地粳米的米汤pH下降趋势较5℃、10℃、15℃三组更剧烈,pH值始终显著低于其他三组($P<0.05$),而5℃、10℃、15℃中5℃最为平缓但不显著于其他两组($P>0.05$)。米汤pH反应米的酸度,而酸度是影响米的食味的主要因素之一,pH

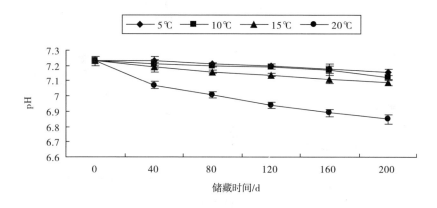

图3-23 不同温度下寒地粳米pH的影响

越接近中性,寒地粳米的食味品质越好,所以15℃时既能很好储藏寒地粳米又能减少能源消耗。

(3) 不同气调比例下寒地粳米蒸煮品质的变化。如图3-24~图3-27在不同的气调比例下,研究寒地粳米的蒸煮特性可以得出,随着储藏时间的延长各组指标变化的趋势一致,并且在气调比例为 $CO_2 : N_2 = 1 : 1$ 时变化相对更为缓慢,但各组之间差异性不显著,均能很好地有效延长寒地粳米的陈化。

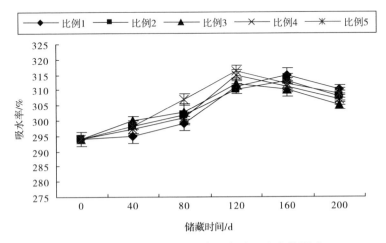

图3-24 不同气调比例下寒地粳米吸水率的影响

表3-10 对图3-24中各种气体比例的说明

气体组成	比例1	比例2	比例3	比例4	比例5
$CO_2 : N_2$	1:0	1:4	1:1	4:1	0:1

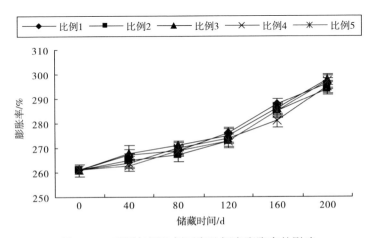

图3-25 不同气调比例下寒地粳米膨胀率的影响

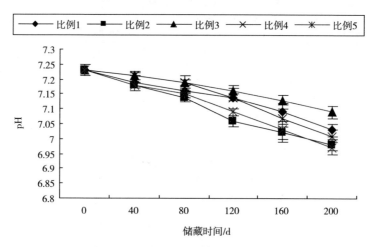

图 3-26　不同气调比例下寒地粳米 pH 的影响

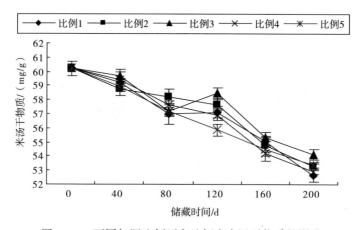

图 3-27　不同气调比例下寒地粳米米汤干物质的影响

3.2.3.2　不同储藏条件下寒地粳米质构特征测定结果

表 3-11 为寒地粳米在不同储藏条件下硬度的变化规律，由表得在储藏 200 d 的过程中，寒地粳米的硬度随着储藏时间的延长而逐渐变大，但不同的储藏条件其硬度变化也不尽相同。当储藏温度和气调比例一定时，寒地粳米硬度与温度成正比，即随着储藏温度的升高硬度逐渐增大，且变化率较大，说明在气调储藏中储藏温度是影响寒地粳米食用品质的重要因素。通过对比试验得出，空气储藏对寒地粳米的影响最为明显，其在 200 d 的储藏中其硬度变化率为 89.6%（$P<0.05$）。真空储藏尽管能抑制寒地粳米硬度的变化，但与同等气调储藏条件下相比效果较差，其变化率仍可达到 57.2%（$P<0.05$）。

表 3-11　不同储藏条件下寒地粳米硬度的变化

储藏条件		储藏时间					
温度/℃	$CO_2:N_2$	0	40	80	120	160	200
15	1:0	2896	3095	3234	3323	3359	3690
15	1:4	2896	3087	3211	3298	3306	3640
15	1:1	2896	3123	3162	3195	3262	3630
15	4:1	2896	3143	3182	3300	3353	3679
15	0:1	2896	3145	3180	3985	4015	4085
5	1:0	2896	3041	3137	3195	3320	3549
10	1:0	2896	3065	3154	3303	3339	3670
20	1:0	2896	3295	3343	3595	3980	4230
15	空气储藏	2896	3187	3737	4177	4862	5547
15	真空储藏	2896	3356	3548	4085	3904	4193

咀嚼度是米饭在口中被咀嚼时，对上、下牙齿及舌头的接触面的黏着程度。表 3-12 为寒地粳米在不同储藏条件下咀嚼度的变化规律，从表中可以看出，在储藏 150 d 的过程中，寒地粳米米饭的咀嚼度会逐渐下降。空气储藏对咀嚼度的影响是最大的，其下降率可达 20.7%，其次是高温气调储藏方式对咀嚼度的影响。只有低温、低含水率的气调条件下对寒地粳米的咀嚼度变化率是最小的，其中当气调比例为 $CO_2:N_2=1:1$ 的气调条件对咀嚼度影响最小，变化率为 3.7% ($P<0.05$)。

表 3-12　不同储藏条件下寒地粳米咀嚼度的变化

储藏条件		储藏时间/d					
温度/℃	$CO_2:N_2$	0	40	80	120	160	200
15	1:0	1426	1397	1370	1373	1341	1338
15	1:4	1426	1421	1402	1381	1364	1351
15	1:1	1426	1416	1383	1335	1257	1296
15	1:4	1426	1399	1385	1349	1353	1335
15	0:1	1426	1388	1354	1367	1331	1352
5	1:0	1426	1418	1391	1398	1363	1359

续表

储藏条件		储藏时间/d					
温度/℃	$CO_2:N_2$	0	40	80	120	160	200
10	1:0	1426	1407	1382	1386	1352	1348
20	1:0	1426	1386	1359	1362	1330	1329
15	空气储藏	1426	1402	1331	1225	1034	1149
15	真空储藏	1426	1379	1341	1349	1305	1286

弹性是物体本身的一种特性，发生弹性形变后可以恢复原来的状态的一种性质。所以米饭的弹性就是指在米饭食用时被牙齿咀嚼一次后，再恢复到形变的之前形态的程度，同等时间下，恢复的程度越高，弹性越大，说明米饭的品质越好。由表 3-13 可以得出，在 200 d 的气调储藏过程中，寒地粳米的弹性普遍都有增大的趋势，但在高水分含量条件下，其变化不明显，得出水分含量是影响米饭弹性的主要因素，水分越高，蒸煮出来的米饭越软，弹性越差。而在常温储藏中，寒地粳米的弹性最低，变化先增后减，说明在储藏期间寒地粳米与空气直接接触，尽管淀粉的总含量变化不明显，但是淀粉中直链淀粉含量增加，是寒地粳米弹性降低的主要原因。

表 3-13 不同储藏条件下寒地粳米弹性的变化

储藏条件		储藏时间/d					
温度/℃	$CO_2:N_2$	0	40	80	120	160	200
15	1:0	0.635	0.742	0.765	0.799	0.822	0.859
15	3:2	0.635	0.724	0.743	0.811	0.859	0.878
15	1:1	0.635	0.756	0.777	0.788	0.822	0.855
15	2:3	0.635	0.734	0.826	0.781	0.815	0.846
15	0:1	0.635	0.692	0.807	0.825	0.779	0.824
5	1:0	0.635	0.721	0.753	0.782	0.801	0.837
10	1:0	0.635	0.731	0.754	0.793	0.812	0848
20	1:0	0.635	0.752	0.776	0.809	0.831	0.869
15	空气储藏	0.635	0.669	0.683	0.709	0.747	0.735
15	真空储藏	0.635	0.653	0.665	0.687	0.719	0.723

表 3-14 是寒地粳米在储藏期间食味评分分值的变化，无论在何种储藏条件下，评分分值都会随储藏时间的延长而降低，但是不同的储藏条件，所降低的分值也各不相同。空气储藏对寒地粳米的食味评分影响最大，分值降低了 7.58 分。在气调储藏条件中，温度是影响米饭食味评分的重要指标，过高的储藏温度会降低寒地粳米的品质，影响食味评分，气调的种类和比例对食味评分影响较小。

表 3-14 不同储藏条件下寒地粳米食味值的变化

储藏条件		储藏时间/d					
温度/℃	$CO_2 : N_2$	0	40	80	120	160	200
15	1:0	83.56	83.01	81.26	79.73	78.02	77.12
15	3:2	83.56	83.04	82.61	80.82	78.87	77.25
15	1:1	83.56	82.96	82.37	80.99	79.01	78.38
15	2:3	83.56	82.33	81.21	80.11	78.59	77.41
15	0:1	83.56	82.09	81.75	80.53	78.45	77.04
5	1:0	83.56	83.71	82.30	80.03	78.81	78.17
10	1:0	83.56	83.68	81.69	80.21	78.52	78.03
20	1:0	83.56	82.89	80.68	78.88	77.94	76.03
15	空气储藏	83.56	82.01	80.67	78.04	76.54	75.98
15	真空储藏	83.56	82.96	81.19	80.26	79.12	77.01

3.2.3.3 不同储藏条件下寒地粳米蒸煮品质与寒地粳米质构品质的相关性

寒地粳米在储藏后蒸煮特性指标、米饭质构特性及米饭蒸煮食味值之间的相关系数如表 3-15 所示，由表可以看出，且储藏时间与寒地粳米 pH 及米汤干物质呈极显著负相关，与寒地粳米吸水率和寒地粳米膨胀体积呈极显著正相关。储藏时间与米饭的硬度、弹性、咀嚼性食味值呈显著相关，且储藏时间与弹性、黏着性呈极显著负相关，与米饭的硬度、咀嚼性呈极显著正相关。米饭食味值与储藏时间、寒地粳米吸水率、寒地粳米膨胀体积、寒地粳米 pH 及米汤干物质呈极显著相关，米饭食味值与硬度、弹性、胶着性、黏着性呈极显著相关，与黏聚性和咀嚼性呈显著相关。表明寒地粳米蒸煮特性与米饭质构中的硬度、弹性、咀嚼度关系密切。米饭食味值与米汤干物质相关系数最高，达到 0.953。

表 3-15 寒地粳米蒸煮品质与寒地粳米质构品质、食味值的相关性

蒸煮品质	硬度	弹性	咀嚼度	食味值
吸水率	0.718*	0.783*	0.396	-0.952**
膨胀率	0.418	0.816*	0.579	0.637
米汤干物质	-0.327	-0.381	-0.557**	-0.953**
米汤的 pH	-0.249	-0.462	-0.634**	0.914**

注：*表示 $P<0.05$，显著。

通过试验数据可以得出不同储藏条件下的寒地粳米，在 200 d 的储藏期内，寒地粳米的各项质构和蒸煮品质均发生了变化，寒地粳米的硬度、弹性、吸水率、膨胀率均有不同程度的增加，黏度、黏着性、米汤干物质和米汤 pH 均有不同程度的减小。

通过对不同储藏条件下寒地粳米质构、蒸煮品质的测定及相关性研究，我们可以得出用物性测试仪测得的糙米硬度、黏度、黏着性、弹性与蒸煮品质中的吸水率、膨胀率、米汤 pH、米汤固形物指标之间存在显著的相关性。具体如下：寒地粳米的硬度、弹性与吸水率呈显著的正相关。相关系数分别为 0.718、0.783；寒地粳米的弹性和膨胀率呈显著的正相关，相关系数为 0.816。米饭的膨胀率表示米的弹性，膨胀率越寒地粳米饭的弹性越好；因此，可用硬度、咀嚼度、食味值、弹性等质构指标来评价寒地粳米的食用品质。

3.3 气调解除后寒地粳米品质及食用品质的变化影响

通过前面几章实验可得出在 15℃下，CO_2 和 N_2 气调比例为 1:1 的条件下储藏的寒地粳米品质效果既节能又能很好地减缓寒地粳米的陈化，气调可以有效的延长寒地粳米的保质期。但由于所有气调包装的寒地粳米在人们食用前均需解包，通常会经过一段时间食用完，因此，应跟踪研究气调解封后的寒地粳米品质变化探讨以及最终对食用品质的影响，进一步完善寒地粳米气调解除后的储藏方式。本章实验选取 15℃下，CO_2 和 N_2 气调比例为 1:1 的气调包装解封后放置于塑料编织袋中的寒地粳米并以真空和室温储藏的寒地粳米为对照，通过持续跟踪分析测定寒地粳米解封储藏过程中的其生理指标与质构食味指标变化，为解除气调后寒地粳米的安全储藏提供技术指导，并具有较大的实际应用价值。

3.3.1 材料与设备

3.3.1.1 原料

见表3-16。

表3-16 原料种类及来源

原料	来源
龙粳3号	黑龙江查哈阳

3.3.1.2 仪器与设备

实验仪器与设备见表3-17。

表3-17 主要仪器与设备

仪器名称	型号	生产厂家
可见分光光度计	722S	沈阳市博腾仪器设备有限公司
电子分析天平	BSA224S	德国赛多利斯公司
电热恒温水浴锅	HH-S4	常州市万合仪器制造有限公司
双目生物显微镜	XPV-25C/25D	上海普丹光学仪器有限公司
电热恒温培养箱	DHP-9272	上海一恒科技有限公司
电热恒温鼓风干燥箱	DGG-9070A	上海森信实验仪器有限公司

3.3.2 实验方法

3.3.2.1 寒地粳米样品处理

将气调包装寒地粳米样品解包，装入缝制好的纱袋中，每袋样品约为1 kg，存放于实验室环境，并以同期储藏的真空包装和自然包装用作对照实验，每隔10 d取各样品进行测定。

3.3.2.2 寒地粳米感官评定

GB/T 15682—1995方法是中国用于评价寒地粳米蒸煮食味所颁布的国家标准方法，通过对蒸煮后米饭的5项指标进行评价，综合反映寒地粳米的食味品质。这5项评价指标分别是：气味（0~25分）、光泽（0~10分）、外观结构（0~10分）、适口性（0~30分）和滋味（0~25分），分别对各项指标进行评分后，将分数相加，得到寒地粳米食味综合品质的评分。

于市面购买中等价位的商品寒地粳米,按照同样方法蒸煮后品尝对比,选择食味值中等的米样作为基准米。粳米和籼米的基准米应分别选择。

每个寒地粳米样品称量 20 g,置于铝盒中。铝盒中加入约 50 mL 蒸馏水,搅拌淘洗 1 次,沥净后再用 50 mL 蒸馏水冲洗 1 次,尽量倒干水。籼米按照 1:1.5 的比例添加蒸馏水 30 mL,粳米按照 1:1.2 的比例添加蒸馏水 24 mL,轻轻晃动铝盒,使米粒均匀地分布于盒底。电蒸锅中添入适量水,加热至沸腾后,将加盖的铝盒摆放至蒸屉上,每次放 5 个铝盒,包括 4 个评分样和 1 个基准样。之后继续加热并开始计时,蒸煮 40 min 后停止加热,焖 10 min。

品评人员为 10 人,均为食品科学专业的研究生。品尝时间设在午饭前 1 h 或午饭后 2 h,每一轮品尝的样品数为 5 个,将基准样与 4 个米样在长桌上依次摆放,品尝人员分别品尝并在分发的评分表上打分。品尝米样前后,品尝人员均应以温开水漱口,打分时禁止互相讨论。评分指标包括米饭的气味、外观结构、色泽、适口性及滋味,对照基准样进行评分。

根据每个品评人员的综合评分结果计算平均值。个别人员品评误差大者(超过平均值 10 分以上)舍弃,之后重新计算平均值。最后以综合评分的平均值作为法的评定结果,计算结果取整数。

3.3.3 结果与分析

3.3.3.1 不同储藏方式解封后对寒地粳米水分的变化

由图 3-28 可知,两寒地粳米样品的初始水分均较高,且气调大于真空包装,随储藏时间的延长水分含量逐渐降低。两寒地粳米样品在室温条件下的水分降低幅度较大,这是由于室温条件下寒地粳米样品受环境因素影响明显,室内储存期间为大庆冬天,天气较为干燥,湿度在 20%~60%RH 间变化,温度在 20℃ 左右变化,且大庆供暖,室内空气含水量更低,寒地粳米内部水分蒸气压较大,内部

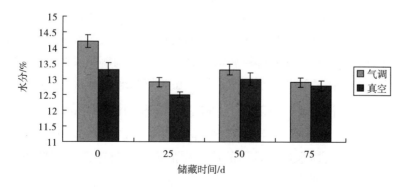

图 3-28 两组寒地粳米气调解除后对水分的变化

水分与外界环境之间发生水分交换，水分含量降低。两种样品寒地粳米变化相一致，随时间延长水分含量相近，气调解除失去保护，应在开封后尽快食用。

3.3.3.2 不同储藏方式解封后对寒地粳米的过氧化氢酶活性的变化

脂肪酸值是寒地粳米储藏中品质发生明显变化的重要指标之一。由图3-29可知气调解封后的寒地粳米和真空解除后的寒地粳米在室温环境储藏期间脂肪酸值均随着储藏时间的延长而逐渐增加。其中气调解封后的寒地粳米脂肪酸增长较快是因为在气调储藏期间水分保持比其他高，解封后湿度高，所以加快了劣变反应。在50 d时对于真空解封后的寒地粳米没有优势，所以在气调解封后的25 d内应尽快食用，而对于自然条件下的空气储藏其脂肪酸含量有所下降是因为其寒地粳米已经劣变到一定程度，这与朱星晔的研究结果一致。

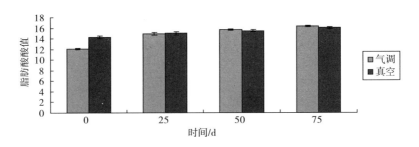

图3-29 两组寒地粳米气调解除后脂肪酸值的变化

3.3.3.3 不同储藏方式解封后对寒地粳米的过氧化氢酶活性的变化

干燥的寒地粳米，在储藏过程中亦有呼吸作用，呼吸过程会产生影响寒地粳米品质的过氧化氢，过氧化氢酶（hydrogen peroxidase activity，HPA）属于氧化还原酶，HPA对过氧化氢具有破坏作用，因此HPA含量的高低对寒地粳米籽粒活力的作用影响很大。气调解封的储藏过程中，从图3-30体现了解封后不同包装组下HAP活性随时间的变化，总的来讲，HPA活性越来越低，且在储藏时的前25 d下降速率较为剧烈，随后下降趋势逐渐缓慢。这是因为在气调时能够对其保护使其有较高活性，并且气调解封后水分蒸发快，气调解封又失去保护，使其加速反应，并且过氧化氢酶活性不可逆，因此在解封寒地粳米后应尽快食用。

3.3.3.4 不同储藏方式解封后对寒地粳米的还原糖的变化

如图3-31所示，在解封后寒地粳米样品的还原糖在25 d内都增加较快此现象说明储藏前期寒地粳米具有较高的淀粉酶活力，分解生成还原糖的能力较强，储藏50 d后还原糖下降是因为淀粉酶活力逐渐降低，分解淀粉为还原糖能力降低，而寒地粳米本身的生命活动需消耗一定量的还原糖，所以储藏后期的还原糖

第 3 章 不同储藏条件对寒地粳米品质稳定性及感官影响的研究

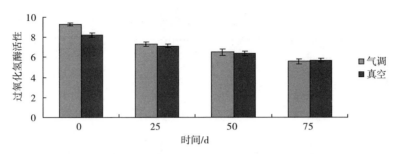

图 3-30 两种寒地粳米气调解除过氧化氢酶活性的变化

含量会有所下降,说明环境氧气浓度及温度对寒地粳米还原糖含量的影响明显,气调解封寒地粳米样品不再接受保护,与氧气接触加速了品质的劣变,因此开封后应尽量在短时间内食用寒地粳米。

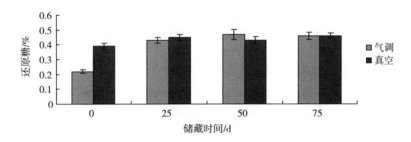

图 3-31 两种寒地粳米气调解除后还原糖含量的变化

3.3.4 不同储藏方式解封后对寒地粳米质构性质影响

样品解封后在不同储藏条件下蒸煮后质构特性参数变化如图 3-32～图 3-34 所示,两样品硬度随着储藏时间延长呈逐渐增加趋势变化,储藏过程中真空样品

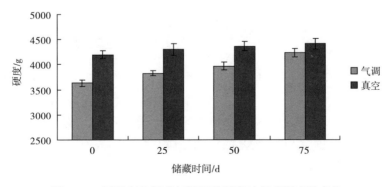

图 3-32 两种寒地粳米气调解除后寒地粳米硬度的变化

变化范围和平均值大于气调样品，表明寒地粳米包装类型对其有一定影响。对于气调样品和室温储藏真空样品的整个储藏期间各条件间交叉明显，表明储藏条件对其硬度影响差异不明显。但解封后样品在各储藏条件下的硬度都呈升高趋势，表明储藏时间和温度对其有一定影响。

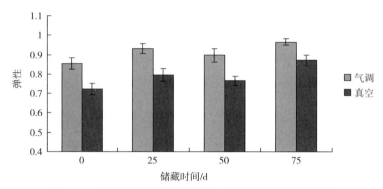

图 3-33　两种寒地粳米气调解除后寒地粳米弹性的变化

由图 3-33 可知两种样品弹性在储藏期间的变化，表明两种寒地粳米弹性在一个小范围内波动，而两种寒地粳米弹性平均值都减小说明弹性有减小趋势。两种样品的凝聚性随储藏时间的变化与弹性相似，整体有减小趋势。

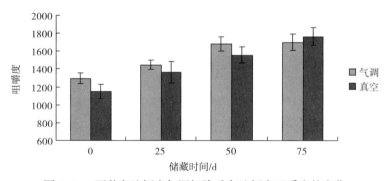

图 3-34　两种寒地粳米气调解除后寒地粳米咀嚼度的变化

如图 3-34 所示，气调寒地粳米的咀嚼性在室温储藏条件下呈现升高的趋势，真空样品咀嚼性初始值大于充 CO_2 气调样品初始值，分别为 1148.8 和 1690.9，储藏条件下呈现下降的趋势，室温条件下咀嚼性稍微升高，说明气调解除后寒地粳米食味品质有增加。但寒地粳米的食味品质与多种因素有关，应同其他指标结合评价寒地粳米食味品质。

3.3.5 不同储藏方式解封后对寒地粳米感官评定及食味的变化影响

3.3.5.1 不同储藏方式解封后对寒地粳米的食味值检测

由图3-35可以看出两种寒地粳米感官综合评分整体随储藏时间延长呈下降趋势。变化较快的是气调条件下的寒地粳米，在储藏到50 d时感官评分均低于70分，已属于不宜存。在储藏期内各储藏条件间没有交叉，说明高温下存储的寒地粳米品质劣变较快。较真空样品的食味值下降时间短，说明气调储藏样品解包后寒地粳米劣变速度较快，不易长期储存，解包后应尽快食用。

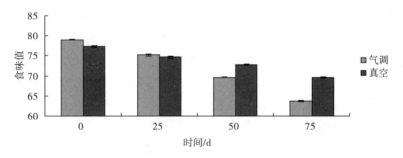

图3-35 两种寒地粳米气调解除后食味值得变化

3.3.5.2 不同储藏方式解封后对寒地粳米的感官评价

如图3-36所示，从感官评定后各样品的平均综合得分情况来看，气调包装和真空包装解封下的寒地粳米在25d内都具有较高的评分，在50 d以后气调包装的感官评分要比真空包装的稍高，感官评定要比食味仪的分数下降快说明解封后不能够较长期有效地保持寒地粳米的食味品质。人们对食物可能要从感官上更敏感。由于品评人员的年龄、性别以及地域的不同会使感官评价的结果产生较大的差异，米饭的食味品质也就较难评价，我国在建立从不同角度评价米饭食味品质

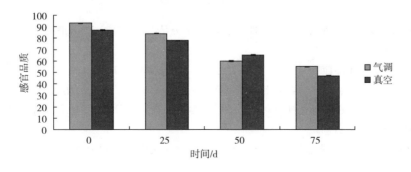

图3-36 两种寒地粳米气调解除后感官评价的变化

的指标方面也进行了大量的研究。通过将感官评定的结果与寒地粳米各储藏品质指标进行相关性分析,使食味品质的评价可以由一些储藏品质指标来代替,以期为寒地粳米品质的评价提供一定的依据。

综上所述,通过食味仪和感官评价对寒地粳米的食用品质评分水平相符合。温湿度越高,食用品质越差,食味就越差。所以寒地粳米储存时尽量用较低的温度储藏,且气调包装寒地粳米解包后应尽快食用。

3.3.6 气调解封后室温条件下寒地粳米虫害发生发展变化

CO_2气调能胁迫害虫体内的生理生化反应发生改变,利用CO_2气调可取得理想的杀虫效果,还可以抑菌防霉,延缓寒地粳米品质劣变。解除气调后抑制作用消失,虫害、微生物会在合适的温湿度条件下发生发展。两寒地粳米在室温储藏中发现前期危害寒地粳米的主要是麦蛾和麦蛾幼虫。该条件从储藏的第 2 个月开始,出现为数不多的玉米象。由于大庆室内温度下降,害虫数量减少,蛀蚀寒地粳米能力降低。原因可能是容器内玉米象较少,加上室内温湿度较低,抑制了害虫的生理活动,致使害虫发生感染、繁殖的能力降低。

解封后的寒地粳米脂肪酸值、还原糖值都随储藏时间延长逐渐增加,过氧化氢酶活性和水分会有所下降,且气调解封后寒地粳米比真空解封寒地粳米敏感,解封后一月内食用比较理想。两寒地粳米样品在 75 d 的储藏中米饭食味均下降,较真空包装相比,气调包装解封后食味评分均下降较快,其中在 50 d 时就已下降 70 分以下,不宜长期储藏,解包后应尽快食用。气调能有效地抑制霉菌的生长繁殖,防止寒地粳米发生陈变、发霉、生虫等现象,保持寒地粳米的新鲜色泽,然而解除包装后寒地粳米其抑制作用消失,微生物在合适的温湿度下又开始增长,高温、高湿条件下增长速度大于室温储藏。

◆参考文献◆

[1] 郭兴凤,慕运动. 蒸煮寒地粳米质构特性测定方法分析 [J]. 中国粮油学报,2006,26 (2):9-11.

[2] 刘英. 陈化稻米品质的研究 [J]. 粮食与饲料工业,2004 (12):1-4.

[3] 沈国成,关军锋,等. 植物衰老生理与分子生物学 [M]. 北京:中国农业出版社,2001.

[4] 周显青,张玉荣,王峰. 粳稻新鲜度敏感指标的筛选及其验证 [J]. 河南工业大学学报,2008,28 (4):11-12.

[5] 李宏洋,王若兰,胡连荣. 不同储藏条件下糙米品质变化研究 [J]. 粮食储藏,2007 (4):38-41.

[6] 张瑛. 稻谷储藏过程中理化特性变化的研究 [J]. 中国粮油学报,2003,6 (18):20-28.

［7］ Adriana Laca, Zoe Mousia. Distribution of microbial contamination within cereal grains［J］. Journal of Food Engineering, 2006（72）: 332-338.

［8］ 廖权辉, 何淑英, 沈周秦. 储藏真菌对寒地粳米品质劣变及精谷发芽率的影响［J］. 粮食储藏, 1987（5）: 16-24.

［9］ 张玉荣, 周显青, 王峰. 粳稻新鲜度敏感指标的筛选及其验证［J］. 中国粮油学报, 2008, 23（4）: 9-13.

［10］ 谢宏, 李新华, 王帅. 密封小包装内气体环境对寒地粳米储藏效果的影响［J］. 食品科技, 2007（7）: 228-230.

［11］ 徐雪萌, 王卫荣, 刘国锋. 结合流通环境对寒地粳米真空包装技术的研究［J］. 包装工程, 2005（2）: 85-87.

［12］ 潘巨忠, 陈丽, 李喜宏, 等. 寒地粳米气调储藏保鲜研究［J］. 保鲜与加工, 2005（3）: 27-29.

［13］ 霍雨霞. 寒地粳米气调储藏及脂类变化研究［D］. 天津: 天津科技大学, 2010.

［14］ 阳仲秋, 林亲录, 程小续. 寒地粳米储藏的研究进展［J］. 食品科技, 2010（1）: 164-167.

［15］ GB/T 24896—2010, 粮油检验 稻谷水分含量测定近红外法［S］.

［16］ GB/T 21719—2008, 稻谷整精米率检验法［S］.

［17］ 门艳忠, 王福林. 糙米加湿通风调质过程中吸湿率影响因素研究［J］. 农机化研究, 2010（3）: 177-179.

［18］ Schluterman D A, Siebenmorgen T J. Relating Rough Rice Moisture Content Reduction and Tempering Duration To Head Rice Yield Reduction［J］. Department of Food Science, 2007: 137-142.

［19］ Myers W R. Response surface methodology［M］. Encycloedia of biopharmaceutical statistics. New York: Marcel Dekker, 2003: 858-869.

［20］ Plackett R L, Burman J P. The design of optimum multifactorial experiments［J］. Biometrika, 2007, 33: 305-325.

［21］ GB/T 21305—2007, 谷物及谷物制品水分的测定常规法［S］.

［22］ GB/T 5009.9—2003, 食品中淀粉的测定［S］.

［23］ GB/T 5513—2008, 粮油检验 粮油中还原糖和非还原糖测定［S］.

［24］ GB/T 20569—2006, 稻谷储存品质判定规则［S］.

［25］ 陈玮, 李喜宏, 胡云峰. 人工模拟和过夏储藏条件对寒地粳米脂肪酸的变化研究［J］. 粮食加工, 2006（5）: 65-67.

［26］ 霍雨霞, 李喜宏, 张兴亮, 等. 不同气调储存条件对寒地粳米脂类变化的影响［J］. 粮食加工, 2009（10）: 96-99.

［27］ 高影, 杨建新, 陈兰, 等. 不同水分、温度条件下 CO_2 浓度对寒地粳米品质的影响［J］. 粮食储藏, 1997, 26（1）: 3-14.

［28］ 于莉, 陈丽, 马骏, 等. 不同气调储藏方式下寒地粳米陈化过程中的品质变化［J］. 粮

油加工,2007(8):96-98.

[29] 付鹏,程叶真,洪陈兰.寒地粳米低温储藏品质变化规律研究[J].粮食储藏,2010(1):17-20.

[30] 王若兰,田书普,谭永清.不同储藏条件下糙米保鲜效果的研究[J].郑州工程学院学报,2001,22(2):31-34.

[31] 高影,杨建新,邬键纯,等.不同水分、温度条件下CO_2浓度对寒地粳米品质的影响[J].粮食储藏,1997(1):3-14.

第4章
储藏过程中整米碎米品质对米粉品质变化的影响研究

4.1 不同储藏条件对米粉理化指标的影响研究

采用不同的储藏温度与方法，探讨它们对寒地粳米理化性质变化的影响。通过研究储藏后寒地粳米的水分、脂肪、蛋白质、总淀粉、直链淀粉含量的变化，选择较为良好的储藏方式，为米粉原料的储藏方式提供有利的依据。

4.1.1 实验材料与设备

4.1.1.1 实验原料

见表4-1。

表4-1 原料和来源

原料	来源	原料	来源
茴香整米	黑龙江绥化	超北1号碎米	黑龙江绥化
茴香碎米	黑龙江绥化	绥粳10整米	黑龙江绥化
超北1号整米	黑龙江绥化	绥粳10整米	黑龙江绥化

4.1.1.2 仪器与设备

见表4-2。

表4-2 主要仪器与设备

仪器名称	型号	来源
电子分析天平	FZ-2004	深圳市良谊实验室仪器有限公司
电热恒温水浴锅电热恒	HH-S4	上海森信实验仪器有限公司

续表

仪器名称	型号	来源
温鼓风干燥箱	DGG-9070A	上海森信实验仪器有限公司
粉碎机	LD-100	广西旭众旭朗机械设备
脂肪测定仪	SZC-C	上海纤检仪器有限公司
近红外谷物品质分析仪	FOSS	上海瑞玢国际贸易有限公司

4.1.2 实验方法

4.1.2.1 寒地粳米储藏前期处理

小包装储藏，500 g/袋，样品储藏期为 240 d，隔 30 d 进行检测。检测指标包括：寒地粳米水分、总淀粉、脂肪、蛋白质以及直链淀粉含量的测定。以 4℃ 与室温为储藏温度进行气调与非气调（密封）储藏。

4.1.2.2 寒地粳米水分含量的测定

FOSS 近红外谷物分析仪测定。

4.1.2.3 寒地粳米脂肪含量的测定

脂肪含量的测定，参照 GB/T 512—2008。

4.1.2.4 寒地粳米总淀粉含量的测定

参照 GB/T 5514—2008 的方法

4.1.2.5 直链淀粉含量的测定

FOSS 近红外谷物分析仪测定。

4.1.2.6 寒地粳米蛋白含量的测定

FOSS 近红外谷物分析仪测定。

4.1.2.7 寒地粳米溶解性及润胀性测定

样品的润胀性（SP）和溶解性（S）采用 Shifeng Yu 等的方法。500 mg 样品（干基）加入 20 mL 蒸馏水，90℃ 下加热 30 min，冷却至室温，2600×g 下离心 15 min，上清液移出到已知重量玻璃平皿中，105℃ 下干燥至恒重，称重，沉淀用于 SP 的测定，计算公式如下：

$$S(\%) = \frac{W_r}{W} \times 100 \tag{4-1}$$

$$SP(\%) = \frac{W_t}{W - W_r} \times 100 \tag{4-2}$$

式中：W_t——湿沉淀的重量（mg）；
　　　W_r——干燥后上清液的重量（mg）；
　　　W——样品的重量（mg）。

4.1.3 结果与分析

4.1.3.1 不同储藏条件下米粉中水分含量的变化规律

寒地粳米的主要组成为淀粉，水分次之，约为总含量的15%，寒地粳米脱壳后，由于余下部分含有较多的亲水物质，故而寒地粳米的吸水能力也随之增强。在储藏期间米水分含量变化各不同，这与寒地粳米的呼吸、消耗、代谢等作用息息相关，同时与周围环境的温度、湿度也有着不可或缺的关系。

（1）气调储藏下米粉水分的变化。由图4-1、图4-2可知，随着储藏时间增长，水分含量减少。在室温下，整米密封与气调储藏时，水分分别从16.2%降到13.1%、13.4%，$P=0.697>0.05$ 差异不显著。碎米密封与气调储藏条件下，水分从14.7%降到9.1%、9.3%，$P=0.680>0.05$ 差异不显著；整米与碎米 $P=0.120>0.05$ 变化差异不显著。说明气调对水分无影响。

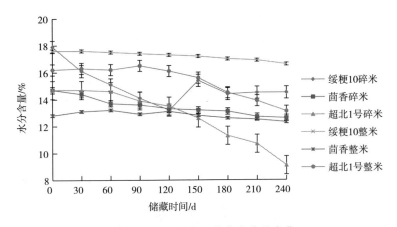

图4-1 室温下密封储藏水分的变化

（2）不同储藏温度下寒地粳米中水分含量的变化。不同温度条件下样品变化比较明显，4℃时样品的含水量先变大后变小的趋势。室温时的样品水分含量都有减少的趋势，可能是寒地粳米本身的呼吸作用、微生物的生物降解等作用，消耗了一部分水分，故而令含水量小幅度地流失。同种温度下的气调与密封储藏对寒地粳米粉的水分含量变化稍有区别，4℃时气调条件下的样品水分变化的幅度较室温小，由于厌氧微生物呼吸作用大于好氧微生物，利用了部分水分。

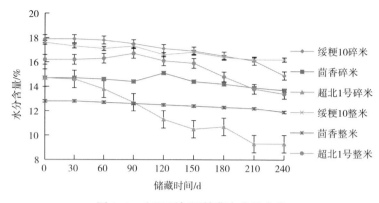

图 4-2 室温下气调储藏水分的变化

由图 4-2、图 4-3 可知,室温下水分含量随着储藏时间增长而减少。密封储藏整米室温下水分从 16.2% 降到 13.1%,4℃储藏条件降到 15.8%,$P=0.015<0.05$,差异显著。碎米从 14.7% 到 9.1%、14.3%,$P=0.023<0.05$,差异显著,说明温度对水分影响大。整米与碎米间变化 $P=0.055>0.05$,差异不显著。

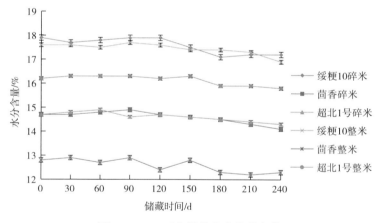

图 4-3 4℃下密封储藏水分的变化

4.1.3.2 不同储藏条件中米粉脂肪含量的变化规律

寒地粳米中脂肪含量虽然比较少,约 1%,在酶作用下分解成甘油及脂肪酸,导致游离脂肪酸变多。脂质影响寒地粳米储藏品质的变化,截至目前,普遍专家学者认为这是导致陈化最普遍的因素。这主要是由于寒地粳米在储藏过程中,内部脂质极不稳定,尤其在高温天气,与蛋白质和淀粉相比,脂质溶解迅速。通常情况下,从碾米过程开始,寒地粳米脂肪酸开始积累,储藏一段时间后将导致脂肪酸败,国内外学者对存储寒地粳米中的脂肪酸进行观察,结果表明三酰基甘油酯在储藏期间发生降解。这些变化涉及脂质的水解产生游离脂肪酸，氧化脂质产生过氧化物等二代产物。室温下，粗脂肪会随着储藏时间增长有所减少。各储藏方式相对比，室温时最小。寒地粳米是有机体，故其生命活动并未消失。脂肪，可以为有机体新陈代谢提供能量，所以，由于某些酶的影响慢慢减少。另外还有一个原因可导致其减少，由于光合作用，发生水解和氧化作用。

（1）气调储藏下寒地粳米粉中脂肪含量的变化。由图4-4、图4-5可知，储藏环境温度越低脂肪酶活性减小，粗脂肪含量改变得越慢，放慢了米样的陈化。环境温度低，微生物及寒地粳米本身的生命活动受到阻碍，导致粗脂肪改变减小。

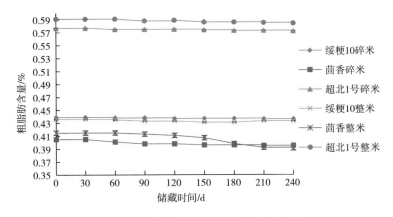

图4-4 室温密封储藏粗脂肪含量的变化

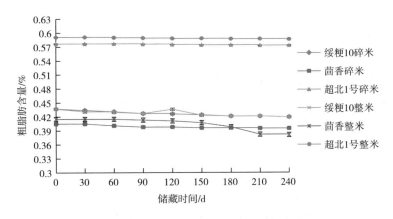

图4-5 室温气调储藏粗脂肪含量的变化

随着储藏时间的增长粗脂肪含量下降，在室温下，整米密封与气调储藏条件下水分含量分别从0.591%降到0.583%、0.582%，$P=0.898>0.05$差异不显著。

碎米密封与气调储藏条件下水分从0.577%降到0.571%、0.572%，$P=0.564>0.05$差异不显著，说明气调对粗脂肪影响较小。整米、碎米变化差异不明显。气调状态下的粗脂肪比空气状态下变化小，可能是由于气调状态下阻碍了样品中微生物的存活，同时样品本身的氧化呼吸也减慢了，由于氧气含量降低，混合气体在样品表面形成了保护层，从而使粗脂肪变化较小。

（2）不同温度下寒地粳米中脂肪含量的变化。由图4-4、图4-6可知，室温时粗脂肪随着储藏时间增长而减少。4℃相反，可能是储存环境湿度大导致了密封袋内的空气湿度变大，寒地粳米吸收空气中的水分。密封储藏整米室温下水分从0.591%降到0.583%，4℃储藏条件从0.591%降到0.586%，$P=0.118>0.05$，差异不明显，说明温度对脂肪没有影响。经差异性分析无论气调还是空气整米与碎米变化差异均不显著。

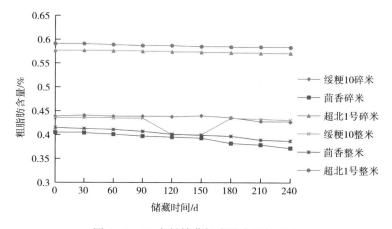

图4-6　4℃密封储藏粗脂肪含量的变化

4.1.3.3　不同储藏条件下米粉中总淀粉含量的变化规律

寒地粳米组成成分中70%~85%都是淀粉，在储藏过程中淀粉的代谢活动一直没有停止。淀粉酶将淀粉酶解，代谢过程中释放的能量，可为代谢活动提供能量，这就是在储藏期间总淀粉逐渐变少的主要原因之一。在人们的日常生活中，这种富含碳水化合物的高淀粉类食物是我们主要的供能来源，我们多以其为主食。同时淀粉颗粒的组成又可细分为支链与直链淀粉分子，支链淀粉主要由规则的结晶区域和不规则的非结晶区域结合而成，然而螺旋结构则是直链淀粉的主要存在形式。在储藏期间，淀粉变化并非十分明显，但是一般过夏的储粮，寒地粳米淀粉的变化比较大，其中储粮稳定性的反应指标之一就是寒地粳米中淀粉含量变化程度。有关淀粉与直链淀粉变化，国内外学者都有相关研究：在检测寒地粳米陈化因素时发现,直链淀粉虽然有所增长,但是增长的幅度非常小。

(1) 气调储藏下总淀粉含量的变化。由图4-7、图4-8可知,总淀粉含量减少,由于寒地粳米本身呼吸作用利用了碳水化合物,令淀粉含量减少。室温时,整米密封与气调储藏条件时水分含量分别从69.4%降到66.1%、67.8%,$P=0.034<0.05$差异显著。碎米密封与气调储藏条件下总淀粉含量从72.2%降到64.1%、67.1%,$P=0.036<0.05$差异显著。室温空气条件下整米较碎米变化缓慢,经显著性检验,$P=0.003<0.05$差异显著。气调储藏时$P=0.029<0.05$差异显著,气调条件下整米、碎米变化差异并不显著。说明气调对总淀粉影响较大,能有效地抑制寒地粳米的呼吸作用,以及微生物的生物降解作用。

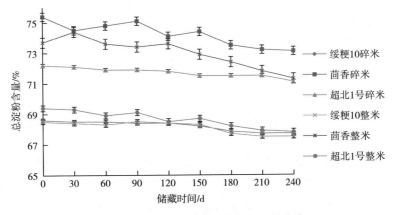

图4-7 室温密封储藏总淀粉含量的变化

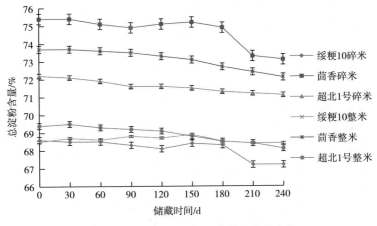

图4-8 室温气调储藏总淀粉含量的变化

(2) 不同储藏温度下总淀粉含量变化。由图4-7、图4-9可知,在4℃下总淀粉含量随着储藏时间的增长是逐渐下降的,密封储藏整米室温下 69.4%降到 66.1%、67.8%,4℃储藏条件从 69.4%降到 68.1%,$P=0.014<0.05$,差异显著,表示温度影响了对总淀粉变化。4℃时,密封整米较碎米变化缓慢,经显著性分析 $P=0.001<0.05$ 差异显著,气调 $P=0.003<0.05$ 差异显著。

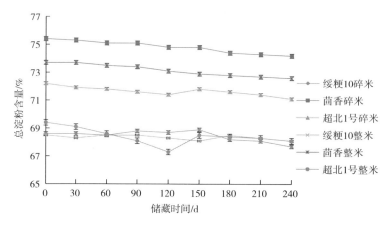

图 4-9 4℃密封储藏总淀粉含量的变化

4.1.3.4 不同储藏条件下米粉中直链淀粉含量的变化规律

寒地粳米淀粉,由支链淀粉、直链淀粉组成,可作为寒地粳米是否能够食用的主要评价标准,按照 IRRI(国际寒地粳米研究所)可把直链淀粉分为 4 种级别。①极低直链淀粉,其含量低于 2%;②低直链淀粉,含量在 10%~20%之间;③中直链淀粉,含量处于 20%~25%之间;④高直链淀粉,含量高于 25%。

(1)气调储藏下寒地粳米中直链淀粉含量的变化。由图 4-10、图 4-11 可

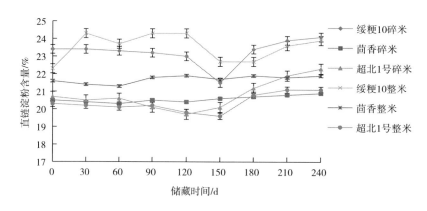

图 4-10 室温气调储藏直链淀粉含量的变化

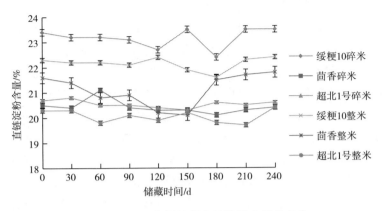

图 4-11 室温密封储藏直链淀粉含量的变化

知,室温时直链淀粉含量变大,因为淀粉中的支链淀粉在脱支酶的作用下一部分支链淀粉转化成直链淀粉导致其变多,气调条件下增大得较少。室温时,整米密封与气调储藏条件下含量分别从 20.3% 升高至 20.7%、21.1%, $P=0.044<0.05$ 差异显著;$P=0.154>0.05$ 整米与碎米间差异不显著;$P=0.213>0.05$ 整米间差异不显著;$P=0.153>0.05$ 碎米间差异不显著。

(2) 不同储藏温度下寒地粳米中直链淀粉含量的变化。由图 4-11、图 4-12 可知,在密封储藏下,整米室温条件直链淀粉从 20.3% 上升至 20.7%。4℃ 时从 20.3% 升高到 20.4% 变化并不大,经差异性分析 $P=0.016<0.05$ 差异显著,低温可抑制直链淀粉的增加。4℃ 密封储藏整米与碎米经差异性分析,$P=0.021<0.05$ 差异显著,气调下 $P=0.022<0.05$ 差异显著。

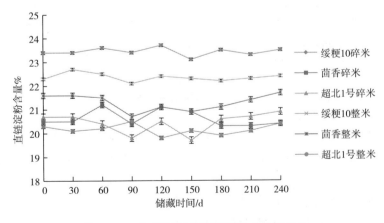

图 4-12 4℃密封储藏直链淀粉含量的变化

4.1.3.5 不同储藏条件下米粉中蛋白质含量的变化规律

蛋白无疑是米粉的重要组成成分，它约为寒地粳米总重9%。并且在纯天然植物蛋白中，寒地粳米蛋白的生物价很高，约在85%，确实要比大豆（40%）、小麦（30%）等谷物高很多。经过长期连续的调查探讨，我们发现米蛋白的营养价值与动物蛋白相差无几，在谷物蛋白中名列前茅。同时，经过实验验证，寒地粳米在室温和4℃条件下储藏一定时间后，蛋白质受空气、光、湿度等作用，其结构发生断裂，内部巯基（-SH）由于氧化作用形成不易溶性二硫键（-S-S-）。致使盐溶性蛋白明显减少，然而总的蛋白无明显变化。赵学伟发现，寒地粳米陈化的期间，非淀粉粒蛋白与淀粉之间相互影响加强。由于这个作用的加强，让更多的淀粉分子与这部分蛋白质结合，迫使蛋白质不能从淀粉颗粒中游离出来，从而降低了黏度，正是由于盐溶性蛋白含量减少，才导致陈化米蛋白减少。

（1）气调储藏下寒地粳米粉中蛋白质含量的变化。由图4-13、图4-14可知，室温下蛋白含量下降，在室温下，整米密封与气调储藏条件下蛋白质含量分别从7.2%降到6.1%、6.3%，$P=0.841>0.05$差异不显著，碎米密封与气调储藏条件下蛋白质含量从7.1%降到6.1%、6.1%，$P=0.854>0.05$差异不显著。因此，气调对蛋白变化影响不大。

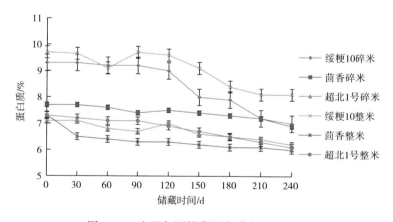

图4-13 室温气调储藏蛋白质含量的变化

（2）不同储藏温度下寒地粳米中蛋白质含量的变化。由图4-14、图4-15可知，整米室温密封储藏条件下蛋白质含量分别从7.2%降到6.1%，4℃下，从7.2%降到6.7%，$P=0.403>0.05$差异不显著，说明温度对蛋白含量变化不显著；室温与4℃储藏时碎米蛋白质含量从7.1%降到6.1%、6.3%，$P=0.734>0.05$差异不显著。4℃密封储藏，整米虽然较碎米变化缓慢但经差异性分析，$P=0.301>0.05$差异不显著。

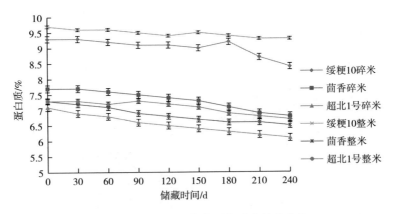

图 4-14　室温密封储藏蛋白质含量的变化

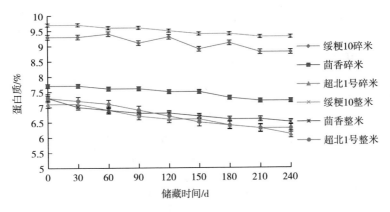

图 4-15　4℃密封储藏蛋白质含量的变化

4.1.3.6　不同储藏条件下米粉溶解性的变化规律

（1）气调储藏下寒地粳米粉溶解性的变化。由图 4-16、图 4-17 可知，室温下溶解性下降，在室温下，整米在密封与气调储藏条件下米粉溶解性从 17.3% 降到 6.5%、7.7%，$P=0.836>0.05$ 差异不显著；碎米米粉在密封与气调储藏条件下溶解性从 15.3% 降到 6.3%、7.7%，$P=0.641>0.05$ 差异不显著。整米与碎米，$P=0.285>0.05$ 差异不显著。这说明，气调对米粉的溶解性影响无显著性。

（2）不同储藏温度下寒地粳米溶解性的变化。由图 4-16、图 4-18 可知，整米室温密封储藏条件下溶解性从 17.3% 降到 6.5%，4℃下从 17.3% 降到 7.9%，$P=0.663>0.05$ 差异不显著，说明温度对溶解性变化不显著；碎米从 15.3% 降到 6.3%、8.5%，$P=0.641>0.05$ 差异不显著。由此可知，整米虽然较碎米变化缓慢但经显著性分析，$P=0.662>0.05$ 差异不显著。这说明，温度对整米与碎米米粉的溶解性影响并不大。

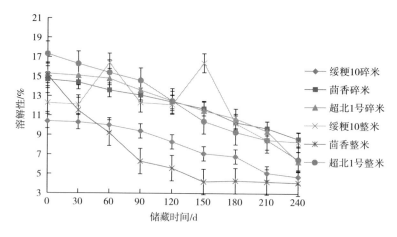

图 4-16 室温密封储藏米粉溶解性的变化

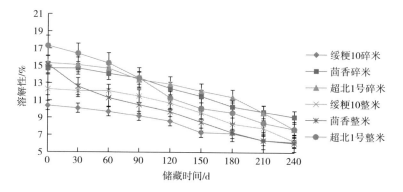

图 4-17 室温气调储藏米粉溶解性的变化

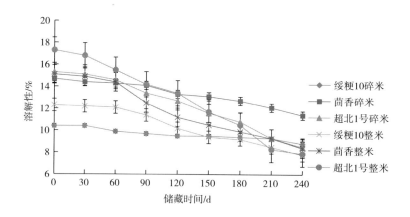

图 4-18 4℃密封储藏米粉溶解性的变化

4.1.3.7 不同储藏条件下米粉润胀性的变化规律

（1）气调储藏下寒地粳米粉润胀性的变化。由图 4-19、图 4-20 可知，室温下米粉润胀性下降，在室温下，整米密封与气调储藏条件下润胀性分别从 1324.6% 降到 501.3%、637.5%，$P=0.621>0.05$ 差异不显著；碎米密封与气调储藏条件下润胀性从 1345.1% 降到 571.21%、666.8%，$P=0.555>0.05$ 差异不显著。整米与碎米，$P=0.997>0.05$。说明气调对米粉润胀性无作用。

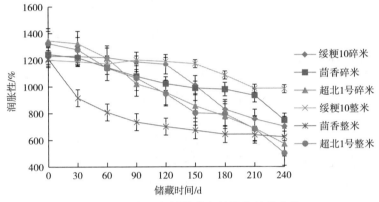

图 4-19 室温密封储藏米粉润胀性的变化

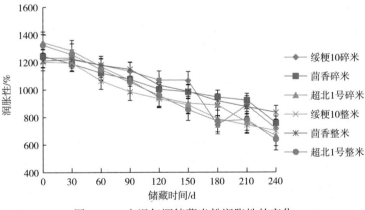

图 4-20 室温气调储藏米粉润胀性的变化

（2）不同储藏温度下寒地粳米润胀性的变化。由图 4-19、图 4-21 可知，整米室温密封储藏条件下润胀性分别从 1324.6% 降到 501.3%，4℃下，从 1324.6% 降到 621.1%，$P=0.776>0.05$ 差异不显著；碎米 1345.1% 降到 571.21%、771.2%，$P=0.488>0.05$ 差异不显著。这说明温度对润胀性变化显著。4℃ 密封储藏，整米与碎米变化经显著性分析，$P=0.690>0.05$ 差异不显著。这说明整米与碎米米粉的润胀性受温度影响小。

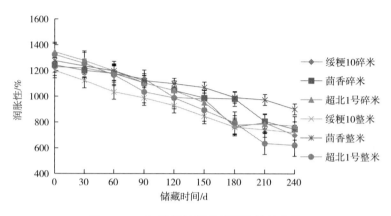

图 4-21 4℃密封储藏米粉润胀性的变化

将寒地粳米用小包装包装，包装完毕将其储藏。储藏条件为，选用室温和 4℃两个温度进行气调、密封储藏，对寒地粳米进行 240 d 的储藏试验，对储藏过程中寒地粳米的水分含量变化、直链淀粉含量变化、总淀粉含量变化等，进行记录研究。

寒地粳米水分含量的变化情况如下，在 4℃时的样品米的含水量有微微上升的趋势。但在室温时的样品米含水量减少，整米水分含量变化要比碎米变化缓慢，但是气调条件对含水量变化的影响不是很明显。脂肪含量变化是将这几种不同储藏方式下的样品米进行对比可知，三种米的整米和碎米脂肪含量几乎没有变化，密封储藏条件下寒地粳米的脂肪含量变化最大。总淀粉含量变化是在不同储藏方式下的寒地粳米在储藏 240 d 后，其淀粉含量下降，当中变化最大的当属绥粳 10，其整米淀粉从 69.4% 下降至 66.1%，下降率为 4.8%。碎米淀粉从 72.2% 下降至 64.1%，降低率为 11.2%，4℃气调储藏时米总淀粉变化最小。应用 SPSS 进行显著性分析得到，四种储藏方式下，三种米的整米间 $P=0.00<0.05$ 差异显著，碎米间 $P=0.00<0.05$ 差异显著，由此可知 4℃气调储藏对寒地粳米的储藏有较好的效果。直链淀粉含量的变化是在 240 d 储藏期间内，不同储藏条件下的样品直链淀粉都在 19.8%~23.5% 之间变动。其中，室温下密封储藏的绥粳 10 样品增加幅度最大，碎米从 20.7% 增加到 22.3%，增长率为 3.94%；整米从 20.3% 增加到 21.1%，增长率为 7.73%。将四种储藏方式的寒地粳米直链淀粉，进行显著性分析，样品直链淀粉存在显著性差异（$P<0.05$），其中 4℃气调储藏时的效果较好。蛋白质含量变化是储藏期间，不同储藏条件下的寒地粳米样品蛋白质含量都在 9.3%~6.1% 之间波动。其中，室温密封储藏的超北 1 号减小幅度最大，整

米从 7.3% 下降到 6.1%，下降了 1.2%，碎米从 7.1% 下降到 6.2%，下降了 0.9%。将蛋白含量进行差异性分析，四种储藏方式的蛋白含量无差异（$P>0.05$），所以储藏方式对蛋白质含量变化的影响并不大。

溶解性及润胀性变化是三种米的起始溶解性在 10.4%～17.3% 之间，经过储藏后溶解性在减小，并在 4.1%～8.6% 之间波动。但是经过差异性分析，三种米整米的差异不显著（$P>0.05$），碎米的差异也不显著（$P>0.05$）。这说明，储藏方式对于米粉溶解性没有作用。三种米的起始溶解性在 1345.1%～1201% 之间，经过储藏后润胀性在减小，并在 501.3%～982.1% 之间波动。但是经过显著性分析，三种米整米的差异不显著（$P>0.05$），碎米的差异也不显著（$P>0.05$）。这说明，储藏方式于米粉润胀性没有作用。

4.2 储藏期间米粉功能特性的研究

米粉的功能特性包括：糊化、老化等。影响这些特性的因素有很多，主要是样品自身性质，有水分、蛋白质等物质含量的变化，随着这些基本性质的变化，米粉的功能特性有多种程度的改变。

本章借助 RVA、DSC 等仪器，研究米粉储藏过程中的特性变化影响，进行比较。试验结果可作为米粉类食品在加工预糊化过程中的性能、感官品质等提供理论根据，并为米粉回生、老化特性的影响，新产品开发打下基础。

4.2.1 材料与设备

4.2.1.1 主要实验材料

寒地粳米粉碎过 100 目筛的寒地粳米粉、蒸馏水。

4.2.1.2 主要实验设备

见表 4-3。

表 4-3 实验仪器

仪器名称	生产厂家
RVA4500 快速黏度分析仪	瑞典波通仪器公司
DSC1 型差示扫描量热仪	瑞士梅特勒-托利多仪器有限公司
粉碎机 LD-100	广西旭众旭朗机械设备

续表

仪器名称	生产厂家
美的冰箱	广州正统贸易有限公司
FZ-2004 电子天平	深圳市良谊实验室仪器有限公司

4.2.2 实验方法

4.2.2.1 米粉黏度测定

称 3.5 g 米粉样品，25 mL 蒸馏水，放入铝盒中，保证样品不挂壁。测定程序为：960 r/min 搅拌 10 s，160 r/min，直至结束。

4.2.2.2 米粉热力学性质的测定

利用差示扫描量热仪（Differential Scanning Calorimetry，DSC-7，Pekin-Elmer，USA）来测定米粉的糊化特性。称取寒地粳米粉样品 3 mg，蒸馏水 7μL，于坩埚中混匀密封，并加盖密封存于 15℃ 冰箱过夜，最好平衡水分 12~24 h，用 DSC 热分析系统（Q100，TA Inc.，USA）测定，温度上升速率为 10℃/min。所有分析均以加水的铝质坩埚为对照。数据处理其主要参数包括熔晶起始温度（T_c）；最高温度（T_0）、回落温度（T_p）以及焓变（ΔH_g），由 TA Universal Analysis（V3.8B，TA Inc.，USA）软件分析得出。每组数据做三次，并用 SPSS 软件进行分析。

4.2.3 结果与分析

整米和碎米的储藏黏度变化图分别见图 4-22、图 4-23。

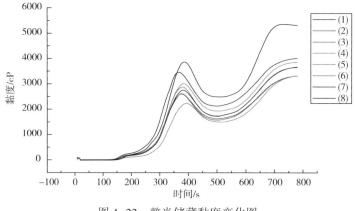

图 4-22 整米储藏黏度变化图

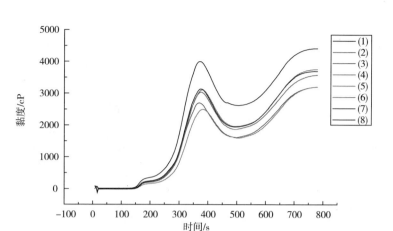

图 4-23 碎米储藏黏度变化图

4.2.3.1 不同储藏条件下寒地粳米粉黏度特性变化分析

(1) 气调对峰值黏度变化的影响。由图 4-24、图 4-25 可知，寒地粳米峰值黏度与储藏时间呈正相关，密封与气调储藏黏度都增大。室温下，整米密封与气调储藏峰值黏度分别增大 2291 cP、1414 cP，说明淀粉颗粒同水结合能力变强。而 α-淀粉酶活性慢慢变小的过程。经差异性检验，$P=0.106>0.05$ 差异不显著，碎米密封与气调储藏峰值黏度分别增加了 1537 cP、1492 cP，$P=0.054>0.05$ 差异不显著，说明密封储藏与气调储藏寒地粳米峰值黏度无显著性差异，这表明峰值黏度受气调影响并不大。整米与碎米米粉密封储藏时，$P=0.235>0.05$ 差异不显著，气调储藏时 $P=0.770>0.05$，差异不显著，说明气调时整米与碎米峰值黏度变化没有区别。

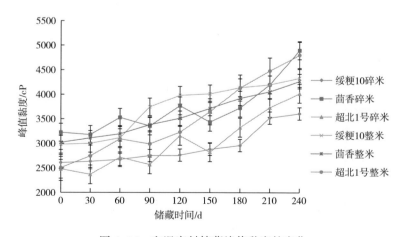

图 4-24 室温密封储藏峰值黏度的变化

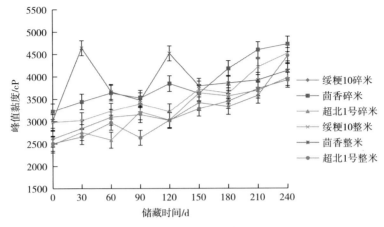

图 4-25　室温气调储藏峰值黏度的变化

淀粉颗粒由于温度升高破裂,直链与支链淀粉随之先后缓慢溢出。由于淀粉颗粒破裂和高聚物重排,令淀粉糊表观黏度减小。由于溶胀和多聚体溢出导致峰值黏度发生改变。峰值黏度代表米粉水合的能力。

关于峰值黏度的增加的原因,认为随储藏时间延长,稻谷中游离脂肪酸变多以及淀粉分解酶活性降低使得稻谷的峰值黏度增加。

(2) 温度对峰值黏度变化的影响。由图 4-25、图 4-26 可知,峰值黏度增加,室温与 4℃进行差异分析,结果显著,峰值黏度受温度影响大,呈正相关。4℃和室温下密封储藏寒地粳米粉的峰值黏度都增加,整米分别增加了 2291 cP、1119 cP,$P=0.042<0.05$ 差异显著;碎米各自增加了 1537 cP、761 cP,$P=0.047<0.05$ 差异显著,说明温度对峰值黏度影响较大。整米与碎米在 4℃下密封储藏,$P=0.469>0.05$ 差异不显著。

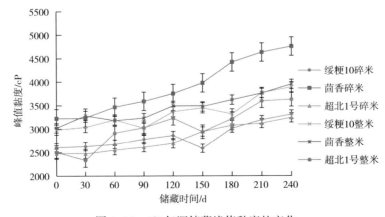

图 4-26　4℃气调储藏峰值黏度的变化

(3) 气调对谷值黏度变化的影响。由图 4-27、图 4-28 可知,寒地粳米谷值黏度与储藏时间呈正相关,密封与气调储藏黏度都增大。室温下,整米密封与气调储藏谷值黏度分别增大 1236 cP、1111 cP,经差异性检验,$P = 0.127 > 0.05$ 差异不显著,碎米密封与气调储藏峰值黏度分别增加了 1349 cP、1326 cP,$P = 0.074 > 0.05$ 差异不显著,说明密封储藏与气调储藏寒地粳米谷值黏度无显著性差异,整米与碎米米粉密封储藏时,$P = 0.175 > 0.05$ 差异不显著,气调储藏时 $P = 0.726 > 0.05$,差异不显著,说明气调时整米与碎米谷值黏度变化没有区别。

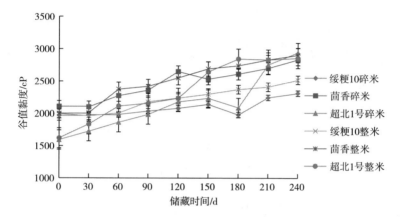

图 4-27　室温密封储藏谷值黏度的变化

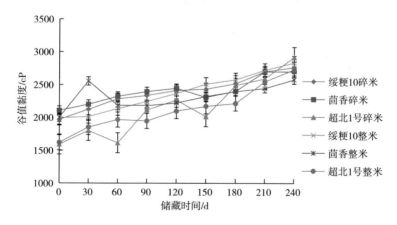

图 4-28　室温气调储藏谷值黏度的变化

(4) 温度对谷值黏度变化的影响。由图 4-27、图 4-29 可知,寒地粳米谷值黏度与储藏时间呈正相关,室温与 4℃ 储藏黏度都增大。整米室温与 4℃ 储藏谷值黏度分别增大 1236 cP、1011 cP,经差异性检验,$P = 0.247 > 0.05$ 差异不显著,碎米谷值黏度分别增加了 1349 cP、1161 cP，$P=0.074>0.05$ 差异不显著，说明温度对储藏寒地粳米谷值黏度无显著性差异，4℃下整米与碎米米粉密封储藏时，$P=0.175>0.05$ 差异不显著，气调储藏时 $P=0.726>0.05$，差异不显著，说明温度对整米与碎米谷值黏度变化没有区别。

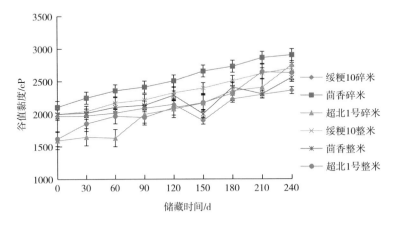

图 4-29 4℃气调储藏谷值黏度的变化

（5）气调对最终黏度变化的影响。由图 4-30、图 4-31 可知，最终黏度增加，室温与 4℃下进行差异显著性分析，结果差异显著，最终黏度受温度影响大，呈正相关。说明样米粉熟化后成糊或是凝胶力变强。

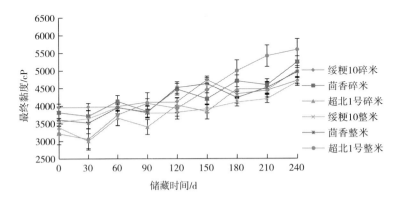

图 4-30 室温密封储藏最终黏度的变化

最终黏度是米粉经熟化、冷却后成糊或凝胶力的呈现。整米室温下密封与气调包装时最终黏度呈上升趋势，分别增加了 2318 cP、1434 cP，经差异性检验，$P=0.085>0.05$ 差异不显著，碎米室温下密封与气调包装时最终黏度呈上升趋势，

第4章 储藏过程中整米碎米品质对米粉品质变化的影响研究

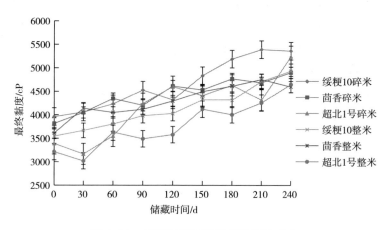

图4-31 室温气调储藏最终黏度的变化

分别增加了1615 cP、1853 cP，经差异性检验，$P=0.875>0.05$差异不显著，说明密封储藏与气调储藏并无差异性并且气调储藏对最终黏度影响很小。整米与碎米密封储藏时$P=0.223>0.05$差异不显著，气调时$P=0.486>0.05$差异不显著，说明气调对整米与碎米的最终黏度影响不大。

（6）温度对最终黏度变化的影响。由图4-30、图4-32可知，空气包装下，整米室温与4℃最终黏度呈上升趋势，各自增2318 cP、1172 cP，$P=0.041<0.05$差异显著，碎米分别增加了1615 cP、719 cP，$P=0.041<0.05$差异显著。说明温度对最终黏度的作用不小。4℃密封储藏整米与碎米经差异性检验$P=0.180>0.05$差异不显著。说明温度对整米与碎米间的最终黏度差异影响不大。

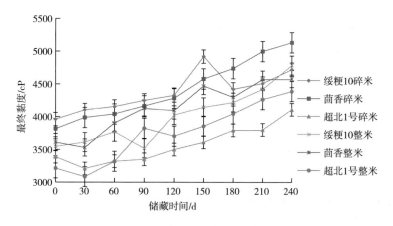

图4-32 4℃密封储藏最终黏度的变化

(7) 气调对破损值变化的影响。由图 4-33、图 4-34 可知，整米室温下密封与气调包装时回生值呈上升趋势，分别增加了 955 cP、303 cP，经差异性检验，$P=0.065>0.05$ 差异不显著，碎米室温下密封与气调包装时最终黏度呈上升趋势，分别增加了 188 cP、166 cP，$P=0.694>0.05$ 差异不显著。空气包装下，整米与碎米 $P=0.129>0.05$ 差异不显著，气调下 $P=0.904>0.05$ 差异不显著。破损值增加，无差异，说明气调对破损值无作用。

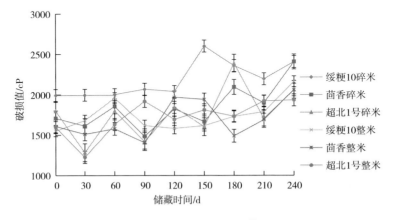

图 4-33　室温密封储藏破损值的变化

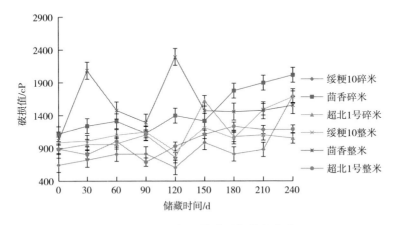

图 4-34　室温气调储藏破损值的变化

(8) 温度对破损值变化的影响。由图 4-33、图 4-35 可知，空气包装下，整米室温与 4℃ 破损值呈上升趋势，分别增加了 955 cP、108 cP，经差异性检验，$P=0.041<0.05$ 差异显著，碎米增加了 1078 cP、468 cP，经差异性检验，$P=0.036<0.05$ 差异显著，整米与碎米在空气下经差异性检验 $P=0.047<0.05$ 差异显

著，碎米破损值波动较大，说明经过储藏后碎米稳定性较差。破损值增加，室温波动大，低温有利于减缓品质的下降。

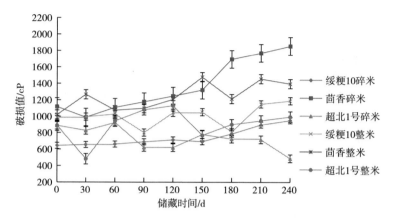

图 4-35　4℃密封储藏破损值的变化

（9）气调对回生值变化的影响。由图 4-36、图 4-37 可知，整米室温下密封与气调包装时回生值呈上升趋势，分别增加了 1145 cP、323 cP，经差异性检验，$P=0.077>0.05$ 差异不显著，碎米室温下密封与气调包装时最终黏度呈上升趋势，分别增加了 266 cP、527 cP，$P=0.665>0.05$ 差异不显著。空气包装下，整米与碎米 $P=0.246>0.05$ 差异不显著，气调下 $P=0.216>0.05$ 差异不显著。说明气调并未对回生值产生影响。

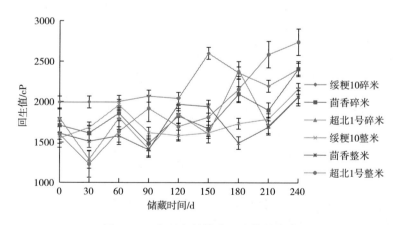

图 4-36　室温密封储藏回生值的变化

（10）温度对回生值变化的影响。由图 3-35、图 4-38 可知，空气包装下，整米室温与 4℃回生值呈上升趋势，分别增加了 1145 cP、161 cP，$P=0.036<$

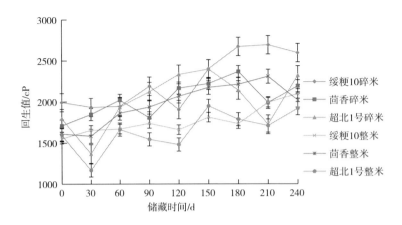

图 4-37 室温气调储藏回生值的变化

0.05，差异显著。碎米室温与 4℃ 回生值呈上升趋势，分别增加了 266 cP、161 cP，经差异性检验，$P=0.0041<0.05$ 差异显著，说明温度对整米回生值影响作用较大。空气包装下，4℃ 整米与碎米 $P=0.0031<0.05$ 差异显著，说明温度对回生值产生影响。

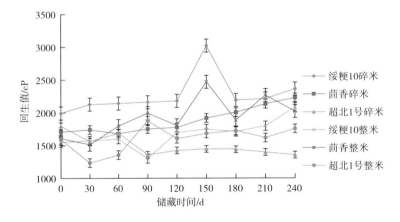

图 4-38 4℃密封储藏回生值的变化

寒地粳米的回生主要是淀粉引起的。冷却后，淀粉分子之间会发生凝聚现象，变为凝胶，黏度增到最终黏度。回生与样品本身特性有关，值高与凝胶失水有关。回生值逐渐上升，但经差异性检验，密封储藏与气调储藏并无差异性，说明气调储藏对回生值影响很小。

（11）气调对糊化温度变化的影响。由图 4-39、图 4-40 可知，整米室温下密封与气调包装时糊化温度呈下降趋势，分别减少了 4.22℃、3.33℃，经差异性检验，$P=0.378>0.05$ 差异不显著，碎米室温下密封与气调包装时最终黏度呈上升趋势，分别增加了 5.14℃、5.04℃，$P=0.766>0.05$ 差异不显著。空气包装下，整米与碎米 $P=0.596>0.05$ 差异不显著，气调下 $P=0.103>0.05$ 差异不显著。说明气调并未对糊化温度产生作用。

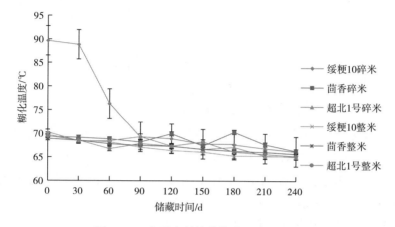

图 4-39　室温密封储藏糊化温度的变化

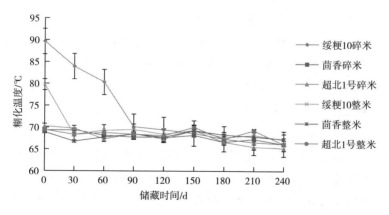

图 4-40　室温气调储藏糊化温度的变化

（12）温度对糊化温度变化的影响。由图 4-39、图 4-41 可知，空气包装下，整米室温与 4℃破损值呈下降趋势，分别下降了 4.22℃、4.24℃，$P=0.558>0.05$ 差异不显著，碎米室温与 4℃破损值呈下降趋势，分别下降了 5.14℃、3.04℃，$P=0.170>0.05$ 差异不显著，说明温度对整米回生值作用较大。空气包装下，4℃整米与碎米 $P=0.054>0.05$ 差异不显著，说明温度并未对糊化温度产生影响。

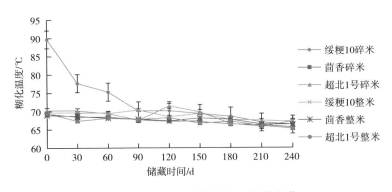

图 4-41 4℃密封储藏糊化温度的变化

4.2.3.2 不同储藏条件下寒地粳米粉热力学参数的分析

(1) 气调对米粉热力学特性变化的影响。据寒地粳米粉热分析图谱及结果（图4-42、图4-43），对储存期间寒地粳米粉的热力学特性进行讨论。结果显示，寒地粳米起始糊化温度、峰值温度变化不明显。储藏期间，米粉起始温度53℃左右。米粉峰值温度较稳定，一直在63~64℃之间。终止温度呈现上升趋势。随着储藏时间延迟，米粉糊化所需热量变大。

室温下碎米密封与气调包装采用SPSS对米粉糊化热焓值与储藏时间进行相关性分析，得到回归方程分别 $y=0.002x^2+0.041x+6.757$（$R^2=0.944$），$y=0.001x^2-0.012x+4.501$（$R^2=0.971$），由回归方程可知时间与米粉糊化热焓值呈正相关，且相关性较强。室温下碎米密封与气调包装采用SPSS软件对米粉的糊化热焓值与储藏时间进行相关性分析，得到回归方程分别 $y=0.023x^2-0.070x+5.142$（$R^2=0.971$），$y=0.017x^2-0.013x+5.062$（$R^2=0.947$），时间与米粉糊化热焓值呈正相关，且相关性较强。

由表4-4、表4-5可知，碎米室温下密封与气调包装时的起始温度在56~61℃之间，峰值温度在61~64℃之间，终止温度在69~77℃之间。碎米起始温度53~58℃、峰值温度61~64℃、终止温度69~74℃，由数据的整体趋势可知，起始和峰值温度很稳定几乎没有变化，终止温度有变高的势头，并且随着储存时间增长米粉糊化所需热量变大。

表4-4 碎米室温密封储藏热力学特征值变化

储藏时间/d	起始温度/℃	峰值温度/℃	终止温度/℃	热焓值/（J·g^{-1}）
0	53.23±0.21	63.34±0.24	69.06±0.31	5.10±0.10
30	53.43±0.23	63.24±0.25	69.21±0.19	5.08±0.07

续表

储藏时间/d	起始温度/℃	峰值温度/℃	终止温度/℃	热焓值/(J·g^{-1})
60	53.73±0.22	63.15±0.26	69.15±0.16	5.16±0.03
90	53.54±0.19	63.63±0.21	69.78±0.12	5.34±0.05
120	54.21±0.17	64.37±0.19	70.16±0.15	5.46±0.03
150	54.64±0.14	63.74±0.13	71.39±0.16	5.72±0.06
180	53.72±0.13	63.46±0.18	71.84±0.24	6.04±0.02
210	53.41±0.16	63.99±0.21	72.65±0.26	6.18±0.04
240	53.36±0.15	63.31±0.25	73.15±0.29	6.31±0.06

表 4-5　碎米室温气调储藏热力学特征值变化

储藏时间/d	起始温度/℃	峰值温度/℃	终止温度/℃	热焓值/(J·g^{-1})
0	53.23±0.11	63.34±0.21	69.06±0.24	5.10±0.02
30	53.26±0.13	63.21±0.23	69.41±0.19	5.11±0.05
60	53.35±0.11	63.29±0.19	69.45±0.23	5.07±0.02
90	53.72±0.14	63.52±0.18	69.89±0.25	5.28±0.04
120	54.19±0.12	63.42±0.15	70.19±0.27	5.49±0.05
150	54.61±0.16	63.83±0.23	70.56±0.22	5.40±0.08
180	53.12±0.15	62.11±0.24	71.78±0.19	5.85±0.01
210	53.37±0.17	64.32±0.21	72.43±0.18	6.14±0.03
240	53.31±0.11	63.47±0.26	72.19±0.17	6.40±0.02

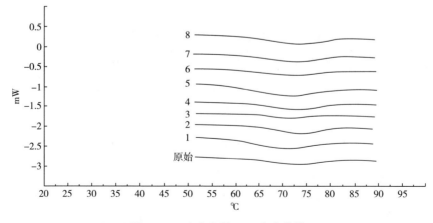

图 4-42　碎米米粉 DSC 变化曲线

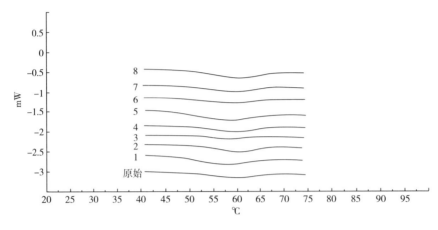

图 4-43　整米米粉 DSC 变化曲线

将室温下密封与气调包装得到的热焓值进行显著性分析，整米热焓值差异性分析得到，$P=0.456>0.05$ 不显著；碎米热焓值差异性分析，$P=0.363>0.05$ 不显著；整米与碎米间差异性分析，$P=0.279>0.05$ 不显著。经过显著性分析可知，气调包装与空气包装的样品没有差异性，故气调对米粉热焓值变化没有影响。

（2）温度对米粉热力学特性变化的影响。由表 4-6、表 4-7 可知，整米密封下，室温与 4℃ 包装时的起始温度在 56~60℃ 之间，峰值温度在 61~65℃ 之间，终止温度在 69~76℃ 之间，碎米起始温度 53~58℃ 之间，峰值温度在 62~65℃ 之间，终止温度于 69~76℃ 之间。由数据整体变化可知，样品起始和峰值温度很稳定几乎没有变化，终止温度有变大的势头，并且随着储存时间增长米粉糊化所需的热量变大。

表 4-6　整米室温密封储藏热力学特征值变化

储藏时间/d	起始温度/℃	峰值温度/℃	终止温度/℃	热焓值/（J·g^{-1}）
0	56.14±0.25	63.67±0.23	70.06±0.24	6.82±0.01
30	56.24±0.25	63.49±0.22	70.72±0.21	6.79±0.03
60	56.31±0.22	63.68±0.21	70.46±0.26	6.82±0.04
90	56.27±0.21	63.53±0.27	71.11±0.26	6.96±0.01
120	57.36±0.16	63.75±0.29	71.35±0.12	7.02±0.04
150	56.23±0.15	63.42±0.12	71.78±0.15	7.14±0.02

续表

储藏时间/d	起始温度/℃	峰值温度/℃	终止温度/℃	热焓值/(J·g^{-1})
180	56.43±0.18	63.51±0.13	71.91±0.22	7.19±0.07
210	56.71±0.16	63.5±0.14	72.42±0.28	7.44±0.03
240	56.46±0.19	63.58±0.17	73.24±0.29	7.17±0.04

表 4-7　整米 4℃密封储藏热力学特征值变化

储藏时间/d	起始温度/℃	峰值温度/℃	终止温度/℃	热焓值/(J·g^{-1})
0	56.14±0.23	63.67±0.12	70.06±0.23	6.82±0.01
30	58.21±0.25	64.51±0.15	70.38±0.22	6.34±0.02
60	57.28±0.27	63.41±0.16	70.47±0.26	6.84±0.02
90	57.35±0.22	65.23±0.12	70.58±0.14	6.87±0.02
120	57.41±0.28	64.27±0.11	71.23±0.14	7.07±0.04
150	57.39±0.22	64.52±0.16	71.31±0.16	7.08±0.05
180	57.51±0.21	64.47±0.15	71.58±0.13	7.11±0.03
210	57.73±0.20	64.71±0.25	71.81±0.12	7.19±0.03
240	57.43±0.21	64.65±0.13	72.07±0.15	7.21±0.05

由表 4-6、表 4-7 可知，空气包装下，整米室温与 4℃时条件下得到回归方程分别为 $y=-0.001x^2+0.080x+6.666$（$R^2=0.811$），$y=-0.002x^2+0.109x+6.491$（$R^2=0.671$），根据回归方程，时间与糊化热焓值呈正相关，且相关性较强。室温下碎米密封与气调包装采用 SPSS 软件对米粉的糊化热焓值与储藏时间进行相关性分析，得到回归方程分别 $y=0.023x^2-0.070x+5.142$（$R^2=0.971$），$y=0.002x^2-0.107x+4.927$（$R^2=0.979$），根据方程，时间与糊化热焓值呈正相关，且相关性较强。

将室温下空气与 4℃空气包装得到的热焓值进行差异性分析，整米热焓值显著性分析得到 $P=0.634>0.05$ 不显著；碎米热焓值差异性分析，$P=0.429>0.05$ 不显著；整米与碎米间差异性分析 $P=0.482>0.05$ 不显著。经过显著性分析可知，气调包装与空气包装的样品没有差异性，故温度对米粉热焓值变化没有影响。

4.2.3.3　寒地粳米粉理化性质与黏度特性相关性分析

由表 4-8 可知，将整米寒地粳米粉的各种理化指标与其黏度特征等参数，利用 SPSS 17.0 软件进行相关性分析，选择 Pearson 相关，用双尾 T 检测显示显著水平，其结果见表 4-9。可以看出，峰值黏度与水分含量呈显著性负相关（$r=-0.941$，$P<0.05$）；与蛋白质呈显著性负相关（$r=-0.975$，$P<0.05$），蛋白质要是越高，峰值黏度就越低，这可能是因为蛋白质能够与淀粉颗粒相互紧密地结合；与直链淀粉呈显著负相关（$r=-0.881$，$P<0.05$），直链淀粉含量多氢键作用力强，破坏氢键所需能量就越大，峰值黏度越低，糊化被抑制；与总淀粉含量呈极显著负相关（$r=-0.997$，$P<0.01$），总淀粉含量越高米粉越不易糊化，可能是淀粉抑制颗粒的膨胀和溃散，与润胀性呈极显著性负相关（$r=-0.976$，$P<0.01$）。谷值黏度与水分、蛋白质、直链淀粉含量呈显著性负相关；与总淀粉含量、润胀性呈极显著负相关；破损值与水分含量显著负相关（$r=-0.953$，$P<0.05$）；与蛋白质含量呈显著负相关（$r=-0.976$，$P<0.05$），蛋白质含量高破损值小，破损值越小越不易糊化；与总淀粉含量呈极显著负相关（$r=-0.999$，$P<0.01$），总淀粉含量越高破损值越小，破损值越小越不易糊化；与润胀性呈极显著性负相关（$r=-0.977$，$P<0.01$）。糊化温度与水分、总淀粉含量、润胀性呈显著性正相关，与蛋白质呈显著正相关（$r=0.948$，$P<0.05$），随着时间的增长蛋白质含量减少，糊化温度也减小，有利于糊化的进行。

表 4-8 整米理化指标与寒地粳米粉黏度特征值相关性

特征值	水分/%	蛋白质/%	直链淀粉/%	淀粉/%	脂肪/%	溶解性/%	润胀性/%
峰值黏度/cP	-0.941*	-0.975*	-0.881*	-0.997**	-0.614	-0.774	-0.976**
谷值黏度/cP	-0.898*	-0.964*	-0.911*	-0.983**	0.668	-0.750	-0.962**
破损值/cP	-0.953*	-0.976*	-0.868	-0.999**	-0.592	-0.740	-0.977**
最终黏度/cP	-0.515	-0.599	-0.183	-0.448	-0.382	0.283	-0.406
回生值/cP	0.165	0.131	0.504	0.295	0.123	0.845	0.322
糊化温度/℃	0.988*	0.948*	0.693	0.949*	0.442	0.570	0.925*

由表 4-9 可知，碎米米粉的峰值黏度与水分、蛋白质、直链淀粉、总淀粉含量呈显著负相关；与溶解性呈极显著性负相关（$r=-0.972$，$P<0.01$）。破损值与水分含量、蛋白质、总淀粉、润胀性呈显著性负相关；与直链淀粉含量呈极显著负相关（$r=-0.963$，$P<0.01$），直链淀粉含量越高破损值越小，破损值越小越不易糊化；与溶解性呈极显著性负相关（$r=-0.960$，$P<0.01$）。糊化温度与水分、蛋白质含量、溶解性呈极显著正相关（$r=0.987$，$P<0.01$）；与直链淀粉呈显著

正相关（$r=0.956$，$P<0.01$），直链淀粉含量越多糊化需要的温度越高，糊化较难；与总淀粉含量、润胀性呈显著正相关。

表 4-9　碎米理化指标与寒地粳米粉黏度特征值相关性

特征值	水分/%	蛋白质/%	直链淀粉/%	淀粉/%	脂肪/%	溶解性/%	润胀性/%
峰值黏度/cP	-0.907*	-0.911*	-0.906*	-0.880*	-0.829	-0.972**	-0.875
谷值黏度/cP	-0.635	-0.714	-0.576	0.511	-0.582	0.772	-0.527
破损值/cP	-0.937*	-0.916*	-0.963**	-0.958*	-0.855	-0.960**	-0.943*
最终黏度/cP	-0.443	-0.544	-0.335	-0.275	0.304	-0.426	-0.348
回生值/cP	-0.083	0.142	-0.003	0.022	0.963	0.022	-0.047
糊化温度/℃	0.987**	0.978**	0.956*	0.928*	0.645	0.986**	0.949*

米粉黏度变化随着储藏时间的增加，由于淀粉、蛋白、水分等含量减少，令峰值黏度、谷值黏度、最终黏度等增加。气调对黏度的变化没有实质上的作用，但温度对黏度变化作用较大，4℃储存下的寒地粳米米粉的黏度变化较小，有利于延缓寒地粳米老化。对整米与碎米的黏度特征值进行差异性比较，$P=0.047<0.05$ 差异显著，碎米破损值波动较大，说明经过储藏后碎米稳定性较差，整米的较好。米粉热焓值变化随着储藏时间的增长，热焓值有所增加，三种整米间的差异性（$P>0.05$）差异不显著，三种碎米间（$P>0.05$）差异不显著。气调与温度并未对米粉热焓值产生影响。通过理化指标与黏度相关性分析将得到的米粉黏度特征值与理化指标利用 SPSS 17.0 软件进行相关性分析，可以看出，峰值黏度与水分、蛋白质、直链淀粉、总淀粉含量均呈显著性负相关；谷值黏度与水分、蛋白质、直链淀粉含量呈显著性负相关，与总淀粉含量、润胀性呈极显著负相关；破损值和水分含量显著负相关，与蛋白质含量呈显著负相关，与总淀粉含量呈极显著负，与润胀性呈极显著性负相关。糊化温度与水分、总淀粉含量、润胀性呈显著性正相关，与蛋白质呈显著正相关。随着时间的增长淀粉、蛋白质等含量减少有利于糊化的进行。整米与碎米区别储存前 120 d，米粉品质无明显区别。储存 120 d 后，碎米米粉的破损值大，表示碎米储藏稳定性差，整米品质较稳定，感官品质也要优于碎米。

4.3 解封后米粉品质变化

通过前面几章实验可得出在 4℃ 下，CO_2 和 N_2 气调比例为 1∶1 的条件下储藏的样品品质效果既节能又能很好地减缓米粉的陈化，气调可以有效地延长寒地粳米的保质期。但由于所有气调包装在人们食用前均需解除。因此，应跟踪研究气调解封后的样品品质变化以及最终对食用品质的影响，进一步完善寒地粳米气调解除后的储藏方式。本章实验选取 4℃ 下，CO_2 和 N_2 气调比例为 1∶1 的气调包装解封后放置于塑料编织袋中的样品并以真空和室温储藏的寒地粳米为对照，通过持续跟踪分析测定样品解封储藏过程中的其功能特性与感官评定指标变化，为解除气调后米粉原料的最佳贮存提供技术指导，并具有较大的实际应用价值。

由于氢键相互结合作用，寒地粳米淀粉中直链、支链淀粉，形成结晶胶束区，其中它们短链部分形成了双螺旋，这就是所谓的短程有序结构。由于分子间相互作用，双螺旋分子链以特定的空间点阵。于颗粒的一些区域，形成各种结晶体，就是所谓的长程有序结构。到现在为止，研究有序结构主要方法有：傅里叶变换红外光谱技术（FTIR），FTIR 这一技术可迅速检测出淀粉结晶、分子链构象、分子链螺旋结构更改，可用于寒地粳米淀粉粒短程有序结构的研究。傅里叶变换红外光谱技术同其他技术相比，其检测用量少（约 10 mg），耗时少，于这类颗粒有序结构研究中它出现率最高。本试验应用 FTIR 光谱仪，研究解封后寒地粳米在空气环境下储藏后其淀粉微观结构变化，研究结果可为应用此技术分析寒地粳米淀粉有序结构提供参考。

4.3.1 材料与设备

4.3.1.1 主要实验材料

寒地粳米粉碎过 100 目筛的寒地粳米粉、蒸馏水。

4.3.1.2 主要实验设备

快速黏度分析仪、傅里叶变换红外光谱仪器。

4.3.2 实验方法

4.3.2.1 样品处理

将气调包装寒地粳米样品解包，装入缝制好的纱袋中，每袋样品约为 500 g，存放于实验室环境，并以同期储藏的真空包装和自然包装用作对照实验，每隔

10 d 取各样品进行测定。微观结构测定时选取超北 1 号整米，$N_2:CO_2=1:1$ 气调比例和密封包装解除后寒地粳米为实验原料。

（1）酶法制备寒地粳米淀粉（图 4-44）。

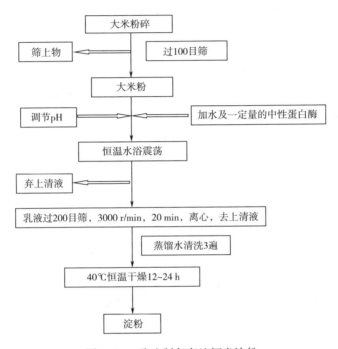

图 4-44 酶法制备寒地粳米淀粉

（2）透射 FTIR 光谱的采集。取备用寒地粳米淀粉，根据 1% 配比同溴化钾进行混合、研磨，采取 KBr 压片法，用光谱仪（WQF-510）检测。扫描波长范围在 $4000\sim500\ cm^{-1}$ 之间，分辨率为 $4\ cm^{-1}$，并启用 DTGS 检测器。空白对照组，选用背景为无淀粉的 KBr 压片，扫描总计 32 次，获淀粉扫描图谱。

4.3.2.2 米粉感官评定

8 人品尝，来自天津、山东、甘肃、四川、吉林、辽宁 6 个省市地区，平均年龄 26 岁（21~27 岁）。饭前 2 h 进行，每次品尝数为 24 个，将基准样和 24 个样放一起，品尝员进行品尝，在打分表上记分。品尝前后，应用水漱口，评分时不可讨论。评分指标包括米粉气味、外观结构、色泽等，对照基准样进行评分。

依据评分结果，计算平均值。自动弃去误差大的分数（超过平均值 100 分以上），重新合计平均值。最终，综合评分平均值为评定结果，计算结果取整数。

4.3.2.3 解封后寒地粳米淀粉微观结构变化测定

它的基本组成，由光源系统、分光系统、样品室、检测器、控制和数据处理系统及记录显示系统组成。光经分光系统成为单色光,样品室中的样品与单色光反应后有几种情况。①部分被吸收;②部分被透射;③其余被反射。透射光经过透射检测器,光谱即可形成。反射光经漫反射检测器,便可形成近红外漫反射光谱,数据处理系统将光谱进行分析,结果可用显示器记录,在控制系统的作用下显示整个系统完成了一般控制系统与数据处理系统,这些全部由微处理器完成,故将其合为同一系统。

(1) 解封后寒地粳米淀粉红外光谱处理。应用的分析软件为 OMNIC 8.2 红外光谱。操作流程:文件→CSV 文本→参数选择(%Transmittance)→数据处理→谱图处理→吸光度谱图存为 CSV 文本。

(2) 解封后寒地粳米淀粉吸光度谱图处理。应用的光谱分析软件为 Peak Fitv 4.12。操作流程:选择波段→去基线→去卷积→高斯二阶求导→屏幕截图。

4.3.3 结果与分析

4.3.3.1 不同储藏方式解封后对寒地粳米粉黏度变化影响

(1) 峰值黏度变化。由图 4-45、图 4-46 可知,四种储藏方式下碎米峰值黏度分别增长 4.43%、4.41%、4.63%、4.11%,整米分别增长 4.13%、4.03%、4.41%、4.69%。说明长时间储藏后,碎米淀粉的颗粒与水结合后溶胀程度大,整米的淀粉颗粒与水结合后溶胀程度小所致。

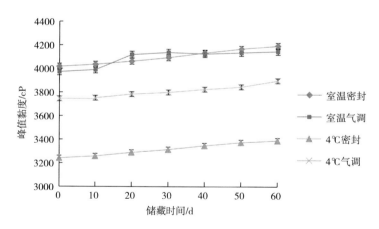

图 4-45 碎米解封后峰值黏度变化

(2) 谷值黏度变化。由图 4-47、图 4-48 可知,四种储藏方式下碎米谷值黏度分别增长 4.21%、4.76%、4.18%、4.56%;整米分别增长 3.08%、3.70%、3.12%、3.17%。由此可知,碎米谷值黏度增长速率要比整米高。

第 4 章　储藏过程中整米碎米品质对米粉品质变化的影响研究

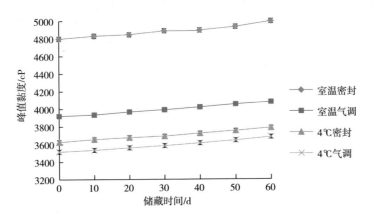

图 4-46　整米解封后峰值黏度变化

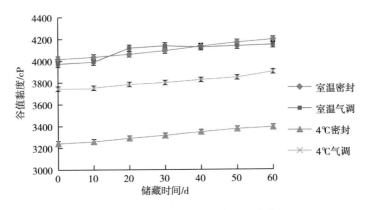

图 4-47　碎米解封后谷值黏度变化

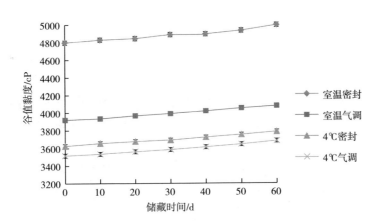

图 4-48　整米解封后谷值黏度变化

(3）破损值变化。由图4-49、图4-50可知，四种储藏方式下碎米破损值分别增长5.66%、4.79%、7.84%、7.96%；整米分别增长5.02%、3.42%、7.19%、3.24%。说明长时间储藏后，碎米的破损值增加率高于整米，碎米淀粉的稳定性弱于整米，碎米的储藏稳定性较差。

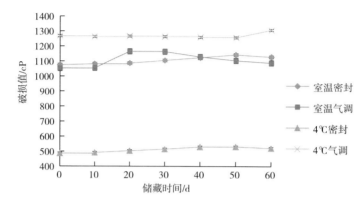

图4-49 碎米解封后破损值变化

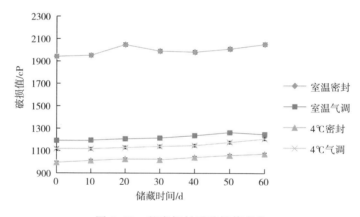

图4-50 整米解封后破损值变化

（4）最终黏度变化。由图4-51、图4-52可知，四种储藏方式下碎米最终黏度分别增长3.52%、1.86%、1.57%、1.43%；整米分别增长1.20%、1.67%、1.39%、1.24%。最终黏度直接影响米粉的回生值，最终黏度大会导致回生值大，回生值大说明其老化速度快，碎米的最终黏度增长率大于整米，碎米老化速率大于整米。

（5）回生值变化。由图4-53、图4-54可知，四种储藏方式下碎米回生值分别增长2.52%、1.96%、1.77%、1.44%；整米分别增长1.31%、1.26%、1.19%、1.21%。碎米回生值增长率明显高于整米，说明碎米淀粉老化速率明显高于整米，老化得越快，原料储藏品质越差，故碎米不适宜长时间储藏。

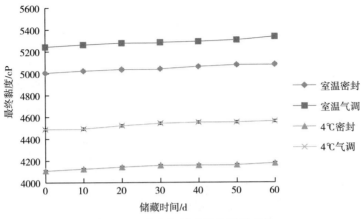

图 4-51　碎米解封后最终黏度变化

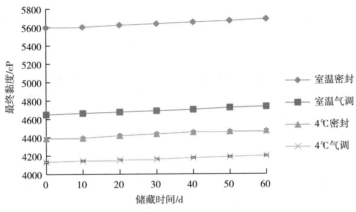

图 4-52　整米解封后最终黏度变化

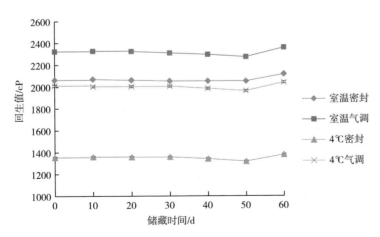

图 4-53　碎米解封后回生值变化

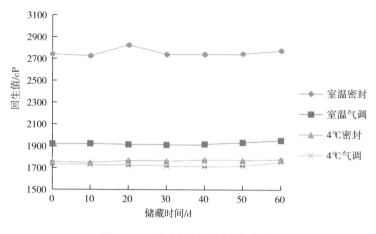

图 4-54　整米解封后回生值变化

4.3.3.2　不同储藏方式解封后对寒地粳米粉感官评价变化影响

见表 4-10。

表 4-10　4℃气调储藏下超北 1 号整米米粉感官评分

储藏时间/d	气味	色泽	滋味	形态
0	20	21	23	21
10	19	21	25	19
20	18	20	22	23
30	18	20	21	21
40	17	19	23	20
50	16	19	20	23
60	18	18	19	22

由图 4-55~图 4-57 可知，不同储藏条件解封后用三种整米制成的米粉感官评分随着时间的增长评分下降，其中感官品质最高的是原储藏在 4℃气调超北 1 号米，从色泽到口感都呈下降的趋势，但并达到无法食用的程度，虽然口感变差但仍可使用其作米粉原料。

由图 4-58~图 4-60 可知，不同储藏条件解封后用三种碎米制成的米粉感官评分随着时间的增长评分下降，碎米米粉的感官评分低于整米，且色泽暗沉，香气较淡，口感不佳，入口后有异味，经对比并未达到食用标准。所以，经长时间储藏后的碎米不太适宜作米粉原料。

第4章 储藏过程中整米碎米品质对米粉品质变化的影响研究

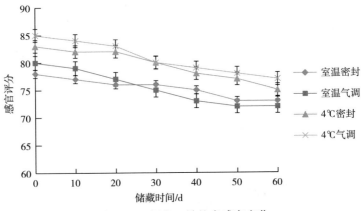

图 4-55 超北 1 号整米感官变化

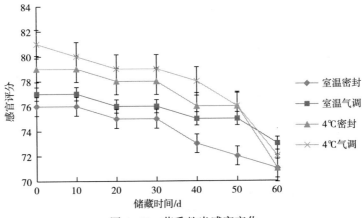

图 4-56 茴香整米感官变化

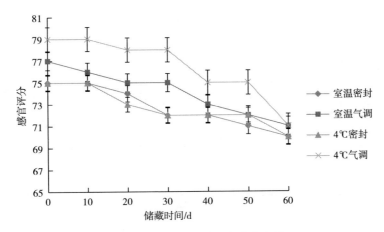

图 4-57 绥粳 10 号整米感官变化

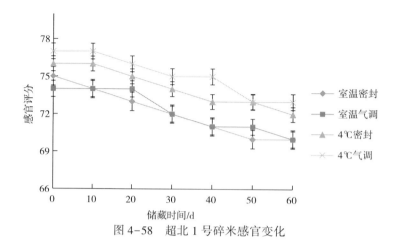

图 4-58　超北 1 号碎米感官变化

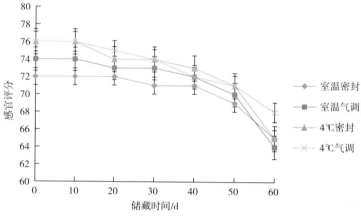

图 4-59　绥粳 10 号碎米感官变化

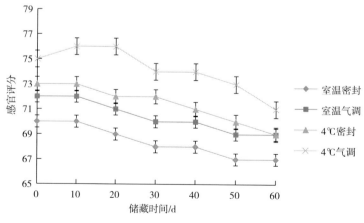

图 4-60　茴香碎米感官变化

4.3.3.3 解封后寒地粳米淀粉 FTIR 波谱

见表 4-11。

表 4-11 红外光谱中常见基团的特征吸收频率

特征吸收频率/cm^{-1}	常见基团	特征吸收频率/cm^{-1}	常见基团
4000~3000	O—H 伸缩振动	1300~1000	C—O 伸缩振动
3300~2700	C—H 伸缩振动		C—C 骨架振动
1900~1650	>C=O 伸缩振动	1000~650	C—H 面外弯曲振动
1500~1300	C—H 面内弯曲振动		

多肽及蛋白质二级结构的分析就是用红外吸收光谱来实现，这是因为分子偶极矩振动。

由图 4-61、图 4-62 可知，是测得的光谱图。图 4-62 中，1107 cm^{-1} 附近是 C—O 伸缩振动吸收峰。1647 cm^{-1} 附近是 C=O 伸缩振动吸收峰。975 cm^{-1} 周围吸收峰因 C—H 面外弯曲振动而造成，与淀粉大分子氢键结构相对应。1039 cm^{-1} 周围的红外吸收，为结晶区的结构特点，与淀粉聚集态结构中的有序结构相对应。而 1018 cm^{-1} 周围的红外吸收则与非晶区结构特征对应。同储藏环境中的米淀粉红外吸收峰的强度不同，说明解封后环境破坏了寒地粳米淀粉的原有结构。图 4-61 和图 4-62 是解封后寒地粳米淀粉在 900~1300 cm^{-1} 波段的吸收图谱，975 cm^{-1} 处峰面积的变化表示，解封后淀粉固有结晶构造的变化。1018 cm^{-1} 处峰面积的变化

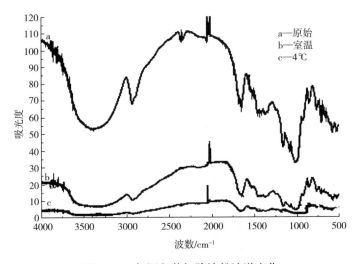

图 4-61 气调包装解除淀粉波谱变化

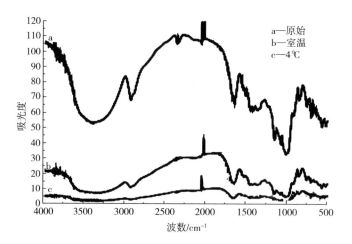

图4-62 密封包装解除淀粉波谱变化

表示解封后寒地粳米淀粉中无定型结构的变化，1039 cm^{-1}处峰面积变化揭示了，解封后，淀粉变化后新型结晶构造的变化。解封后，室温条件下的淀粉R值升高（表4-12），表示温度高导致淀粉结晶区比例变大，由于储藏过程中，环境对淀粉结晶构造有影响。

表4-12 寒地粳米淀粉在975、1018、1039处红外吸收峰及R值

样品	储藏条件	P_{975}	P_{1018}	P_{1039}	R	R_1	R_2
气调	原始	2.12	6.15	5.41	1.31	0.88	2.90
	室温	8.82	17.36	13.03	1.35	0.75	1.97
	4℃	4.98	10.34	8.44	1.21	0.82	2.08
空气	原始	2.86	7.25	6.23	1.28	0.86	2.53
	室温	6.98	11.95	8.84	1.41	0.74	1.71
	4℃	5.07	9.11	7.53	1.37	0.83	1.80

注：R_1为（1039/1018）cm^{-1}的峰强度比值；R_2为（1018/975）cm^{-1}的峰强度比值。

解封后，样品吸光度波谱图如图4-63与图4-64所示。参考文献，设置半峰宽为19 cm^{-1}，设置增强因子为1.9，去卷积。1018 cm^{-1}和1039 cm^{-1}峰面积比，为非结晶与结晶结构的比。975 cm^{-1}与1018 cm^{-1}峰面积比，为淀粉有序结构的指标，比值越大淀粉内结晶范围越大，有序度就越高。由表4-12可知，解封后，室温条件下样品的R值下降得最低，这表示随着温度上升，淀粉结晶区弱于原始样品的结构特征，非结晶区比原始样品强。室温条件下，结晶区结构损失最大。

解封后，寒地粳米淀粉的有序结构都有所变化，储存后，淀粉的有序度都略有减小。

图 4-65 和图 4-66 分别为气调解除后和密封解除后淀粉红外光谱曲线拟合图。

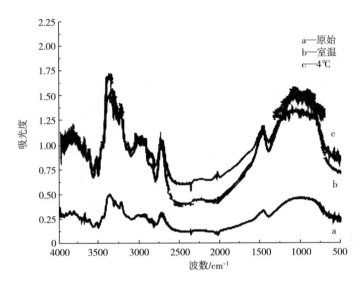

图 4-63　气调解除后淀粉吸光度图谱

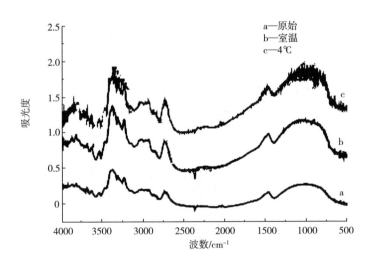

图 4-64　密封解除后淀粉吸光度图谱

总结果是解封后，不同储藏条件寒地粳米粉的黏度特征值都有所增长，增长速度要比解封前快。解封后，随着储藏时间的增长，米粉的感官品质也逐渐降

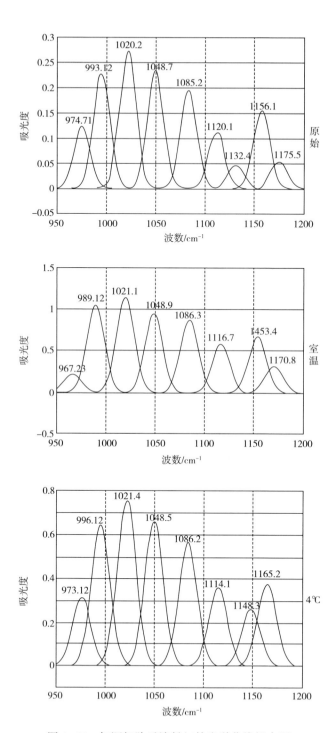

图 4-65 气调解除后淀粉红外光谱曲线拟合图

第4章 储藏过程中整米碎米品质对米粉品质变化的影响研究

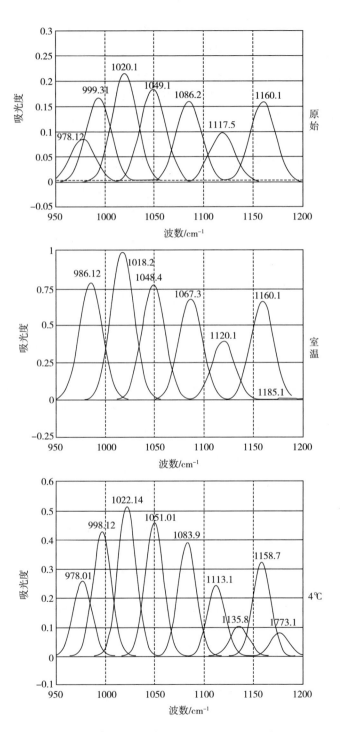

图4-66 密封解除后淀粉红外光谱曲线拟合图

低,并且整米的品质要比碎米好。解封后,碎米米粉的感官评分低于整米,不适宜做米粉。解封后,样品于不同储藏环境下,淀粉的红外吸收峰的强度略有不同,峰位置移动,表示解除气调后,环境改变了淀粉的固有结构,淀粉 R 值室温条件下明显升高,说明温度上升导致淀粉结晶区比例变大,可能由于储藏过程中,环境作用影响淀粉结晶结构。原始波谱去卷积、拟合,再高斯二阶求导。解封后室温条件下,样品 R 值降得最多,说明室温条件下,淀粉结晶区结构损失最大。解除气调后,随时间增长,淀粉有序度下降。

参考文献

[1] 王立峰,陈超,杨精华,等.寒地粳米小包装储藏过程中脂类及微观结构的变化[J].中国农业科学,2015,48(9):1807-1817.

[2] 张少芳.充氮气调储藏对优质稻谷品质变化的影响[D].武汉:武汉轻工大学,2013.

[3] I Blossfeld, A Collins, M KIely, et al. Texture preferences of 12-month-old infants and the role of early experiences[J]. Food Quality and Preference, 2007, 18(2): 396-404.

[4] Mercedes B, Consuelo M, Perez O, et al. Varietal differences in properties of extrusion-cooked rice flour[J]. Food Chemistry, 1986, 19(3): 173-187.

[5] Arjon J, Van H. Food allergen detection methods and the challenge to protect food-allergic consumers[J]. Analytical and Bioanalytical Chemistry, 2008, 38(9): 111-118.

[6] Frontela C, Garcia G, Eduardo G. Effect of storage conditions and inclusion of milk on available lysine in infant cereals[J]. Food chemistry, 2004(85): 239-244.

[7] Anastase Hagenimana, Xiaolin Ding, Tao Fang. Evaluation of rice flour modified by extrusion cooking[J]. Journal of Cereal Science, 2006, 43(1): 38-46.

[8] 陈盘海.冲调营养糊食品[J].食品与机械,1992(6):23-25.

[9] 赵云长.健脾营养米粉治疗婴幼儿营养不良89例[J].江西中医学院报,2002,14(1):15-16.

[10] 陈晓华,冯建坤,叶文超,等.米粉面包的研究现状及发展前景[J].食品工业,2013,34(1):168-170.

[11] 余兵,任国谱.婴幼儿营养米粉的冲调稳定性研究[J].食品与机械,2010,26(1):133-135,136.

[12] 刘友明,谭汝成,荣建华,等.方便米粉加工原料的选择研究[J].食品科技,2008(3):133-136.

[13] 吴卫国,张喻,肖海秋,等.原料寒地粳米特性与米粉产品品质关系的研究[J].粮食与饲料工业,2005(9):21-25.

[14] 赵思明,刘友明,熊善柏,等.方便米粉的原料适应性与品质特性研究[J].粮食与饲料工业,2002(6):37-38.

[15] 张晖, 姚惠源. 稻米综合利米资源综合利用和深加工新进展 [J]. 中国稻米, 2000 (12): 60-61.

[16] 俞兰苓, 黄小平. 碾米工业副产品的综合利用 [J]. 粮食与饲料工业, 2011 (5): 54-58.

[17] 迟明梅, 方伟森. 碎米资源的综合利用 [J]. 粮食加工, 2006 (4): 39-41.

[18] Shifeng Yu. Impacts of Low and Ultra-Low Temperature Freezing on Retrogradation Properties of Rice Amylopectin During Storage [J]. Food Bioprocess Technol, 2012, 5 (1): 91-400.

[19] 王帅. 粳寒地粳米陈化过程中化学品质变化规律的研究 [D]. 2007. 沈阳: 沈阳农业大学.

[20] 朱兴晔. 寒地粳米气调储藏保鲜品质变化规律的研究 [D]. 2010. 呼和浩特: 内蒙古农业大学.

[21] 徐欣源, 付桂明, 刘成梅, 等. 寒地粳米陈化过程中表面油脂变化特征初探 [J]. 食品工业科技, 2013, 34 (2): 327-330, 335.

[22] 夏吉庆, 郑先哲, 刘成海. 储藏方式对稻米黏度和脂肪酸含量的影响 [J]. 农业工程学报, 2008, 24 (11): 260-263.

[23] Manifigat C C, Juliano B O, Banos L. Starch lipids and their effect on rice starch properties [J]. Starch, 1980, 32 (3): 76-82.

[24] Debet M R, Gidley M J. Three classes of starch granule swelling: Influence of surface and lipids [J]. Carbohydrate Polymers, 2006 (64): 452-465.

[25] Ahmad F B, William P A. Effect of salts on the gelatinization and rheological properties of sago starch [J]. Journal of Agricultural and Food Chemistry, 1999, 47 (8): 3359-3366.

[26] Hamaker B R, Griffin V K. Effect of disulfide bond-containing protein on rice starch gelatinization and tasting [J]. Cereal chemistry, 1993, 70 (4): 377-380.

[27] Zhou Z, Robards K, Helliwell S, et al. Ageing of stored rice: change in chemical and physical attributes [J]. Journal of Cereal Science, 2002 (35): 65-78.

[28] Bruneel C, Pareyt B, Brijs K, et al. Mechanism of gliadin-glutenin cross-linking during hydrothermal treatment [J]. Food Chemistry, 2008 (107): 753-760.

[29] Teo C H, Karim A A, Cheah PB, et al. On the roles of protein and starch in the aging of non-waxy rice flour [J]. Food Chemistry, 2000 (69): 229-236.

[30] Xie L, Duan B, Zhu Z, et al. Impact of protein on pasting and cooking properties of waxy and non-waxy rice [J]. Journal of Cereal Science, 2008 (47): 372-379.

[31] Likitwattanasade T, Hongsprabhas P. Effect of storage proteins om pasting properties and microstructure of Thai rice [J]. Food research International, 2010, 43 (5): 1402-1409.

[32] 程科, 陈季旺, 许永亮, 等. 寒地粳米淀粉物化特性与护花曲线的相关性研究 [J]. 中国粮油学报, 2006, 21 (6): 4-8.

[33] 隋炯明, 李欣. 岩松. 稻米淀粉RVA谱特征与品质性状相关性研究 [J]. 中国农业科学, 2005, 38 (4): 657-663.

[34] 雷玲, 孙辉, 姜薇莉, 等. 稻谷在储藏中糊化特性变化的研究 [J]. 粮油食品科技, 2007, 15 (5): 6-8.

[35] 刘桃英, 刘成梅, 付桂明, 等. 寒地粳米蛋白对寒地粳米粉糊化性质的影响 [J]. 食品工业科技, 2013, 34 (2): 97-99, 103.

[36] 张玉荣, 马记红, 伦利芳, 等. 真空包装解封后寒地粳米储藏品质变化研究 [J]. 粮油食品科技, 2013, 21 (6): 111-115.

[37] Wei C X, Qin F L, Zhu L J, et al. Microstructure and ultrastructure of high-amylose rice resistant starch granules modified by antisense RNA inhibition of starch branching enzyme [J]. J Agric Food Chem, 2010, 58: 1224-1232.

[38] 易军鹏, 任广跃, 李欣, 等. 微细化淀粉颗粒形貌及显微结构分析 [J]. 粮油食品科技, 2014, 22 (4): 10-14.

[39] Guang-yue Ren, Dong Li, Li-jun Wang, et al. Morphological properties and thermoanalysis of micronized cassava starch [J]. Carbohydrate Polymers, 2010 (79): 101-105.

[40] 钱文文, 李帅, 王春辉, 等. 不同品种莲藕淀粉的颗粒形态及流变特性研究 [J]. 食品工业科技, 2012, 33 (4): 195-199.

[41] Chung H Y, Hoover R, Liu Q. The impact of single and dual hydrothermal modifications on the molecular structure and physicochemical properties of normal corn starch [J]. Int J Biol Macromol, 2009 (44): 203-210.

[42] Nakazawa Y, Wang Y J. Acid hydrolysis of native and annealed starches and branch-structure of their Neageli dextrins [J]. Carbohydrate Research, 2003, 338 (24): 2871-2881.

[43] Liyan Zhao, Yanhong Dong, Guitang Chen, et al. Extraction, purification, characterization and antititumor activity of polysaccharides from Ganoderma lucidum [J]. Carbohydrate Polymers, 2010, 80: 783-789.

[44] Junlong Wang, Ji Zhang, Baotang Zhao, et al. A comparison study on microwave-assisted extraction of Potentilla anserina L. polysaccharides with conventional method: Molecule weight andantioxidant activities evaluation [J]. Carbohydrate Polymers, 2010, 80: 84-93.

第5章
不同脱脂条件对米糠蛋白提取及结构的影响研究

5.1 米糠脱脂工艺条件研究

米糠是由糙米中的果皮、种皮、糊粉等物质组成，其中，脂肪含量为20%左右。因此本章节选用超临界流体萃取法和溶剂浸提法对米糠进行脱脂，以研究在不同的脱脂条件下，米糠蛋白溶解性的变化。

CO_2超临界萃取的原理是：高密度的流体处于超临界温度和临界压力的状态，并且具有非凝缩性。超临界流体本身是没有明显的气液分界面，它既不是气体，也不是液体，而是处于一种气液不分的状态，性质介于气体和液体之间，这种状态具有很多优点：黏度低，密度高，流动性好，具有良好的传质、传热和溶解性能。当流体处于超临界状态的时候，密度接近液体密度，随着流体的压力和温度改变而发生特别明显的变化，在超临界流体中，其溶质的溶解度会随着超临界流体密度的变化而发生改变，溶解度增大，其密度也会增大。利用这种独特的性质，超临界流体萃取方法可以在较高压力下，将溶质溶解于流体中，然后使流体溶液的压力降低或使流体溶液的温度升高，因此，溶于超临界流体中的溶质会因为它的密度下降和溶解度的降低而析出，从而实现特定溶质的萃取。

另一种脱脂米糠的方法是溶液浸提法。本实验是利用乙醚对米糠进行脱脂，经抽滤获得脱脂米糠，再经过碱溶酸沉获得米糠蛋白，通过对脱脂条件的变化来确定米糠蛋白溶解度的影响因素。

本试验通过对乙醚脱脂条件和CO_2超临界萃取脱脂条件的单因素试验分析，确定影响米糠蛋白溶解度的影响因素，从而进行正交试验，选择最佳参数组合，并且进一步进行验证试验。

5.1.1 材料与仪器设备

5.1.1.1 试验材料

见表5-1。

表 5-1　原料和来源

原料	来源
米糠	黑龙江北大荒米业
乙醚	富宇精细化工公司
盐酸	天津瑞化工公司
氢氧化钠	沈阳化工公司
考马斯亮蓝	沈阳化工公司
去离子水	黑龙江八一农垦大学食品学院自制

5.1.1.2　仪器设备

见表 5-2。

表 5-2　主要仪器与设备

主要仪器	设备
60 目标准筛	上虞市华丰五金仪器公司
电子分析天平	上虞市华丰五金仪器公司
恒温水浴锅	上海森信仪器公司
磁力搅拌器	天津欧诺仪器有限公司
722s 分光光度计	上海精密科学仪器有限公司
pH-3C 型酸度计	上海雷磁仪器厂
LD4-8 低速离心机	北京京立离心机公司
电热恒温干燥箱	上海森信仪器公司
凯氏定氮仪	江苏南通安超临界公司
超临界萃取机	江苏南通安超临界公司

5.1.2　试验方法

5.1.2.1　米糠预处理

用 60 目筛子处理新鲜米糠，取 200 g 米糠分别用二氧化碳超临界萃取、乙醚溶剂浸提进行脱脂，得到的脱脂米糠与蒸馏水按料液比为 1∶10 混合，调节 pH 为 10。水浴加热后离心分离，收集上清液调节 pH，再次离心分离得到米糠蛋白。测米糠蛋白质溶解度。结果以蛋白质溶解度作为考察指标，进行试验研究。

5.1.2.2 米糠萃取工艺过程

取 200 g 米糠置于超临界萃取仪器浸出柱中，浸出柱在预定温度和压力下充满 CO_2，CO_2 在 2 h 内通过浸出柱和控制浸出压力的限制器，该过程中严格控制温度、压力在预定值，当 CO_2 排放至环境时，浸出米糠脂质集中于柱式收集器，杂质汇于分离口的柱式收集器，将油收集到 50 mL 小烧杯中，以备测定。

提取工艺流程：

新鲜米糠→干燥→粉碎→称量→装萃取柱、密封→超临界萃取，确定合适的温度、压力、时间→超临界状态下萃取→降压→分离柱得出脱脂米糠

5.1.2.3 乙醚溶剂浸提工艺过程

提取工艺流程：

新鲜米糠→一定比例加入乙醚溶剂→浸提 24 h→脱脂米糠→干燥备用

5.1.2.4 米糠蛋白提取

提取工艺流程：

脱脂米糠→加水溶解→调节 pH 为 10→加热→离心→上清液→调节 pH 为 4.6→离心→倾去上清液→米糠蛋白→冷冻干燥

5.1.2.5 米糠溶解性测定

米糠蛋白溶解性测定：取一定量米糠蛋白加入 100 mL 水中，用 100 mL Tris-HCL 缓冲溶液制备成不同 pH、温度和氯化钠浓度梯度的蛋白质分散体系，使用磁力搅拌器搅拌 2 h，在 4000 r/min 下离心 10 min，取 10 mL 上清液，测定上清液中的蛋白质含量，重复 3 次。

蛋白质溶解度（%）= 上清液中蛋白质质量（g）/蛋白质样品质量（g）×100%

5.1.2.6 蛋白质含量与脂肪含量测定

蛋白质含量测定采用凯氏定氮法（GB/T 5511—2008）。

脂肪含量测定采用索氏提取法。

5.1.3 试验结果与分析

5.1.3.1 米糠中脂肪含量检测

见表 5-3。

表 5-3 脂肪含量检测

组数	米糠质量/g	脂肪含量/g
1	3.1316	0.5162

续表

组数	米糠质量/g	脂肪含量/g
2	2.6041	0.4572
3	2.6852	0.4281
4	2.8697	0.4760
平均值	2.8227	0.4694

由表中数据分析可得：米糠中脂肪含量为 16.64%。

5.1.3.2 米糠蛋白的基本成分测定

见表 5-4。

表 5-4 米糠蛋白主要成分

成分	蛋白质	灰分	水分
含量/%	65.24	2.99	5.45

5.1.3.3 超临界萃取脱脂参数对米糠蛋白溶解性的影响

（1）单因素试验分析。

①萃取压力对米糠蛋白溶解性的影响。称取 200 g 米糠装于萃取缸中，分别在 20 MPa、25 MPa、30 MPa、35 MPa、40 MPa 下萃取，萃取温度 40℃、萃取时间 2 h。

由图 5-1 可知，增加压力有利于米糠蛋白的溶解，压力越大，蛋白溶解度随之变大，原因是压力增大，使 CO_2 的密度增加，减少物质间传质距离。但是当压力增加到一定程度后，其溶解能力增加缓慢，这可能发生的原因是在高压的状态

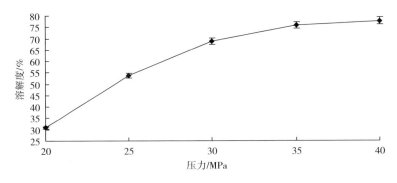

图 5-1 萃取压力对米糠蛋白溶解性的影响

下，CO_2的密度随压力的变化而变得缓慢。实验证明，随着压力的增大，可被萃取的物质范围扩大，米糠中的饱和脂肪酸和一些非挥发性的成分可以被萃取出来。其次，压力增大，浪费资源，为了节约成本，综合以上因素考虑，选择萃取压力为 35 MPa，其溶解度为 63.8%。

②萃取温度对米糠蛋白溶解性的影响。称取 200 g 米糠装于萃取缸中，分别在 30℃、35℃、40℃、45℃、50℃下萃取，萃取压力 30 MPa、萃取时间 2 h。

由图 5-2 可知，当萃取温度为 45℃时，米糠蛋白的溶解性最高，为 64.7%。随着温度的不断升高，米糠蛋白溶解性反而下降，这可能是由于温度升高，使超临界流体的密度下降，因此它所能携带物质的能力降低。其次，在高温下的萃取操作会使萃取物中含有较多的水分，这样使多糖等物质极易溶出。综合考虑，选择萃取温度为 45℃。

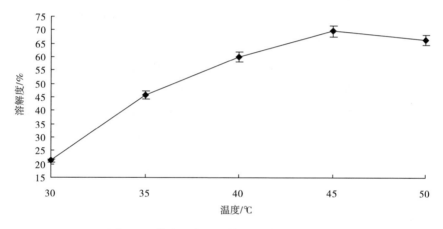

图 5-2　萃取温度对米糠蛋白溶解性的影响

③萃取时间米糠蛋白溶解性的影响。称取 200 g 米糠装于萃取缸中，分别在 1.5 h、2 h、2.5 h、3 h、3.5 h 下萃取，萃取压力 35 MPa、萃取温度 45℃。

由图 5-3 可知，随着时间的不断延长，米糠蛋白溶解度也不断增大。这可能的原因是，最开始萃取时，CO_2 流体与溶质没有达到很好的接触，因此萃取量较少。但是当时间不断延长时，传质已经达到良好的萃取状态，因此萃取量增加，导致米糠蛋白的溶解度也不断升高。但是继续延长时间，米糠蛋白的溶解性反而下降，这可能是由于，较长的萃取时间使米糠发生变性，破坏了米糠蛋白的结构，使溶解度降低，因此选择最佳萃取时间为 3 h，此时的溶解度为 62.3%。

（2）正交试验优化超临界萃取脱脂工艺。如表 5-5~表 5-7 中可以看出，影

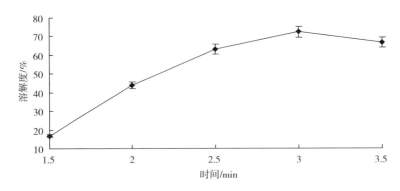

图 5-3 萃取时间对米糠蛋白溶解性的影响

响实验结果的因素排序为：$B>C>A$，即萃取压力>萃取温度>萃取时间，其中萃取压力比对蛋白质溶解性的影响显著。由极差分析和方差分析得出，理论的最优组合为 $B_3C_3A_3$，即萃取压力为 35 MPa、萃取温度为 50℃、萃取时间为 2.5 h。在最佳条件下米糠蛋白的溶解度为 69.2%。通过 F 检验对各因素进行方差分析（$\alpha=0.05$）可以看出，对米糠蛋白溶解度有的影响结果为萃取压力最显著，温度的影响较小，时间的影响最小，并且最终的方差分析的结果和极差分析的结果一致。

表 5-5 正交试验因素水平表

水平	因素		
	时间/h A	压力/MPa C	温度/℃ B
1	2	25	40
2	2.5	30	45
3	3	35	50

表 5-6 超临界萃取的正交实验表

试验号	因素			溶解度/%
	A 萃取时间/h	B 萃取压力/MPa	C 萃取温度/℃	
1	2	25	40	60.86
2	2.5	30	40	62.74
3	3	35	40	65.75

续表

试验号	因素			溶解度/%
	A 萃取时间/h	B 萃取压力/MPa	C 萃取温度/℃	
4	2.5	25	45	66.57
5	3	30	45	66.86
6	2	35	45	67.41
7	3	25	50	64.98
8	2	30	50	67.98
9	2.5	35	50	69.2
K_1	39.35	36.41	38.24	
K_2	38.77	39.52	39.57	
K_3	44.22	46.41	44.53	
k_1	13.12	12.14	12.75	
k_2	12.92	13.17	13.19	
k_3	14.74	15.47	14.84	
R	1.82	3.33	2.09	

表 5-7 方差分析表（$F\alpha=0.05$）

因素	偏差平方和	自由度	F 比	F 临界值	显著性
A 萃取时间/h	1.84	2	6.00	19.00	
B 萃取压力/MPa	6.74	2	22.59	19.00	*
C 萃取温度/℃	4.42	2	14.87	19.00	
误差	1.89	2			

5.1.3.4 乙醚浸提脱脂参数对米糠蛋白溶解性的影响

（1）单因素试验分析。

①料液比对米糠蛋白质溶解性的影响。取 50 g 米糠和乙醚分别以 1∶8、1∶10、1∶12 和 1∶14（g/mL）的比例混合，用 40℃ 水浴加热 2 h。得到的脱脂米糠与蒸馏水按料液比为 1∶10 混合，调节 pH 为 9。水浴加热后离心分离，收集上清液调节 pH 4.6，再次离心分离得到米糠蛋白。冷冻干燥备用。计算米糠蛋白质溶解度。

由图 5-4 可知：当料液比过小时，会使物料变得黏稠，使其流动性较差，会导致油脂难以提取,当物料比过大时,则会加大提取量。并且提取率越大,越会加重乙醚溶剂的回收问题,还会造成一定的损耗。所以选择最佳的物料比为1∶12,此时的溶解度为36.23%。

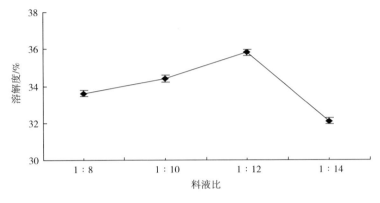

图 5-4　料液比对米糠蛋白溶解性的影响

②温度对米糠蛋白质溶解性的影响。取 50 g 米糠与 600 mL 的乙醚混合,分别用 45℃、50℃、55℃、60℃水浴加热 1 h,得到的脱脂米糠与蒸馏水按料液比为 1∶10 混合,调节 pH 为 10。水浴加热后离心分离,收集上清液调节 pH,再次离心分离得到米糠蛋白。测得米糠蛋白质溶解度。

由图 5-5 可知,米糠在 45～55℃条件下开始脱脂,当温度达到 55℃时,米糠蛋白质溶解度最高,超过 55℃后,蛋白质溶解度逐渐降低。其主要原因可能是温度过高导致蛋白质变性,溶解度下降。因此,温度为 55℃最佳。

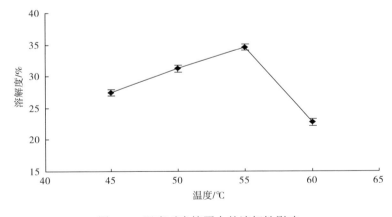

图 5-5　温度对米糠蛋白的溶解性影响

③时间对米糠蛋白质溶解性的影响。取 50 g 米糠与 600 mL 的乙醚混合,用

55℃水浴分别加热1.0 h、2.0 h、4.0 h和6.0 h，冷却后离心分离，得到的脱脂米糠与蒸馏水按料液比为1∶10混合，调节pH为10。水浴加热后离心分离，收集上清液调节pH，再次离心分离得到米糠蛋白。测得米糠蛋白质溶解度。

从图5-6可以看出，随着脱脂时间的延长，米糠蛋白的溶解度先增加，而后逐渐降低。当脱脂时间为2 h时，米糠蛋白溶解度达到最高。在2~2.5 h之间，蛋白质溶解度明显降低。这可能是由于脱脂时间的延长，乙醚对米糠蛋白造成变性的影响，因此溶解度下降。并且随着脱脂时间的延长，增加了实验的周期，降低工作效率，因此综合实际因素，选择2 h为最佳的浸提时间。

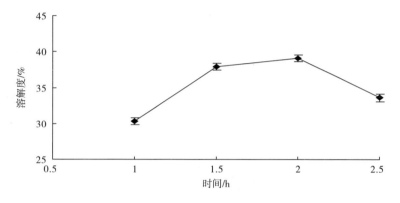

图5-6　时间对米糠蛋白溶解性的影响

（2）正交试验优化乙醚脱脂工艺。为了确定最佳的乙醚脱脂提取工艺，进行正交试验。选定料液比、浸提温度、浸提时间为乙醚浸提法的主要影响溶解度的因素，确定正交试验的温度范围为45℃、50℃、55℃、60℃；时间范围为1 h、1.5 h、2 h、2.5 h；料液比范围为1∶8、1∶10、1∶12、1∶14，以米糠蛋白溶解性为指标，确定试验。实验设计见表5-8。

表5-8　正交试验因素水平表

水平	因素		
	浸提温度/℃ A	浸提时间/h B	料液比/（g·mL^{-1}） C
1	45	1	1∶8
2	50	1.5	1∶10
3	55	2	1∶12
4	60	2.5	1∶14

从表 5-9、表 5-10 中可以看出，影响实验结果的因素排序为：$C>B>A$，脱脂料液比>脱脂时间>脱脂温度，其中脱脂料液比对蛋白质溶解性的影响显著。由极差分析和方差分析得出，理论的最优组合为 $A_3B_3C_3$，即脱脂温度为 55℃、脱脂时间为 2 h、料液比为 1∶12（g/mL）。在最佳条件下米糠蛋白的溶解度为 44.3%。通过 F 检验对各因素进行方差分析（$\alpha=0.05$）可以看出，对米糠蛋白溶解度有的影响结果为料液比最显著，时间的影响较小，温度的影响最小，并且最终的方差分析的结果和极差分析的结果一致。

表 5-9　乙醚脱脂的正交试验表

试验号	A	B	C	溶解度/%
1	45	1	1∶8	30.2
2	45	1.5	1∶10	32.2
3	45	2	1∶12	37.4
4	45	2.5	1∶14	30.5
5	50	1	1∶10	32.4
6	50	1.5	1∶8	33.9
7	50	2	1∶14	39.1
8	50	2.5	1∶12	38.9
9	55	2	1∶12	44.3
10	55	1.5	1∶14	38.6
11	55	1	1∶8	32.5
12	55	2.5	1∶10	35.8
13	60	1	1∶14	35.4
14	60	1.5	1∶12	36.9
15	60	2	1∶10	34.3
16	60	2.5	1∶8	32.5
k_1	32.6	32.6	32.3	
k_2	35.1	34.4	33.7	
k_3	35.6	36.5	38.1	
k_4	34.8	34.4	33.9	
R	3.0	3.9	5.8	

第 5 章　不同脱脂条件对米糠蛋白提取及结构的影响研究

表 5-10　方差分析表（$F\alpha=0.05$）

因素	偏差平方和	自由度	F 比	F 临界值	显著性
A 温度/℃	2.398	3	1.000	19.000	
B 时间/h	17.160	3	7.156	19.000	
C 料液比/（g·mL^{-1}）	57.229	3	23.865	19.000	*
误差	2.40	3			

5.1.3.5　不同脱脂方式对米糠蛋白溶解性的对比分析

如图 5-7 所示，未脱脂的米糠提取出的米糠蛋白，其溶解度为 26.78%；采用乙醚脱脂的最佳工艺条件下，提取出的米糠蛋白的溶解度为 44.3%；采用超临界萃取脱脂的最佳工艺条件下提取出的米糠蛋白溶解度为 69.2%。由此可知，不同的脱脂方式对米糠蛋白的溶解性是有影响的，其主要原因可能是，新鲜米糠中含有 20% 左右的油脂，在不脱脂的条件下，米糠中的油脂与蛋白结合，使部分蛋白质无法提取出来，其次，由于油脂的氧化，部分蛋白质发生变性，改变其分子内部结构和性质。蛋白质中的氢键断裂，有些原来在分子内部的疏水基团由于结构松散而暴露出来，分子的不对称性增加，因此黏度增加，扩散系数降低，溶解度降低。乙醚脱脂方法与超临界萃取脱脂方法比较可知，乙醚脱脂过程中最佳的温度要比萃取脱脂高一点，这可能造成部分米糠蛋白的变性，使乙醚脱脂的米糠蛋白溶解性低；而超临界萃取在一定的压力下进行，使米糠内部结构可能发生变化，能促使米糠蛋白更好地溶出，因此溶解度升高。

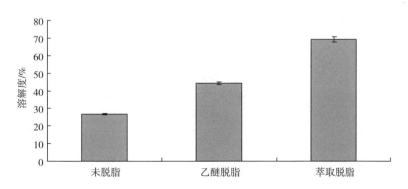

图 5-7　不同脱脂方式米糠蛋白的溶解度

通过两种脱脂方式对新鲜米糠进行脱脂，得出几下结论：超临界 CO_2 萃取法脱脂新鲜米糠的最佳工艺条件是：萃取压力为 35 MPa、萃取温度为 50℃、萃取时间为 2.5 h。在最佳条件下米糠蛋白的溶解度为 69.2%。乙醚浸提法脱脂新鲜米糠的最佳工艺条件是：脱脂温度为 55℃、脱脂时间为 2 h、料液比为 1∶12（g/mL）。在最佳条件下米糠蛋白的溶解度为 44.3%。对于两种不同的脱脂方式，选择米糠蛋白溶解度为指标，得出超临界 CO_2 萃取法脱脂米糠后，能提高米糠蛋白的溶解度。

5.2 脱脂米糠清蛋白及球蛋白的提取工艺

米糠蛋白组分中主要含有清蛋白、球蛋白、醇溶蛋白和谷蛋白，各种分离蛋白的性质和功能特性各不相同，其中清蛋白是一类分子较小的蛋白质，主要呈球状，并且能溶于水。清蛋白是一种重要的营养物质，其氨基酸种类丰富，有利于人体健康，是人体所必需的营养物质，米糠球蛋白是米糠蛋白中重要的组成成分，米糠球蛋白的性质和功能特性各不相同，球蛋白是一种能被半饱和硫酸铵溶液沉淀的单纯蛋白质，不溶于纯水，易溶于稀盐水，加热即沉淀或凝固。米糠球蛋白是根据 Osbrone 法提取出的，是由米糠清蛋白提取后的沉淀物，再经盐溶而提取分离出的。

本试验主要是在脱脂米糠中提取出米糠清蛋白、球蛋白、醇溶蛋白和谷蛋白，最后采用响应面法优化米糠清蛋白和球蛋白的提取工艺，为米糠清蛋白及球蛋白的工厂化提供理论依据。

5.2.1 材料和仪器

5.2.1.1 原料和试剂

见表 5-11。

表 5-11 原料种类及来源

原料种类	来源
米糠	黑龙江省五常寒地粳米有限公司提供
蒸馏水	沈阳华东试剂厂
氯化钠	沈阳华东试剂厂
浓硫酸	沈阳华东试剂厂
氢氧化钠	沈阳华东试剂厂
盐酸	沈阳华东试剂厂

5.2.1.2 仪器

见表 5-12。

表 5-12 主要仪器与设备

主要仪器	设备
超临界萃取设备（HA121-50）	南通华安超临界 CO_2 萃取公司提供
自动凯氏定氮仪	北京三品科创仪器有限公司
恒温水浴锅	上海森信仪器公司
磁力搅拌器	天津欧诺仪器有限公司
722 s 分光光度计	上海森信仪器公司
LD4-8 低速离心机	上海精密科学仪器有限公司
电热恒温干燥箱	北京京立离心机公司
pH-3C 型酸度计	上海雷磁仪器厂

5.2.2 试验方法

5.2.2.1 提取米糠分级蛋白工艺流程

工艺流程：脱脂米糠→蒸馏水浸提→离心→上清液（清蛋白）
　　　　　　　　　　　　　　　　↓
　　　　　　　　　沉淀→盐提→离心→上清液（球蛋白）
　　　　　　　　　　　　　　　　↓
　　　　　（醇溶蛋白）上清液←离心←醇提←沉淀
　　　　　　　　　　　　　　　　↓
　　　　　　　　　沉淀→碱提→离心→上清液（谷蛋白）

5.2.2.2 脱脂米糠的制备

（1）将新鲜米糠放入 CO_2 超临界萃取装置中进行脱脂，分离得出的脱脂米糠放入冰箱中冷藏备用。

（2）将新鲜米糠用乙醚溶剂进行进行脱脂，分离得出的脱脂米糠放入冰箱中冷藏备用。

5.2.2.3 蛋白质提取率的计算

米糠蛋白提取率=提取物中蛋白质的质量（g）/原料中蛋白质的质量（g）×100%

5.2.2.4 蛋白质含量的测定

蛋白质含量测定采用凯氏定氮法（GB/T 5511—2008）。

5.2.2.5 米糠清蛋白和球蛋白的提取工艺

取脱脂米糠，加一定料液比的蒸馏水浸提，在一定的温度下搅拌一段时间后，用 4000 r/min 的离心机离心 20 min 后，得到的上清液调至清蛋白的等电点 4.1，再用离心机离心 4000 r/min 离心 20 min，将沉淀透析后冷冻干燥即得米糠清蛋白粉。将沉淀加入一定料液比的 NaCl 溶液浸提，在一定的温度下搅拌一段时间后，用 4000 r/min 的离心机离心 20 min 后，得到的上清液调至球蛋白的等电点 4.3，再用离心机离心 4000 r/min 离心 20 min，将沉淀透析后冷冻干燥即得米糠球蛋白粉。

5.2.3 试验结果与分析

5.2.3.1 米糠清蛋白提取工艺的单因素试验

（1）提取温度的确定。用 1∶10 的料液比加入蒸馏水，分别在 30℃、35℃、40℃、45℃、50℃ 下提取 2.5 h，离心后取上清液测蛋白得率提取率，确定最佳温度。

由图 5-8 结果显示：温度升高，米糠清蛋白提取率不断增加，在 45℃ 时蛋白提取率达到最大值，随后蛋白提取率开始下降，这可能是由于蛋白发生水解。米糠糊化温度为 60~75℃，淀粉的糊化使原来的悬浮液变成了黏性很强的淀粉糊，阻碍了蛋白质的溶出，从而降低了蛋白质的提取率，故初步选取提取温度为 45℃。

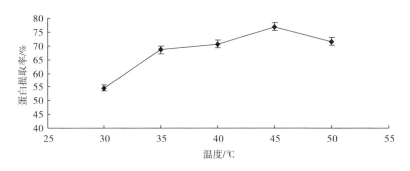

图 5-8 温度对蛋白提取率的影响

（2）料液比的确定。按 1∶6、1∶8、1∶10、1∶12、1∶14 的料液比进行实验，在 50℃ 恒温下提取 2.5 h，离心取上清液测蛋白提取率，确定最佳液料比。

图 5-9 的结果显示：当料液比在 1∶10 之后蛋白的提取率随料液比的增加变化增长趋势不明显，这可能发生的原因是米糠中含有一定量的膳食纤维和淀粉，

具有较强的吸水膨胀能力,料液比过低时物料变得黏稠,流动性差,不易搅拌,蛋白不易溶出;清蛋白是水溶性蛋白,提高料液比可以提高蛋白质的提取率。但是料液比过大,将导致浓缩制备困难,并且浪费材料;若过小,则不能保证蛋白质完全溶出,为节约材料由此初步选择液料比为1∶10。

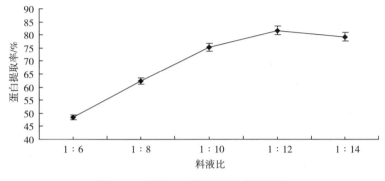

图 5-9　料液比对蛋白提取率的影响

（3）提取时间的确定。用1∶10的料液比加入蒸馏水,在50℃恒温下提取2 h、2.5 h、3 h、3.5 h、4 h,离心取上清液测得蛋白提取率,确定最佳提取时间。

图5-10的结果显示:米糠清蛋白的提取率在3 h处呈现最大值,随着提取时间的增加而逐渐下降,这可能是因为随着提取时间的延长,清蛋白大部分溶解,提取率增加;但是继续延长提取时间,可能使部分清蛋白又会发生水解现象,从而降低了蛋白提取率。并且时间越长能耗越大,成本越高,故初步选择浸提时间为3 h。

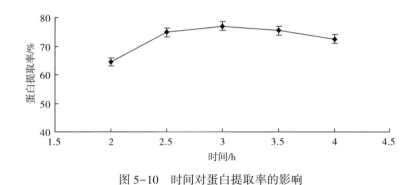

图 5-10　时间对蛋白提取率的影响

5.2.3.2　米糠球蛋白提取工艺的单因素试验

（1）提取温度的确定。称取20份残渣,用2%料液比为1∶10的NaCl溶液溶解,设定提取温度为35℃、40℃、45℃、50℃、55℃,设定提取时间为2 h,

进行试验，离心提取上清液，测定上清液的米糠球蛋白提取率。

由图5-11可知，米糠球蛋白提取率在50℃时达到最大值，在50℃之前，米糠球蛋白提取率随提取温度的升高逐渐增大，而后随温度的继续升高缓慢下降，这可能是由于温度过高，使米糠球蛋白的性质发生了变化，比如糊化等因素，因此提取的温度最好在50℃以内。

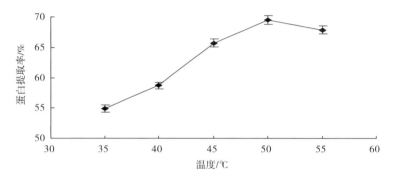

图5-11　温度对蛋白提取率的影响

（2）料液比的确定。用2%的NaCl溶液溶解沉淀，在料液比1:6、1:8、1:10、1:12、1:14，45℃的条件下提取2 h，离心后对上清液进行米糠球蛋白提取率的测定。

由图5-12可以看出，在料液比为1:10时米糠球蛋白的提取率最大，继续增加料液比，蛋白提取率则呈现降低趋势。这可能是与蛋白分解以及提取液的蛋白浓度降低有关。与清蛋白相比球蛋白的最佳料液比相对减少了很多，分析原因可能是由于经过清蛋白提取后，原料已吸收一部分水分，再提取球蛋白时，料液比明显降低。

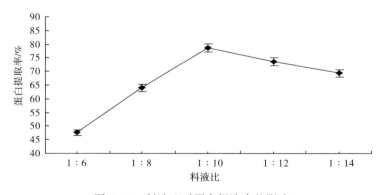

图5-12　料液比对蛋白提取率的影响

（3）提取时间的确定。用2%料液比为1∶10的NaCl溶液溶解沉淀，在45℃条件下提取1.5 h、2 h、2.5 h、3 h、3.5 h，离心测定上清液的米糠球蛋白提取率。

由图5-13可知，球蛋白提取率在2 h处达到最大值，随着温度的增加，提取率逐渐下降，分析原因可能是随提取时间延长，米糠球蛋白发生了部分水解，使蛋白质得率降低从而影响蛋白提取率。

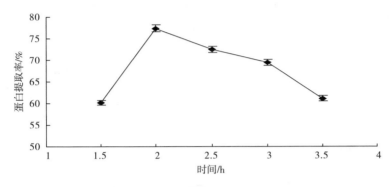

图5-13 提取时间对蛋白提取率的影响

（4）NaCl溶液浓度的确定。料液比为1∶10，NaCl溶液的浓度在1%、2%、3%、4%、5%，在45℃条件下提取2 h，离心后对上清液进行米糠球蛋白提取率测定。

由图5-14可以看出，当NaCl浓度达到3%时，米糠球蛋白的提取率达到最大值，而后呈现下降趋势。分析原因可能是由于高浓度的盐使得溶液的黏度增大，影响蛋白的溶解，并残留一些杂质，从而影响米糠球蛋白的提取率。

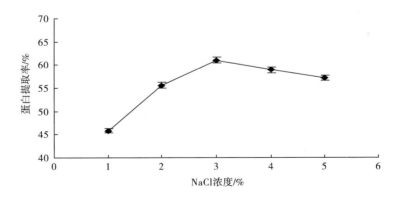

图5-14 NaCl浓度对蛋白提取率的影响

5.2.3.3 米糠清蛋白响应面试验分析

（1）中心组合实验因素确定。以 A 提取时间（h）、B 温度（℃）、C 料液比

（g/mL）三个因素的实验结果，采用二次旋转回归正交组合试验设计，以蛋白提取率为响应值，按照表 5-13 的试验设计进行实验，采用三因素三水平的响应面分析，利用 Design-Expert 8.0.5 统计软件进行数据处理和回归分析，建立蛋白提取率与各因素关系的数学模型，最后通过对模型分析得出最佳提取工艺条件。

表 5-13 中心组合试验因素水平编码表

水平	A 提取时间/h	B 提取温度/℃	C 料液比/（g·mL^{-1}）
1	2.5	35	1:8
0	3	40	1:10
-1	3.5	45	1:12

（2）模型拟合。采用三因素三水平的响应面法进行米糠清蛋白质提取工艺的优化，结果见表 5-14。

表 5-14 响应面回归试验设计与试验结果

No	A	B	C	蛋白提取率实际值/%	预测值/%
1	1	0	-1	76.01	77.45
2	1	1	0	70.32	71.61
3	0	0	0	75.34	77.20
4	-1	0	-1	51.07	52.28
5	0	1	-1	70.21	71.48
6	-1	1	0	60.71	60.03
7	1	-1	0	79.77	80.25
8	0	0	0	76.89	77.20
9	1	0	1	78.22	79.01
10	0	-1	1	70.66	69.39
11	-1	0	1	52.78	55.34
12	0	-1	-1	69.31	71.39
13	0	0	0	74.99	77.20
14	0	1	1	80.17	78.09
15	0	0	0	76.98	77.20
16	-1	-1	0	54.08	52.79
17	0	0	0	78.82	77.20

根据表 5-14 结果计算各项回归系数，建立蛋白提取率（Y）与四个因素的数学回归模型为：

$$Y = 77.204 + 12.210A + 2.199B + 1.154C - 7.526A^2 - 1.520AB - 0.958B^2 - 0.375AC + 2.1525BC - 3.658C^2 \quad (R^2 = 0.9767)$$

由表 5-15～表 5-17 中的方差分析可以得出，回归方程的失拟性检验 $F = 4.47 < F_{0.05}(9, 3) = 8.81$ 不显著，因此选用的二次回归模型是可以用的。回归方程显著性检验 $F = 51.74 > F_{0.01}(9, 4) = 14.66$ 极显著，结果表明回归模型中的实际值与预测值比较相似，模型成立。

表 5-15　回归方程的方差分析

方差来源	自由度	平方和	均方和	F 值	P 值
回归模型	9	1588.78	176.53	51.74	<0.0001
误差	4	8.95	2.24	—	—
总和	16	1627.71	—	—	—

表 5-16　回归方程各项的方差分析

回归方差来源	自由度	平方和	均方和	F 值	P 值
一次项	3	1242	297.985	223.29	<0.0001
二次项	3	298.69	57.805	53.71	<0.0001
交互项	3	28.33	2.6825	5.09	0.0049
失拟项	3	29.98	9.06	4.47	0.01037
纯误差	4	8.95	2.22	—	—

表 5-17　二次回归模型系数的显著性检验结果

模型	非标准化系数	显著性检验
常数项	77.20	—
A	12.21	<0.0001
B	2.20	0.0336
C	1.15	0.2090
A^2	-7.53	0.0030
AB	-1.52	0.2384

续表

模型	非标准化系数	显著性检验
B^2	-0.96	0.4320
AC	-0.38	0.7598
BC	2.15	0.1107
C^2	-3.66	0.0154

注：$P<0.01$，极显著**；$0.01<P<0.05$，显著*。

由模拟图形可知，提取时间（A）、温度（B）、料液比（C）及其交互作用对米糠清蛋白提取率的影响分析得出：料液比对米糠清蛋白提取率的影响最为显著，而温度和提取时间的影响较小，并且随着因变量数值的增加或减少，响应值没有显著性的变化，因此本实验结果只提供料液比与温度的响应面图形作为参考，见图5-15。

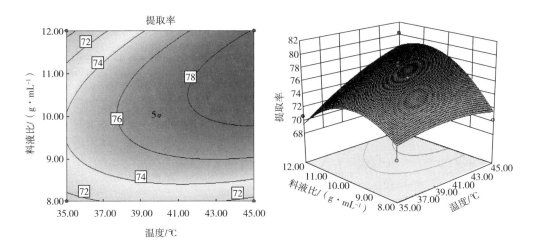

图5-15　料液比与提取温度的交互作用对米糠清蛋白提取率的等高线和响应面分析

由图5-15可知，开始时随着提取温度（B）和液料比（C）的升高，米糠清蛋白的提取率（Y）逐渐增加，直到达到最高点；但当料液比和提取温度不断升高时，米糠清蛋白的提取率反而能开始逐渐下降。因此液料比和提取温度的过高或过低，都会影响蛋白的提取率。

（3）提取工艺参数的优化组合及结果验证。通过Design-Expert 8.0.5统计软件响应面分析模拟得出米糠清蛋白的提取率最大值为81.873%，最佳提取工艺参数为料液比为1∶10.83、提取温度为45℃、提取时间为2.85h。最后选取料液比为 1：11、提取温度为 45℃、提取时间为 3 h 进行验证试验，最后得出实际提取率为 80.95%，根据实验数据显示，预测值与实际值大体一致，表明实验结果与预测值比较符合。

5.2.3.4 米糠球蛋白响应面试验分析

（1）中心组合实验因素确定。以 A 提取时间（h）、B 温度（℃）、C 料液比（g/mL）、D NaCl 浓度四个因素的试验结果，采用二次旋转回归正交组合试验设计，以蛋白提取率为响应值，按照表 5-18 的试验设计进行试验，采用四因素五水平的响应面分析，利用 Design-Expert 8.0.5 统计软件进行数据处理和回归分析，建立蛋白提取率与各因素关系的数学模型，最后通过对模型分析得出最佳提取工艺条件。

表 5-18 中心组合试验因素水平编码表

水平	A 温度/℃	B 料液比/（g·mL^{-1}）	C 时间/h	D NaCl 浓度/%
1.682	30	1：6	1.5	1
1	35	1：8	2	2
0	40	1：10	2.5	3
-1	45	1：12	3	4
-1.682	50	1：14	3.5	5

（2）模型拟合。采用四因素五水平的响应面法进行米糠球蛋白提取工艺的优化，结果见表 5-19。

表 5-19 响应面回归试验设计与试验结果

No	A	B	C	D	实际值/%	预测值/%
1	-1	-1	-1	-1	45.00	46.1
2	1	1	-1	-1	71.97	70.92
3	1.682	0	0	0	75.59	76.83
4	0	0	0	0	79.82	78.22
5	0	0	0	0	77.21	76.57
6	0	0	1.682	0	78.33	78.98
7	-1	-1	1	-1	56.55	57.69

续表

No	A	B	C	D	实际值/%	预测值/%
8	0	0	0	0	80.67	78.61
9	0	0	-1.682	0	68.70	69.54
10	0	0	0	1.682	70.87	70.53
11	-1	1	-1	1	67.68	68.26
12	0	0	0	-1.682	77.25	78.59
13	0	0	0	0	74.46	75.774
14	1	1	1	-1	76.46	76.98
15	0	-1.682	0	0	34.97	34.24
16	0	1.682	0	0	71.11	72.63
17	-1	1	1	1	76.22	77.26
18	1	-1	1	1	52.01	53.05
19	0	0	0	0	78.53	79.11
20	-1.682	0	0	0	66.91	67.84
21	1	-1	-1	1	59.66	60.43

根据表 5-19 结果建立米糠球蛋白提取率（Y）与四因素的数学回归模型为：

由表 5-19 可知，通过对液料比、提取温度、提取时间和 NaCl 浓度进行实验优化设计，得到相应的二次方程模型：

$$Y = 91.18 + 2.58A + 10.74B + 4.39C - 1.90D - 1.35AB - 1.66AC - 0.391D + 2.39BC - 0.50BD - 3.14CD - 6.33A^2 - 12.76B^2 - 3.76C^2 - 5.33D^2 \quad (R^2 = 0.9791)$$

响应面分析中对实验结果进行拟合的二次模型方差分析见表 5-20 和表 5-21。由复相关系数 $R = 0.9791$，以及方差分析结果 $P < 0.0001$，所以建立的四元二次回归方程非常显著，与试验数据拟合很好。

由表 5-20 和表 5-21 的方差分析可知，回归方程显著性检验 $F = 27.63 > F_{0.01(14,16)} = 3.45$ 极显著，说明所建立的回归模型预测值和实际值的吻合较好，模型成立。一次项、交互项和二次项的 F 值都大于 0.01，说明各个因素之间的交互作用对米糠球蛋白的提取率有显著性的影响。由表 5-21 中分析数据可见，一次项除 D 不显著外，其他都极显著，二次项都是极显著，交差项只有 AB、BC 极显著，其他都是不显著。由此可知，影响米糠球蛋白提取率的因素的主要次序为液料比、提取温度、提取时间、NaCl 浓度。

表 5-20　回归方程的方差分析

方差来源	自由度	平方和	均方和	F 值	P 值
回归模型	14	5419.98	387.14	27.68	0.0003
误差	6	83.93	39.65		
总	20	5503.91			

注：$P<0.01$，极显著＊＊；$0.01<P<0.05$，显著＊。

表 5-21　二次回归模型方程各系数的显著性检验结果

模型	非标准化系数	t	显著性检验
常数项	91.18	27.68	0.0003
A	2.58	2.69	<0.0001
B	10.74	46.69	<0.0001
C	4.39	18.81	0.0049
D	-1.90	1.45	0.2731
AB	-1.35	0.43	<0.0001
AC	-1.68	1.57	0.2649
AD	-0.39	0.037	0.8542
BC	2.39	3.27	<0.0001
BD	-0.50	0.059	0.1549
CD	-3.14	5.65	0.0550
A^2	-6.33	42.75	0.0006
B^2	-12.76	174.06	<0.0001
C^2	-3.76	15.08	0.0081
D^2	-5.33	30.38	0.0015

注：$P<0.01$，极显著＊＊；$0.01<P<0.05$，显著＊。

提取温度和料液比的相互作用对米糠球蛋白的提取率影响响应面分析见图 5-16。

由图 5-16 可知，随着提取温度（A）和料液比（B）的不断升高，米糠球蛋白提取率（Y）不断增加，直到达到最高点；当提取的温度和料液比继续增加时，蛋白质的提取率反而开始下降。由此可知提取温度和料液比过高或过低，都会对

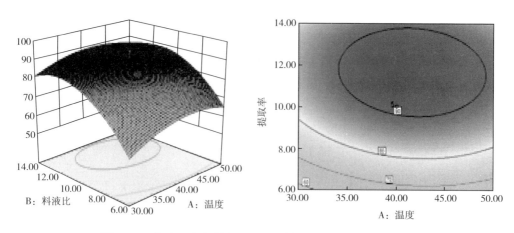

图 5-16 提取温度与料液比的相互作用等高线和响应面分析

米糠球蛋白的提取率造成影响，不能使蛋白提取率达到最大值。

料液比和提取时间的相互作用对米糠球蛋白的提取率影响响应面分析见图 5-17。

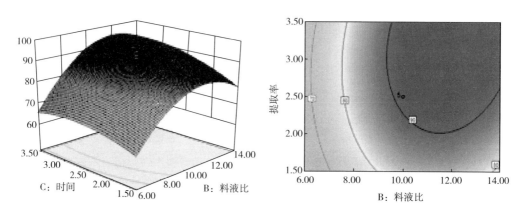

图 5-17 料液比与提取时间的相互作用等高线和响应面分析

由图 5-17 可知，当液料比（B）不断增加时，米糠球蛋白的提取率（Y）开始先增加，而后逐渐减小；当提取时间（C）不断增加时，米糠球蛋白的提取率（Y）先升高后降低。这说明，只有当料液比和提取时间共同升高到，并且达到一定的程度时，米糠球蛋白的提取率才会达到最高值。因此，这两种因素存在着交互作用的关系。

（3）提取工艺参数的优化组合及结果验证。本试验利用 Osbron 法提取出米糠球蛋白，通过单因素试验、数据优化和响应面分析得到以下结论：

以米糠球蛋白的提取率为响应值,建立回归模型方程为:

$Y = -1757.737500 + 23.921750A + 36.758083B + 61.372500C + 99.040417D - 0.225342A^2 - 0.135950AB - 0.407492B^2 - 0.583000AC + 1.125000BC - 15.269167C^2 + 0.097250AD + 0.157750BD - 2.645000CD - 4.931042D^2$

($R^2 = 0.9791$)

通过 Design-Expert 8.0.5 统计软件响应面分析模拟得出的米糠球提取率的提取率最大值为 80.5284%,其优化组合为 $A = 0.040$、$B = 0.516$、$C = 0.941$、$D = -0.480$,即最佳的提取工艺参数为:料液比为 1:12.06、提取温度为 40.40℃、提取时间为 2.44 h、NaCl 浓度 2.04%。最后进行验证试验,选取料液比为 1:12、提取温度为 40℃、提取时间为 2.5 h、NaCl 浓度 2%,进行试验得出结果。由最优组合的预测值得出的验证结果显示,蛋白提取率为 79.93%。预测值与实际值基本一致,说明预测条件与实际的测定情况比较符合。

试验以超临界萃取脱脂米糠为原料,根据 Osbrone 法,分级提取出米糠清蛋白、球蛋白、醇溶蛋白和谷蛋白,并对清蛋白和球蛋白进行提取工艺的优化。本章采用单因素试验,确定了影响米糠清蛋白提取因素为:料液比、提取温度和提取时间;影响米糠球蛋白提取率的主要因素为:料液比、提取温度、提取时间、NaCl 浓度。最后通过响应面分析,确定米糠清蛋白的最佳提取工艺参数为料液比为 1:11、提取温度为 45℃、提取时间为 3 h。在该条件下,米糠清蛋白的实际提取率可达到 80.95%;米糠球蛋白的最佳工艺条件为料液比为 1:12、提取温度为 40℃、提取时间为 2.5 h、NaCl 浓度 2%。在该条件下,米糠球蛋白的实际提取率可达到 79.93%。

5.3 米糠蛋白的凝胶色谱分离纯化研究

国内外研究肽类的分离纯化方法主要采用大孔吸附树脂、离子交换色谱、凝胶过滤色谱、超滤膜分级分离、高效液相色谱分离、亲和色谱及薄层层析等。

凝胶层析色谱的原理是:根据分子大小不同来进行分离,把被分离的物质中不同组分开,是目前分离纯化中应用最广泛的分离方法之一。相对于高效液相色谱法的分离纯化效果,凝胶层析色谱的分离纯化效果不如高效液相色谱法,但是凝胶层析色谱分离有很多优点,设备应用起来经济简便、可以在温和的条件下进行分离、可以反复使用、重复率较高、并且可以回收再利用等。因此,本试验采用凝胶色谱分离纯化的方法对分级出的米糠蛋白进行纯化,为下一步的测定米糠蛋白结构做准备。

根据凝胶过滤色谱的分子量不同,其种类具也有所不同,本试验采用 sephadex G-100,sephadex G-100 的分离范围 4000~150000Da,本试验采用 sephadex G-100 葡聚糖凝胶对分级提取的米糠蛋白进行纯化,收集各个吸收峰的物质,综合比较后,确定收集峰的物质,并进行重复多次收集,采用高效液相色谱法对其样品进行分析,确定米糠分级蛋白的分子量范围。

5.3.1 材料和仪器设备

5.3.1.1 试验材料

见表 5-22。

表 5-22 原料种类及来源

原料种类	来源
米糠分级蛋白	实验室自制
葡聚糖 Sephadex G-100	北京生科瑞达科技发展公司
乙腈	东莞市乔科液晶金属技术有限公司
苯磺酰氯	上海金锦乐实业有限公司
标准磷酸化酶 B 蛋白	美国 Sigma 公司
标准牛血清蛋白	美国 Sigma 公司
标准鸡白蛋白	美国 Sigma 公司
磷酸盐缓冲溶液	实验室提供
三氟乙酸	实验室提供

5.3.1.2 仪器

见表 5-23。

表 5-23 主要仪器及设备

仪器	厂家
S-13 紫外可见分光光度计	北京普析通用仪器有限责任公司
JJ.1 型精密定时电动搅拌器	江苏省金坛市荣华仪器制造有限公司
Z 型层析柱(1.0 cm×60 cm)	上海精科实业有限公司
HL-2D 型恒流泵	上海精科实业有限公司
BSZ.160F 型电脑自动部分收集器	上海精科实业有限公司
1200 型高效液相色谱	美国安捷伦科技公司

5.3.2 试验方法

5.3.2.1 凝胶层析分离纯化

(1) 凝胶预处理。将买来的葡聚糖凝胶 Sephadex G-100 溶于去离子水中,加热煮沸 1 h 使凝胶溶胀完全后,除去溶液上层的颗粒,待加热过的葡聚糖凝胶冷却到室温准备装柱子。

(2) 凝胶装柱。将预处理后冷却到室温后的葡聚糖凝胶 Sephadex G-100,采用湿法装柱装入柱子规格为 (1.0 cm×60 cm) 的玻璃层析柱,首先,向层析柱内加满去洗脱液,使其层析柱内部的气泡排除,在装柱以及分离纯化的过程中,保证层析柱与水平面垂直,除去气泡的溶胀凝胶应与色谱纯化操作环境温度保持一致。当柱中洗脱液的高度达到柱子高度的 1/5 处时,将 Sephadex G-100 胶液通过玻璃棒引流缓慢加入柱内,待装柱完成后,柱子静止 5~10 min,然后打开柱子下端的出液口使过量洗脱液排除,保证柱内凝胶面上部保留 2~3 cm 洗脱液。再将柱子与恒压泵和紫外检测器相连,泵入洗脱液使其平衡,基线稳定后进样。

(3) 进样。装好柱子的 Sephadex G-100 凝胶,凝胶柱子规格为 (1.0 cm×60 cm)。用泵调节转速来控制流速,每 4 min 收集一管洗脱液,用洗脱液解析。测定收集每管的吸光度值,以洗脱时间作为横坐标,以米糠蛋白含量为纵坐标,根据数据作图。在图中出现峰的位置,收集峰位置的洗脱液,用冷冻干燥法干燥,即是试验得纯化的米糠蛋白组分,在冰箱中于-20℃低温保存。

(4) 洗脱。样品全部进入胶床之后,用小体积的洗脱剂沿着层析柱的内壁缓慢注入,等到注满后,再在胶床上加入一部分洗脱剂,几厘米高即可,最后把恒流泵和柱子相连,继续连续洗脱一段时间。

(5) 洗脱液各组分的紫外吸收曲线。将洗脱液利用自动部分收集器定时收集,每 3 min 为一管。洗脱完毕后,根据层析谱图的出峰时间按峰收集洗脱液,选取吸光值较高的样品组分进行分子量范围的确定。

5.3.2.2 不同脱脂条件下的米糠分级蛋白纯化

(1) 将用乙醚脱脂和超临界萃取脱脂的米糠分别进行米糠蛋白的分级提取,得到四种蛋白:清蛋白、球蛋白、醇溶蛋白和谷蛋白,然后对不同脱脂方法提取出的米糠分级蛋白进行凝胶层析分离纯化。

(2) 确定凝胶层析分离纯化米糠分级蛋白的参数为:样品浓度 200 mg/L;上样量 1.5 mL;流速 0.8 mL/min,用去离子水作为洗脱液,对样品进行洗脱,进行重复实验后,根据得到的洗脱图谱,收集所纯化的米糠蛋白液体,冷冻干燥备用。

5.3.2.3 高效液相色谱分析

色谱柱：TSKgel G2000 SWxl 300 mm×7.8 mm 或性能与此相近的同类型其他适用于测定蛋白质和肽的凝胶柱；流动相：乙腈∶水∶三氟乙酸为 10∶90∶0.1（体积比）；检测波长：UV220 nm；流速：0.5 mL/min；柱温：30℃；进样体积：10 μL。

5.3.3 试验结果和分析

5.3.3.1 不同脱脂条件下的米糠分级蛋白的 Sephadex G-100 分离纯化结果研究

（1）不同脱脂条件下提取出的米糠清蛋白 Sephadex G-100 分离纯化结果。图 5-18（a）、(b) 分别是用乙醚脱脂和超临界萃取脱脂为原料的米糠提取出的米糠清蛋白的洗脱图。

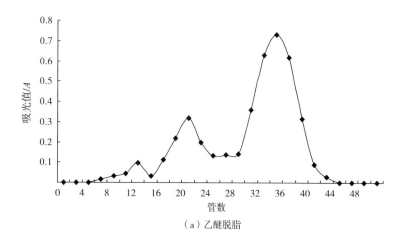

(a) 乙醚脱脂

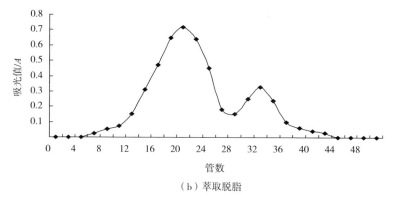

(b) 萃取脱脂

图 5-18 米糠清蛋白洗脱图

由图 5-18（a）、(b) 可知，在相同的洗脱条件下，不同的脱脂条件，米糠清蛋白的纯化效果是不同的，乙醚脱脂的米糠清蛋白分离出了较多的组分，并且洗脱时间比萃取脱脂的米糠清蛋白的时间要长，而且两者的出峰时间不同，乙醚脱脂的米糠蛋白出峰时间要短，有大物质组分先被洗脱下来，这可能是由于在不同的脱脂条件下提取出的清蛋白结构发生了变化，使纯化后的组分有所不同。还有可能是由于乙醚脱脂不完全，其过程中残留一部分脂肪，这部分脂肪与蛋白结合成大分子物质，因此先被洗脱下来。

（2）不同脱脂条件下提取出的米糠球蛋白 Sephadex G-100 分离纯化结果。图 5-19（a）、(b) 分别是用乙醚脱脂和超临界萃取脱脂为原料的米糠提取出的米糠球蛋白的洗脱图。

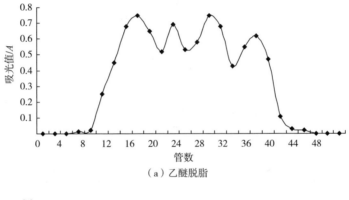

（a）乙醚脱脂

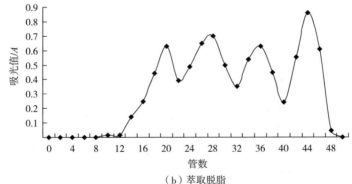

（b）萃取脱脂

图 5-19 米糠球蛋白洗脱图

由图 5-19（a）、(b) 可知，在相同的洗脱条件下，不同的脱脂条件，米糠球蛋白的纯化效果几乎差不多，但还是有所不同的，萃取脱脂的米糠球蛋白洗脱时间比乙醚脱脂的米糠球蛋白的时间稍微长一点，这可能是由于在不同的脱脂条件下，米糠球蛋白的结构发生了变化，使各组分的分子大小有所不同。

(3) 不同脱脂条件下提取出的米糠醇溶蛋白 Sephadex G-100 分离纯化结果。图 5-20 (a)、(b) 分别是用乙醚脱脂和超临界萃取脱脂为原料的米糠提取出的米糠醇溶蛋白的洗脱图。

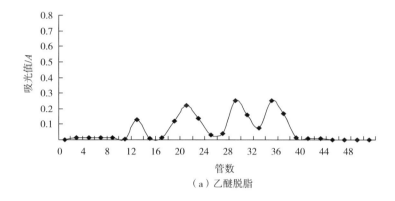

图 5-20 米糠醇溶蛋白洗脱图

由图 5-20 (a)、(b) 可知，在相同的洗脱条件下，不同的脱脂条件，米糠醇溶蛋白的纯化效果几乎差不多，分离纯化出来的组分几乎一样，并且分子量大小没有随着脱脂方式的不同而发生改变，这说明不同的脱脂方式对米糠醇溶蛋白的纯化影响不大。这也可能是因为米糠醇溶蛋白的提取率低，浓度太小，所以脱脂方式对其没有太多的影响。

(4) 不同脱脂条件下提取出的米糠谷蛋白 Sephadex G-100 分离纯化结果。图 5-21 (a)、(b) 分别是用乙醚脱脂和超临界萃取脱脂为原料的米糠提取出的米糠谷蛋白的洗脱图。

由图 5-21 (a)、(b) 可知，在相同的洗脱条件下，不同的脱脂条件，米糠谷蛋白的纯化效果有所差异，主要区别是出峰的时间不同。出峰时间主要是依据组分分子量大小而定，一般分子量大的组分先被洗脱下来，分子量小的组分后被洗脱下

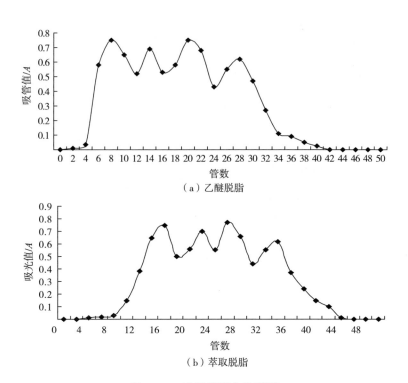

图 5-21 米糠谷蛋白洗脱图

来。比较两组洗脱图可知，乙醚脱脂的米糠谷蛋白的出峰时间较短，这说明其组分中含有分子量较大的物质，这可能是由于脱脂方式的不同造成米糠谷蛋白的结构变化，也可能是脂类物质与蛋白结合成大分子物质，这有待于进一步进行实验验证。

5.3.3.2 高效液相色谱分法确定分子量范围

由 Sephadex G-100 凝胶纯化后的米糠分级蛋白，利用高效液相色谱法检测各蛋白组分的分子量范围。

（1）分子量校正曲线的确定。分别将标准的磷酸化酶 B 蛋白（97 kDa）、牛血清蛋白（66.2 kDa）和鸡白蛋白（42 kDa）用流动相配制成质量分数为 0.1% 的不同分子量蛋白标准品溶液，用孔径为 0.2~0.5 μm 聚四氟乙烯膜过滤后，分别取 20μL 上机进样，利用含有 80% 水（含有 0.03% 三氟乙酸）和 20% 乙腈为洗脱液，流速为 1.0 mL/min，柱温 26℃，吸收波长为 243 nm 条件下，进行检测。各标准品的测定结果分别如图 5-22 所示。

图 5-22 (a) ~ (c) 分别是磷酸化酶 B 蛋白、牛血清蛋白和鸡白蛋白标准品色谱。

由图 5-22 可知磷酸化酶 B 蛋白、牛血清蛋白和鸡白蛋白标准品的保留时间，根据已知分子量标准品的保留时间，绘制分子量校正曲线图，得到数据见表 5-24。

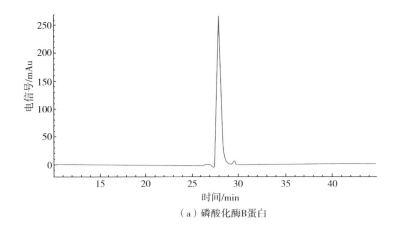

(a) 磷酸化酶B蛋白

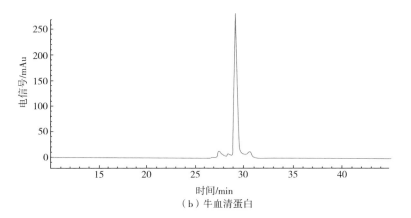

(b) 牛血清蛋白

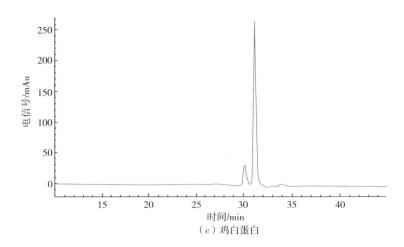

(c) 鸡白蛋白

图 5-22　蛋白标准品色谱

表 5-24　分子量校正数据

标准蛋白溶液	分子量/kDa	保留时间/min
磷酸化酶 B 蛋白	97.0	20.242
牛血清蛋白	66.2	22.617
鸡白蛋白	42.0	29.148

由表 5-24 可得拟合后分子量校正曲线的回归方程：$y = -0.037x + 5.7024$，$R^2 = 0.9953$，所作曲线相关性良好，以 $\lg(Mr)$ 值为纵坐标，保留时间为横坐标，绘制标准曲线，分子量校正曲线见图 5-23，此曲线即作为米糠分级蛋白的分子量范围确定依据。

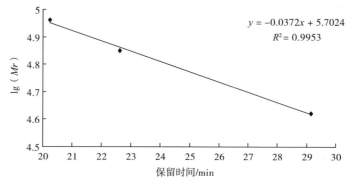

图 5-23　分子量校正曲线

（2）目标产物分子量范围的确定。称取样品约 20.0 mg 于 10 mL 容量瓶中，用流动相定容至刻度，超声振荡 10 min，使样品充分溶解混匀，用孔径 0.2~0.5 μm 聚四氟乙烯或尼龙过滤后，上机进样。

图 5-24 是纯化后的米糠清蛋白样品色谱图。

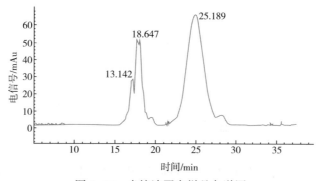

图 5-24　米糠清蛋白样品色谱图

由图 5-24 可得到，样品的保留时间范围为 18.647~25.189 min，根据分子量校正曲线的回归方程：$y = -0.037x + 5.7024$，$R^2 = 0.9953$，计算样品的分子量范围，可以得出米糠清蛋白的样品分子量范围在 102.329~57.543 kDa 之间。

图 5-25 是纯化后的米糠球蛋白样品色谱图。

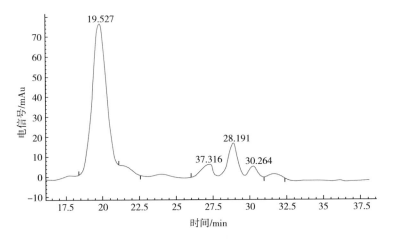

图 5-25　米糠球蛋白样品色谱图

由图 5-25 可得到，样品的保留时间范围为 19.527~28.191 min，根据分子量校正曲线的回归方程：$y = -0.037x + 5.7024$，$R^2 = 0.9953$，计算样品的分子量范围，可以得出米糠球蛋白的样品分子量范围在 95.499~44.668 kDa 之间。

图 5-26 是纯化后的米糠醇溶蛋白样品色谱图。

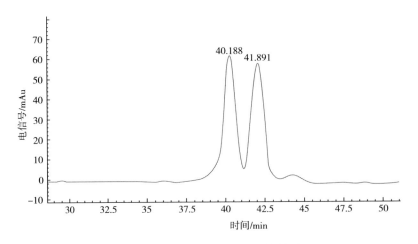

图 5-26　米糠醇溶蛋白样品色谱图

由图 5-26 可得到，样品的保留时间范围为 40.188~41.891 min，根据分子量校正曲线的回归方程：$y=-0.037x+5.7024$，$R^2=0.9953$，计算样品的分子量范围，可以得出米糠醇溶蛋白的样品分子量范围在 16.218~13.803 kDa 之间。

图 5-27 是纯化后的米糠谷蛋白样品色谱图。

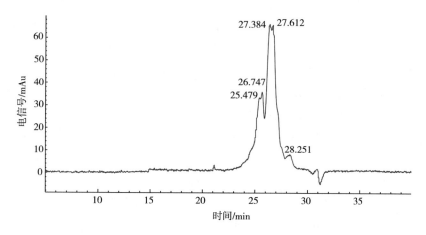

图 5-27　米糠谷蛋白样品色谱图

由图 5-27 可得到，样品的保留时间范围为 25.479~27.612 min，根据分子量校正曲线的回归方程：$y=-0.037x+5.7024$，$R^2=0.9953$，计算样品的分子量范围，可以得出米糠谷蛋白的样品分子量范围在 56.234~47.8633 kDa 之间。

本试验提取出了米糠醇溶蛋白和谷蛋白，并比较出不同脱脂条件下米糠四种分级蛋白的 Sephadex G-100 分离纯化的影响结果，综合分析，在不同的脱脂条件下，只有米糠醇溶蛋白的纯化情况没有变化，这可能是由于醇溶蛋白本身就很难提取出来，所以脱脂条件不能对其纯化结果造成影响。对于米糠清蛋白、球蛋白和谷蛋白来说，乙醚脱脂条件比超临界萃取脱脂条件对蛋白的影响率高，乙醚脱脂后的米糠很有可能并没有完全将脂类物质脱除，残留的部分脂肪与蛋白质结合，使蛋白表面的疏水基团暴露，造成蛋白分子量增大，因此先被洗脱出来。

根据分子量标准曲线判断出四种米糠分级蛋白分子量分布，分离组分经高效液相色谱法测定后，通过分子量标准曲线确定出米糠清蛋白组分的分子量范围在 102.329~57.543 kDa 之间，米糠球蛋白组分的分子量范围在 95.499~44.668 kDa 之间，米糠醇溶蛋白组分的分子量范围在 16.218~13.803 kDa 之间，米糠谷蛋白组分的分子量范围在 56.234~47.8633 kDa 之间。

5.4 米糠蛋白的二级结构测定

蛋白质是一种生物大分子物质，它们具有某些特殊的结构，如一级结构、二级结构等。蛋白质是由一些肽链骨架组成的，其中含有一些重要的生色基团，这些集团具有一定的光学活性，主要含有活性的集团是肽键、芳香氨基酸残基等。除了一级结构和二级结构以外，蛋白质还具有三级结构和四级结构，以及一些特殊的结构域和超二级结构等不同的层次。本章试验主要研究蛋白质的二级结构，在二级结构中，主要是由 α 螺旋、β 折叠和转角、无规则卷曲单位组成。如果说蛋白质的螺旋和折叠的结构不同，那么一定会影响他们的光学性质，使生色基团的光学活性有所不同，通过圆二色光谱的测定分析，其圆二色性也会有很大的差异。

由于电子跃迁时，其能级的能量大小不同，所以根据这一点可以将蛋白质的 CD 光谱进行对波长的划分，通过实验结论可知，波长主要可以分为三个范围：①远紫外光谱区（250 nm），蛋白的圆二色性是由肽键的电子跃迁 $n \rightarrow \pi^*$ 所引发；②近紫外光谱区（250~300 nm），蛋白的圆二色性主要由侧链芳香基团电子跃迁 $\pi \rightarrow \pi^*$ 引发；③紫外-可见光光谱区（300~700 nm），蛋白的圆二色性主要由蛋白质辅基等基团引发。因此，我们可以通过圆二色光谱预测蛋白质的折叠结构等。

本章试验利用圆二色光谱仪，测定不同的脱脂条件下米糠蛋白的二级结构，并分析其试验采用 SDS-凝胶电泳分析，分析其米糠四种蛋白的分子质量和亚基组成，并利用圆二色光谱，对不同脱脂条件下提取出的米糠清蛋白、球蛋白、醇溶蛋白和谷蛋白进行二级结构测定，采用曲线拟合软件 Selcon3 计算米糠四种分级蛋白二级结构中 α-螺旋、β-折叠、β-转角和无规则卷曲的相对含量。

5.4.1 材料与仪器设备

5.4.1.1 试验材料

见表 5-25。

表 5-25 原料种类及来源

原料种类	来源	原料种类	来源
磷酸盐	实验室提供	考马斯亮蓝溶液	实验室提供
丙烯酰胺	实验室提供	四甲基乙二胺溶液	实验室提供
10% SDS 溶液	实验室提供	酪蛋白标样	美国 Sigma 公司
10%过硫酸钠溶液	实验室提供		

5.4.1.2 仪器设备

见表 5-26。

表 5-26 主要仪器与设备

主要食品	设备	主要食品	设备
电泳槽	实验室提供	注射器	实验室提供
电泳仪	北京市六一仪器厂	圆二色谱（CD）仪	法国 BIO LOGIC 公司

5.4.2 试验方法

5.4.2.1 蛋白质含量的测定

采用考马斯亮蓝比色法测得米糠蛋白各组分的蛋白含量

5.4.2.2 米糠成分分析及米糠蛋白各组分含量

水分测定：采用干燥法；蛋白质测定：采用凯氏定氮法；脂类测定：采用索氏提取法；淀粉测定：采用酸水解法；总膳食纤维：按照《总膳食纤维含量分析法》规定方法测定。

5.4.2.3 SDS-聚丙烯酰胺凝胶电泳测蛋白分子量

采用 14% 分离胶、4% 浓缩胶，固定恒流电压为 80 V，在 40 min 后再将电压调节到 120 V。使用固定液固定待测样品 30 min 后，用考马斯亮蓝 R-250 进行染色，时间为 1 h，之后用脱色液在 37℃ 下脱色。最后用 Alphalmager HP 凝胶成像系统进行拍照。

5.4.2.4 CD 光谱测米糠蛋白结构

采用 CD 光谱仪在 190~250 nm 之间进行扫描，确定实验参数：蛋白浓度为 0.2 mg/mL，灵敏度设置为 100 mdeg/cm，样品池光程调节为 2 mm，在室温下进行，最后将实验数据取 5 次扫描的平均值。利用 original 作图软件进行图像拟合，采用曲线拟合软件 Selcon3 计算米糠清蛋白二级结构中 α-螺旋、β-折叠、β-转角和无规则卷曲的相对含量。

5.4.3 试验结果与分析

5.4.3.1 蛋白质含量的测定

采用考马斯亮蓝比色法测得米糠蛋白各组分蛋白含量，如图 5-28 所示。

从图 5-28 可以看出，米糠蛋白的组分中清蛋白占 31.5%，球蛋白占 28.2%，

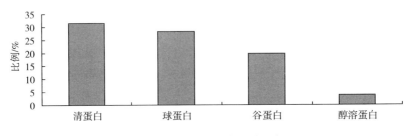

图 5-28　米糠蛋白各组分比例

谷蛋白占 19.1%，醇溶蛋白占 3.9%。

5.4.3.2　米糠成分分析及米糠蛋白各组分含量

图 5-29 是不同的脱脂方法米糠成分分析。

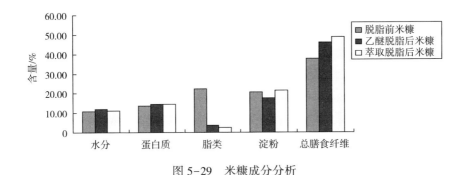

图 5-29　米糠成分分析

根据图 5-29 可知，脱脂前后米糠成分变化比较大，其中超临界萃取脱脂方法的脱脂率较高，脱脂前后，总膳食纤维的含量增加比较明显，分析原因可能是由于米糠原料中的油脂与膳食纤维紧密结合在一起，当经过脱脂处理后，部分膳食纤维与脂类物质脱离，独立游离出来，使膳食纤维含量增大。

5.4.3.3　SDS-聚丙烯酰胺凝胶电泳测蛋白分子量

用 Alphalmager HP 凝胶成像系统进行拍照所得到的米糠清蛋白、球蛋白、醇溶蛋白和谷蛋白的凝胶电泳图如图 5-30 所示。

由图 5-30 可知，米糠清蛋白被分出三条比较明显的带；米糠球蛋白被分出三条比较明显的带，还有两条带不明显；米糠醇溶蛋白分出两条稍微明显的带；米糠谷蛋白被分出几条不明显的带，但最终确定出四条明显的带进行分子量计算。经计算得到米糠四种分级蛋白的分子量分别为：清蛋白为 27.91 kDa、42.86 kDa、50.28 kDa；球蛋白为 39.51 kDa、56.78 kDa、68.11 kDa；醇溶蛋白为 15.18 kDa、

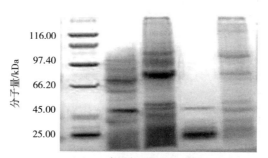

图 5-30　电泳分析图谱

26.16 kDa；谷蛋白为 24.21 kDa、26.39 kDa、51.76 kDa、67.34 kDa。

5.4.3.4　CD 光谱测米糠蛋白结构

（1）利用 CD 光谱测定不同脱脂条件下米糠清蛋白的二级结构，用 original 作图软件进行图像拟合，如图 5-31~图 5-33 所示。采用曲线拟合软件 Selcon3 计算米糠清蛋白二级结构中 α-螺旋、β-折叠、β-转角和无规则卷曲的相对含量。如表 5-27 所示。

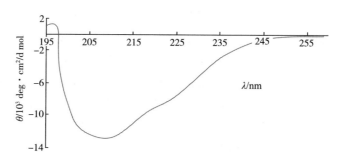

图 5-31　乙醚脱脂米糠清蛋白二级结构

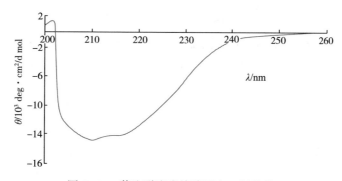

图 5-32　萃取脱脂米糠清蛋白二级结构

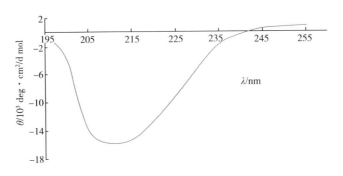

图 5-33 未脱脂米糠清蛋白二级结构

表 5-27 不同脱脂条件处理的米糠清蛋白二级结构含量

脱脂方法	α-螺旋/%	β-折叠/%	β-转角/%	无规则卷曲/%	溶解度/%
乙醚脱脂	10.6	39.9	8.6	40.9	61.8
萃取脱脂	1.8	45.6	9.8	42.8	70.6
未脱脂	2.4	44.5	7.3	45.8	59.4

由表 5-27 结果可知，三种不同脱脂方法处理的米糠中，其清蛋白的 α-螺旋、β-折叠、β-转角和无规则卷曲的相对含量各有不同，对比萃取方法和乙醚脱脂法可知，用乙醚脱脂后的米糠提取出的清蛋白中，α-螺旋含量有所增加，而 β-折叠含量下降，这可能是由于，乙醚脱脂后，米糠原料中含有少量乙醚分子，而乙醚属于极性分子，虽然极性较弱，但是少量的乙醚分子进入蛋白溶液体系中，分子能与水分子迅速形成分子间氢键，导致水结构破坏从而使蛋白质分子周围环境极性发生变化，影响蛋白质分子之间疏水相互作用，导致其内部的非极性基团暴露出来，使蛋白的结构产生了变化，表现为 β-折叠含量降低，α-螺旋含量增加。蛋白二级结构的变化对米糠蛋白的溶解度也有一定的影响，在萃取脱脂过程中，蛋白二级结构的变化表现为 α-螺旋结构转化为 β-折叠结构。当 β-折叠含量增加大时，其溶解度也有一定的增大，原因可能是表面疏水作用增强，使蛋白结构由原来的卷曲状伸展开，形成片状结构，导致其溶解性增大。

（2）米糠球蛋白的二级结构及其 α-螺旋、β-折叠、β-转角和无规则卷曲的相对含量分析，如图 5-34~图 5-36 所示。

由表 5-28 结果可知，三种不同脱脂方法处理的米糠中，其球蛋白的 α-螺旋、β-折叠、β-转角和无规则卷曲的相对含量各有不同，溶解度也随着结构的变化而发生改变。由表中数据对比可知，用乙醚脱脂后的米糠提取出的球蛋白中，

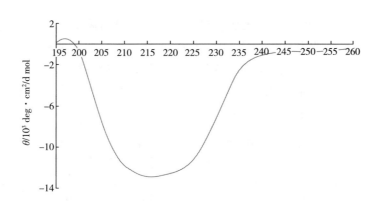

图 5-34　乙醚脱脂米糠球蛋白二级结构

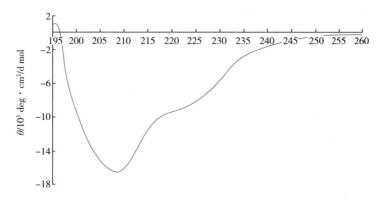

图 5-35　萃取脱脂米糠球蛋白二级结构

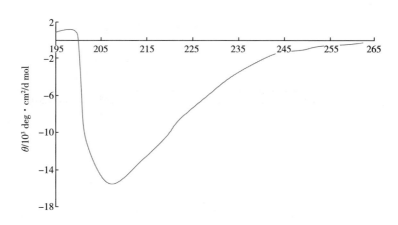

图 5-36　未脱脂米糠球蛋白二级结构

α-螺旋含量有所增加，而β-折叠含量下降，其溶解度降低。而萃取脱脂的米糠中，球蛋白的二级结构中α-螺旋转变为β-折叠，其溶解度也有所升高，其变化规律与清蛋白相似，由于少量的乙醚分子进入到蛋白溶液体系中，破坏了蛋白溶液体系，使蛋白溶液体液中的周围环境发生改变，影响蛋白之间的疏水作用，使蛋白的结构产生了变化，从而影响其溶解度。

表 5-28　不同脱脂条件处理的米糠球蛋白二级结构含量

脱脂方法	α-螺旋/%	β-折叠/%	β-转角/%	无规则卷曲/%	溶解度/%
乙醚脱脂	12.8	47.4	3.2	36.6	66.3
萃取脱脂	3.6	59.9	2.6	33.9	62.9
未脱脂	7.8	48.3	5.1	38.8	55.1

（3）米糠醇溶蛋白的二级结构及其 α-螺旋、β-折叠、β-转角和无规则卷曲的相对含量分析，如图 5-37~图 5-39 所示。

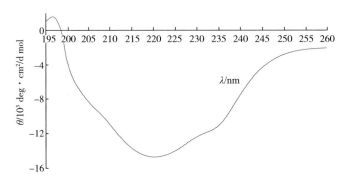

图 5-37　乙醚脱脂米糠醇溶蛋白二级结构

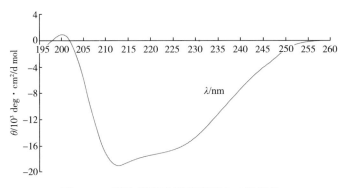

图 5-38　萃取脱脂米糠醇溶蛋白二级结构

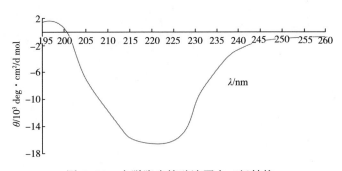

图 5-39 未脱脂米糠醇溶蛋白二级结构

由表 5-29 结果可知，醇溶蛋白的溶解度极低，说明醇溶蛋白的功能性质比较差，与清蛋白和球蛋白结果相同的是，在蛋白二级结构中，α-螺旋含量β-折叠含量在变化规律基本一致，但是其溶解度的变化却不同，未经脱脂处理的米糠中醇溶蛋白的溶解度最低，但分析其 α-螺旋、β-折叠、β-转角和无规则卷曲的含量，并没有发现特别的变化规律，由此推测，蛋白的二级结构变化不一定会影响蛋白溶解度的变化，对于米糠醇溶蛋白来说，其结构的变化对其溶解度的影响不大。而对于这种变化的原因，有待于进一步试验验证与考察。

表 5-29　不同脱脂条件处理的米糠醇溶蛋白二级结构含量

脱脂方法	α-螺旋/%	β-折叠/%	β-转角/%	无规则卷曲/%	溶解度/%
萃取脱脂	11.4	38.6	15.6	34.4	15.6
乙醚脱脂	8.3	49.1	9.8	32.8	13.7
未脱脂	10.8	41.6	13.9	33.7	10.8

（4）米糠谷蛋白的二级结构及其 α-螺旋、β-折叠、β-转角和无规则卷曲的相对含量分析，如图 5-40~图 5-42 所示。

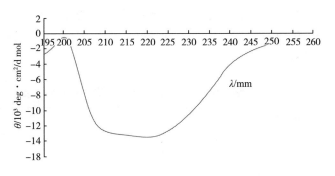

图 5-40　乙醚脱脂米糠谷蛋白二级结构

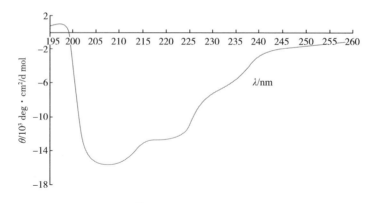

图 5-41 萃取脱脂米糠谷蛋白二级结构

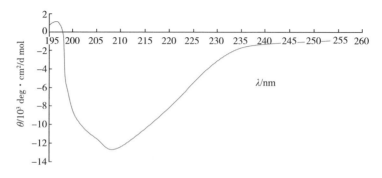

图 5-42 未脱脂米糠谷蛋白二级结构

由表 5-30 结果可知,米糠谷蛋白的溶解度良好,但是比清蛋白和球蛋白的溶解度稍差。分析表中数据可知,不同的脱脂处理方式,其米糠蛋白质中的 α-螺旋、β-折叠、β-转角和无规则卷曲的相对含量有所不同,在相同的提取条件下,米糠蛋白结构的变化可能与脱脂方式有关,比较数据可知,在萃取脱脂的米糠中,谷蛋白的二级结构中 α-螺旋结构转化为 β-折叠结构,此时,其溶解度有所增加,分析原因可能是由于在脱脂过程中各种条件的变化,使蛋白质的结构发生改变,比如压力、温度、时间等因素,有可能会影响蛋白的结构,而具体的变化原因有待进一步验证。

表 5-30 不同脱脂条件处理的米糠谷蛋白二级结构含量

脱脂方法	α-螺旋/%	β-折叠/%	β-转角/%	无规则卷曲/%	溶解度/%
萃取脱脂	10.3	48.6	9.7	31.4	59.3
乙醚脱脂	12.5	46.8	6.3	34.4	51.9
未脱脂	15.7	34.2	12.8	37.3	40.7

本试验主要采用 SDS 凝胶电泳得到了米糠四种分级蛋白的分子量分别为：清蛋白为 27.91 kDa、42.86 kDa、50.28 kDa；球蛋白为 39.51 kDa、56.78 kDa、68.11 kDa；醇溶蛋白为 15.18 kDa、26.16 kDa；谷蛋白为 24.21 kDa、26.39 kDa、51.76 kDa、67.34 kDa。

利用 CD 光谱测定了在未脱脂、乙醚脱脂和超临界萃取脱脂条件下提取的米糠四种蛋白的二级结构和溶解性，并计算其 α-螺旋、β-折叠、β-转角和无规则卷曲的相对含量，最后分析二级结构的变化与溶解性的变化规律。最终得出，米糠清蛋白、球蛋白的溶解性较好，米糠谷蛋白的溶解性稍差，米糠醇溶蛋白的溶解性最差。在不同的脱脂条件下，所得到的米糠四种蛋白的二级结构中，β-转角和无规则卷曲的相对含量变化不大，这说明脱脂条件没有引起 β-转角结构和无规则卷曲结构的变化。蛋白二级结构的变化会引起溶解性的变化，可能的原因是其表面疏水性和氢键的改变，导致蛋白体系中的化学活性基团不同，从而影响溶解性。但是根据米糠醇溶蛋白的实验结构，并不能准确地说明二级结构的改变一定会影响其溶解度，尤其是 α-螺旋含量的降低和 β-折叠含量的升高，没有反映出米糠醇溶蛋白溶解度的变化规律，因此，这部分内容有待更深一步的研究。

参考文献

[1] 黎观红. 食物蛋白源血管紧张素转化酶抑制肽的研究 [D]. 无锡：江南大学，2005.

[2] 文允镒. 浅谈血压及高血压 [J]. 生物学通报. 1996, 31 (10): 18-20.

[3] Mahua Ghosh. 米糠油加工最新进展 [J]. 中国油脂, 2008, 33 (1): 20-25.

[4] Dany D, Done O, Sylvie F G, et al. Enzyme-induced gelation of extensively hydrolyzed whey proteins by alcalase: peptide identification and deternination of enzyme specificity [J]. Journal of Agriculture and Food Chemistry, 2003, 51 (21): 6300-6308.

[5] 邱雁临，胡静，缪谨枫，等. 大孔树脂分离啤酒酵母中谷胱甘肽的研究 [J]. 现代食品科技，2008, 24 (2): 131-133.

[6] 许世芳，毛丽珍. 大孔吸附树脂及其在中药化学成分纯化中的应用 [J]. 浙江省医药科学学报，2001 (6): 45-47.

[7] 胡燕，袁晓晴，陈忠杰. 食品加工中蛋白质结构变化对食品品质的影响 [J]. 食品研究与开发，2011, 32 (12): 204-207.

[8] 阚建全. 食品化学 [M]. 北京：中国农业大学出版社，2008.

[9] 陈义勇，王伟，沈宗根，等. 米糠与米糠蛋白深度开发现状 [J]. 粮食加工，2006, 31 (5): 24-28.

[10] 王永斌. 米糠中功能性成分的研究现状与发展趋势 [J]. 中国食物与营养，2006 (5): 17-20.

[11] 马永强，赵毅，石彦国. 大豆蛋白水解物中肽分子分布的研究 [J]. 中国粮油学报，

2001, 16 (3): 15-17.

[12] Whelton P K, He J, Muntner P. Prevalence, awareness, treatment and control of hypertension in North America, North Africa and Asia [J]. Journal of Human Hypertension, 2004, 18: 545-551.

[13] 闫金萍. 米糠深加工产品的开发与研究进展 [J]. 食品科技, 2007 (6): 243-246.

[14] 罗志刚, 杨连生, 高群. 米糠功能成分的研究与开发 [J]. 粮油加工与食品机械, 2003 (12): 50-51.

[15] 刘亚伟. 粮食加工副产物利用技术 [M]. 北京: 化学工业出版社, 2009.

[16] 柴静, 范刚, 潘思轶. 超临界 CO_2 流体萃取锦橙精油研究 [J]. 食品科学, 2007, 28 (9): 189-191.

[17] 张艳荣, 马福敏, 王大为. 超临界 CO_2 萃取玉米皮纤维脂类物质的研究 [J]. 食品科学, 2005, 26 (6): 149-151.

[18] 陈芹芹, 李景明, 胡学芳, 等. 响应面法优化超临界 CO_2 流体萃取苹果籽油的工艺研究 [J]. 食品科学, 2009, 30 (14): 47-51.

[19] 李伦, 张晖, 高云中. 不同粒径脱脂米糠膳食纤维的组成成分及理化特性的研究 [J]. 粮食与饲料工业, 2008 (12): 17-19.

[20] Sangnark A, Noomhorm A. Effect of particle sizes on functionalproperties of dietary fiber prepared from sugarcane bagasse [J]. Food Chemistry, 2003, 80 (2): 221-229.

[21] Bhattacharjee P, Singhal R S, Tiwari S R. Supercriticalcarbon dioxide extraction of cottonseed oil [J]. Journal of Food Engineering, 2007, 79 (3): 892-898.

[22] Ozkal S G, Yener M E, Bayindirli L. Response surfaces ofapricot kernel oil yield in supercritical carbon dioxide [J]. Food Science and Technology, 2005, 38 (6): 611-616.

[23] 蔡燕, 方云, 夏咏梅. 大豆脂氧酶的热失活动力学与其二级结构的圆二色谱表现 [J]. 大豆科学, 2011, 30 (1): 150-152.

[24] 宋国胜, 胡娟, 沈兴, 等. 超声辅助冷冻对面筋蛋白二级结构的影响 [J]. 现代食品科技, 2009, 25 (8): 860-864.

[25] 尹寿伟, 唐传核, 温其标, 等. 微射流处理对芸豆分离蛋白构象和功能特性的影响 [J]. 华南理工大学学报 (自然科学版), 2009, 37 (10): 112-116.

[26] 赵雷, 刘国琴, 李琳, 等. 超声对小麦湿面筋蛋白黏弹性模量和蠕变恢复性能的影响 [J]. 河南工业大学报 (自然科学版), 2007, 28 (5): 5-9.

[27] Oshima G, Shimabukuro H, Nagasawa K. Peptide inhibitors oangiotensin I-converting enzyme in digests of geLatin by bacterial collagenase [J]. Biochimica et Biophysica Acta, 1979, 566: 128-137.

[28] 管骁, 姚惠源. 燕麦麸蛋白 ACE 抑制肽的制备及性质研究 [J]. 中国粮油学报, 2007, 22 (6): 58-63.

[29] Lee J E, Bae I Y, Lee H G. Tyr-Pro-Lys, an angiotensin I-converting enzyme inhibitory peptide derived from broccoLi (BrassicaoLeracea ItaLica) [J]. Food Chemistry, 2006, 99: 143-

148.

[30] Zhang F X, Wang Z, Xu S Y. Macroporous resin purification of grass carp fish (Ctenopharyngodon ideLLa) scaLe peptides with invitro angiotensin-I converting enzyme (ACE) inhibitory ability [J]. Food Chemistry, 2009, 117: 387-392.

[31] Cushman D W, Cheung H S. Spectrop hotometric assay and properties of the angiotensin converting enzyme of rabbit lung [J]. Biochem Pharmol, 1971, (20): 1637-1648.

[32] 黎观红, 晏向华. 食物蛋白源生物活性肽 [M]. 北京: 化学工业出版社, 2010.

[33] 王文高, 陈正行, 张佳程, 等. 不同蛋白酶提取米糠蛋白质的研究 [J]. 粮食与饲料业, 2002 (2): 41-42.

[34] Mullally M. M., Meisel, H., Fitzgerald, R. J. Angiotensin-f-converting enzyme inhibitory activities of gastric and pancreatic proteinase digests of whey proteins [J]. Int Dairy J, 1997, 7: 299-303.

[35] Otte J, Shalaby S M, Zakora M, et al. Angiotensin-converting enzyme inhibitory activity of milk protein hydrolysates: Effect of substrate, enzyme and time of hydrolysis [J]. International Dairy Journal, 2007, 17, 488-503.

[36] Yang H. Y., Yang S. C., Chen J. R., eatl. Soybean protein hydrolysate prevent the development of hypertention in spontaneouslly hypertensive rats [J]. Nutrition, 2004, 92 (3): 507-512.

[37] 潘敏尧, 赵新淮. 米糠浓缩蛋白的研制及蛋白改性的研究 [D]. 杭州: 浙江大学, 2006.

[38] Dany D, Done O, Sylvie F G, et al. Enzyme-induced gelation of extensively hydrolyzed whey proteins by alcalase: peptide identification and determination of enzyme specificity [J]. Journal of Agriculture and Food Chemistry, 2003, 51 (21): 6300-6308.

[39] Lee S H, Song K B. Isolation of an angiotensin converting enzyme inhibitory peptide from irradiated bovine blood plasma protein hydrolysates [J]. Journal of Food Science, 2003, 68 (8): 2469-2472.

[40] Kim M R, Kawamura Y, Lee C H. Isolation and identification of bitter peptides of tryptic hydrolysate of soybean glycinin by reverse-phase high-performance liquid chromatography [J]. Journal of Food Science, 2003, 68 (8): 2416-2422.

[41] Wu J P, Ding X L. Characterization of inhibition and stability of soy-protein-derived angiotensin I-converting enzyme inhibitory peptides [J]. Food Research International, 2002, 35 (4): 367-375.

[42] 冯彪, 倪晋仁, 毛学英. 超滤技术处理酪蛋白酶解液的研究 [J]. 中国乳品工业, 2005, 33 (3): 32-34.

[43] 丁青芝, 马海乐, 骆琳, 等. 米糠蛋白ACEI活性肽的超滤分离及其稳定性研究 [J]. 食品研究与开发, 2008, 29 (9): 48-51.

[44] 邱雁临, 胡静, 缪谨枫, 等. 大孔树脂分离啤酒酵母中谷胱甘肽的研究 [J]. 现代食品科技, 2008, 24 (2): 131-133.

[45] 许世芳, 毛丽珍. 大孔吸附树脂及其在中药化学成分纯化中的应用 [J]. 浙江省医药科

学学报.

[46] Sreerama H, Venyaminov S Y, Woody R W. Estimation of protein secondary structure from circular dichroismspectra: inclusion of denatured proteins with native proteins in the analysis [J]. Analytical Biochemistry, 2000, 287 (2): 243-251.

[47] Bhattacharjee P, Singhal R S, Tiwari S R. Supercritical carbon dioxide extraction of cottonseed oil [J]. Journal of Food Engineering, 2007, 79 (3): 892-898.

[48] 李顺灵. 米糠蛋白的提取分离及其应用研究 [J]. 广州食品工业科技, 1997, 3: 12-16.

[49] Ramezanzadeh F M, Rao R M, Prinyawiwatkul W, et al. Effects of microwave heat, packaging, and storage temperature on fatty acid and proximate compositions in ricebran. J. Agile Food Chem. 2000, 48 (2): 464-467.

[50] Wang M, Hettiarachchy N. Preparation and Functional Properties of Rice Bran Protein Isolate [J]. J. Ag c. Food Chem, 1999, 47: 411-416.

[51] Bera M B, Mukherjee R K. Saunder, Solubility, emulsifying, and foaning properties of rice bran protein concentrates [J]. J. Food Sci. 1989, 54: 142-145.

[52] 李静, 汪志华. 米糠蛋白的特性及提取工艺 [J]. 湖北农业科技, 2006, 45 (6): 810-813.

[53] 刘国琴, 阎乃珺, 赵雷. 冻藏对面筋蛋白二级结构的影响 [J]. 华南理工大学学报 (自然科学版), 2012, 40 (5): 115-11.

第6章

米糠ACE抑制肽的分离纯化及结构与功能性的研究

6.1 模拟移动床色谱分离纯化米糠 ACE 抑制肽

模拟移动床色谱（Simulated Moving Bed Chromatography，简称SMBC）是色谱分离工艺中的一个种类，也是一种模拟真实移动床的重要的分离工艺。在 SMBC 中，固定相的逆流移动由进样入口和洗脱剂入口与提取物出口和残余出口的周期切换来模拟，相当于柱子朝与切换方向相反的方向移动。它是模拟移动床和色谱技术的结合，它以模拟移动床的工作模式来实现色谱分离过程的一种工艺，其中色谱是它的主要工作单元。SMBC 具有设备结构小，投资成本低，生产能力强，易于实现自动连续生产等特点。

本章主要先用单柱分离确定模拟移动床色谱的参数范围，再通过模拟移动床色谱制备高纯度有效的米糠 ACE 抑制肽，得到最佳的分离工艺。一个程序可以连续完成吸附、醇洗、解吸、再生四个步骤，可降低生产损耗，提高生产效率，节省树脂和洗脱液的用量，为工业化纯化米糠蛋白降血压肽提供依据。

6.1.1 实验材料与仪器设备

6.1.1.1 实验材料

见表 6-1。

表 6-1 实验材料

实验材料	试剂公司
去离子水	大庆市三高送水中心
米糠蛋白水解液	实验室自制
氢氧化钠	沈阳市华东试剂公司

续表

实验材料	试剂公司
XAD-761 型树脂	北京百迪信公司
无水乙醇	沈阳市华东试剂公司
ACE（血管紧张素转化酶）	美国 sigma 公司
HHL（马尿酰组胺酰亮氨酸）	美国 sigma 公司
硼酸盐缓冲液	自制
盐酸	沈阳华东试剂厂

6.1.1.2　实验设备

见表 6-2。

表 6-2　实验设备

仪器名称	生产厂家
20 根柱 Φ500×46 mm 模拟移动床	自制
1200 series 高效液相色谱	美国安捷伦科技公司
DK-S24 型电热恒温水浴锅	上海森信实验仪器有限公司
小型超滤系统	德国 Sartorius Stedim 公司
T6 紫外可见分光光度计	北京普析通用仪器有限公司
单柱色谱分离系统	国家农产品加工工程技术研究中心研制
BT600-2J 蠕动泵	保定兰格恒流泵有限公司
Delta320 型 pH 计	上海梅特勒—托夫多仪器有限公司

6.1.2　试验方法

对降血压肽的分离纯化，应根据酶解产物的理化性和产物的活性特点进行选择，并利用适当的组合顺序，依次对降血压肽进行分离纯化。采用超滤膜分离，大孔树脂吸附解吸将酶解液进行多次的分离纯化，为下一步模拟移动床连续化产业化分离提供理论依据。

本试验所用的模拟移动床色谱为黑龙江省农产品加工工程技术研究中心自主研发的（图 6-1）。运用连续层析的技术，将传统的模拟移动床色谱根据工艺要求进行了改进。在连续分离系统中，能使所有的工艺步骤同时进行。本工艺研究

第6章 米糠ACE抑制肽的分离纯化及结构与功能性的研究

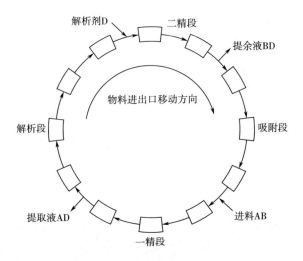

图 6-1 模拟移动床结构示意图

用于分离的色谱柱是 500 mm×46 mm 的制备柱,数量为 20 根。

6.1.2.1 米糠ACE抑制肽的制备

配制 5%（m/V）的米糠蛋白溶液,用 1 mol/L 的 NaOH 调节溶液 pH 值为 8.3,加入 2%（m/m）的碱性蛋白酶,于 50℃水浴下搅拌水解,反应过程中不断加入 1 mol/L 的 NaOH,使溶液 pH 保持维持在 8.3,水解 2 h 后,pH 调节为 7.0,并在搅拌条件下迅速升温至 95℃,保持 10 min 使酶失活。采用反渗透膜进行脱盐,并浓缩到 20%（m/V）。将制备的米糠蛋白降血压肽冷藏备用。

6.1.2.2 降血压活性测定

参照黎观红体外检测方法经适当调整方法如下：将 ACE（血管紧张素转换酶抑制剂）底物 HHL（马尿酰—组胺酰—亮氨酸）溶于 0.1 mol/L 的含 0.3 mol/L NaCl 的硼酸盐缓冲液中（pH 8.3）,配成 5 mmol/L 的浓度。精确量取 5 mol/L HHL 溶液 80 μL,并且与 40 μL ACE 抑制剂进行混合,保持 37℃温度不变,置于水浴锅中 5 min。之后用移液枪加入 10 μL 0.1 U/mL ACE 溶液,37℃反应 30 min。加入 200 μL 1 mol/L HCl 溶液终止反应。再加入 1.2 mL 乙酸乙酯均匀混合 15 s,以萃取反应体系中的马尿酸。离心（1000 g）10 min 后取出 0.9 mL 酯层溶液转入另一试管中,80℃烘干,并重新溶于 3 mL 去离子水中,用紫外分光光度计 228 nm 处的波长的吸光度值,计算出 ACE 抑制的程度。计算公式如按式（6-1）所示计算：

$$\text{ACE 抵制率} = \frac{A_b - A_a}{A_b - A_c} \times 100\% \tag{6-1}$$

式中：A_a——水解液组的吸光度；
　　　A_b——对照组吸光度；
　　　A_c——空白组吸光度。

6.1.2.3 米糠蛋白 ACE 抑制多肽的超滤分离

先将酶解液进行 4000 r/min 离心 20 min，得到上清液，分别采用 30 kDa、10 kDa、5 kDa、3 kDa 和 1 kDa 超滤膜进行分离（图 6-2），获得五个组分：1（30000>M），2（10000>M），3（5000>M），4（3000>M），5（1000>M）。之后将超滤后的各组分进行冷冻干燥，配成相同浓度的多肽溶液，检测各组分的 ACE 抑制率。

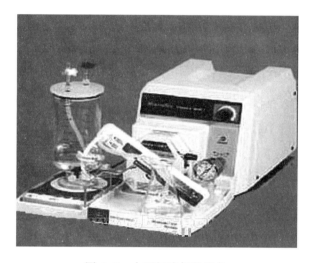

图 6-2　小型超滤仪器设备

6.1.2.4 大孔吸附树脂对米糠蛋白 ACE 抑制率的影响

（1）树脂吸附量确定。向 250 mL 具塞锥形瓶中加入预先处理好的 20 g 树脂，再加入酶解后的肽样品溶液 100 mL，放入恒温振荡器中振荡 4 h（120 r/min、25℃），待吸附饱和后，吸取 1 mL 上清液，与 4 mL 双缩脲试剂混合，静置 20 min，在 540 nm 下用分光光度测定吸附液中剩余肽的浓度，计算出树脂的吸附量后，将上清液倒掉。计算公式如按式（6-2）所示计算：

$$吸附量（mg/g）= (C - C_0) \times V / m \tag{6-2}$$

式中：C、C_0——吸附前后样液的肽含量（mg/mL）；
　　　V——供样液体积（mL）；
　　　m——树脂质量，（g）。

（2）静态吸附解吸剂浓度对降血压活性的影响。称取饱和吸附的树脂 20 mL，分别加入浓度为 30%、60%、无水的乙醇溶液 100 mL，25℃振荡（120 r/min），解吸 1 h，留样；相同条件下饱和树脂先用水解析 1 h 后，再分别用浓度 30%、60%、无水的乙醇溶液解析，留样，用于 ACE 抑制活性的体外测定，用式（6-2）计算出乙醇浓度对 ACE 抑制活性的影响。

（3）XAD-761 树脂单柱饱和吸附量试验。将预处理好的 XAD-761 型号湿树脂装入层析柱内（1.6 cm×100 cm），树脂装填的体积为 100 mL，先用恒流泵泵入去离子水进行平衡，待排空柱内气泡后用恒流泵将浓度为 2%，pH 7.0 的米糠蛋白降血压肽液以 5 mL/min 的速度泵入树脂柱中吸附，用自动收集器分管收集流出液，测定流出液中的多肽含量，当流出液中的降血压肽含量与进样液中的降血压肽含量一致时，记录的进料量即为动态吸附的饱和吸附量。

（4）不同进样速度对降血压活性的影响。取酶解好的降血压肽溶液，过滤确定滤液中没有沉淀，分别以 1.0、2.0、3.0、4.0、5.0 mL/min 的流速泵入树脂柱至吸附饱和，用蒸馏水以 3 mL/min 进行洗脱，再用自动收集器分别收集流出液，测定在不同进样流速情况下的 ACE 抑制活性来确定最佳进样流速。

（5）不同水洗脱流速对降血压活性的影响。量取 200 mL 酶解好的降血压肽溶液，先用 3 mL/min 流速泵入样液至树脂吸附饱和，分别以 1.0、2.0、3.0、4.0、5.0 mL/min 的流速蒸馏水洗脱，再用自动收集器分别收集流出液，测定在不同水洗脱流速情况下的 ACE 抑制活性来确定最佳水洗脱流速。

（6）不同醇洗脱流速对降血压活性的影响。XAD-761 树脂在水洗后，一些大分子量的肽、蛋白质以及色素类物质无法被完全解吸，不利于下一次的吸附试验，因此要使用洗脱剂将剩余的大分子量物质及色素类物质冲洗完全，以保证树脂的干净。本实验分别采用 1.0、2.0、3.0、4.0、5.0 mL/min 的流速将 50% 浓度乙醇泵入层析柱，再用自动收集器分别收集流出液，测定在不同流速情况下的 ACE 抑制活性来确定解吸剂用量及解吸时间。

（7）不同浓度醇洗脱对降血压活性的影响。XAD-761 树脂在水洗后，一些大分子量的肽、蛋白质以及色素类物质无法被完全解吸，不利于下一次的吸附试验，因此要使用洗脱剂将剩余的大分子量物质及色素类物质冲洗完全，以保证树脂的干净。本实验分别采用 10%、30%、50%、70%、90% 浓度的乙醇以 3 mL/min 流速泵入层析柱，再用自动收集器分别收集流出液，测定在不同流速情况下的 ACE 抑制活性来确定解吸剂用量及解吸时间。

6.1.2.5 模拟移动床分离工艺流程

经过之前的大孔树脂静态吸附和动态吸附米糠 ACE 抑制肽等技术参数选择试验以及最佳解吸参数的确定试验，应用大孔树脂分离纯化米糠 ACE 抑制肽的工艺参数已基本确定。这一步骤是为了进行模拟移动床色谱纯化高活性米糠 ACE 抑制肽所做的摸索试验，下一步是进行模拟移动床色谱分离纯化高活性米糠 ACE 抑制肽的技术参数优化。

（1）模拟移动床纯化米糠 ACE 抑制肽的工艺流程。见图 6-3。

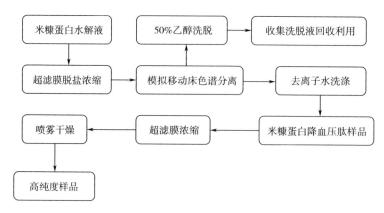

图 6-3　模拟移动床色谱分离纯化高活性米糠 ACE 抑制肽工艺流程图

（2）SMB 色谱分离纯化的过程。

进料：进料以一定的流速将米糠蛋白水解液泵入模拟移动床色谱系统，直到分离柱饱和。

洗脱：以一定的流速用去离子水洗脱分离柱内的树脂，然后分步收集，并计算各部分收集液的浓度。

洗涤：以一定的流速用 50% 乙醇对树脂上的吸附物质及大分子量的肽进行洗脱。

水洗：醇洗后用去离子水对分离柱内的树脂进行洗涤，直到分离柱流出液体无乙醇为止，至此模拟移动床离子交换分离过程结束。

（3）模拟移动床分离性能指标。纯度、浓度、回收率、生产率和溶剂消耗五个指标用来衡量 SMBC 系统的分离性能，其中溶剂消耗和生产率与分离成本关联。从经济角度来看操作条件最优化标准为：在保证高纯度和高回收率的前提下，实验所消耗的溶剂最少，所用成本最低。

6.1.2.6　SMB 色谱分离米糠 ACE 抑制肽工艺参数的确定

为使模拟移动床达到最佳的分离效果，研究最重要的是确定最优的进样流速、水洗 1 流速、醇洗流速、水洗 2 流速、切换时间以及各区分离柱的分配及连接方式。综合分离效果、最大处理量与回收率，对模拟移动床确定参数范围见表 6-3。

表 6-3　分离纯化降血压肽的参数范围

工艺参数	参数范围/（mL·min^{-1}）	工艺参数	参数范围/（mL·min^{-1}）
进样流速	5~11	醇洗流速	9~27
水洗 1 流速	10~28	水洗 2 流速	12~36

（1）进样浓度的选择。本实验以系统的一根制备柱为例，分别选取 11 mg/mL、12 mg/mL、13 mg/mL、14 mg/mL 和 15 mg/mL 的样液浓度进行单个制备单元的吸附试验，进样流速选择 5 mL/min，直到吸附饱和为止，检测单柱处理量与泵压力。

（2）进样流速的选择。按照模拟移动床色谱固定的分配区间，将水洗 1、醇洗、水洗 2 流速分别确定为 22 mL/min、15 mL/min、30 mL/min，切换时间 184 s，上述参数为固定量，再分别采用 5 mL/min、6 mL/min、7 mL/min、8 mL/min、9 mL/min、10 mL/min 和 11 mL/min 的进样流速将米糠 ACE 抑制肽溶液送入吸附区，收集一个切换时间的出口流出液，利用高效液相色谱测定收集液中高活性米糠 ACE 抑制肽纯度情况，以进样出口中米糠 ACE 抑制肽的流出情况及树脂对米糠 ACE 抑制肽的最大吸附量为指标选择出最佳的进样流速范围。

（3）水洗 1 流速的选择。按照模拟移动床色谱固定的分配区间，将进样、醇洗、水洗 2 流速分别确定为 5 mL/min、15 mL/min、30 mL/min，切换时间为 184 s。当吸附饱和的分离柱切换到水洗 1 区时分别以 10 mL/min、13 mL/min、16 mL/min、19 mL/min、22 mL/min、25 mL/min、28 mL/min 的流速对分离柱进行冲洗，收集一个循环周期中醇洗出口的流出液，以高效液相色谱法检测醇洗出口流出液中米糠蛋白降血压肽的纯度，并计算水洗条件下，一个循环周期米糠 ACE 抑制肽的收率，以出口流出液中米糠 ACE 抑制肽纯度及一个循环周期米糠 ACE 抑制肽的收率为指标选择出最佳的水洗 1 流速范围。

（4）醇洗流速的选择。按照模拟移动床色谱固定的分配区间，将进样、水洗 1、水洗 2 流速分别确定为 5 mL/min、22 mL/min、30 mL/min，切换时间为 184 s，以上述参数为固定量。分别采用 9 mL/min、12 mL/min、15 mL/min、18 mL/min、21 mL/min、24 mL/min 和 27 mL/min 的流速对醇洗区分离柱进行解吸，收集一个循环周期醇洗出口流出液，高效液相色谱法检测醇洗出口流出液中米糠 ACE 抑制肽的纯度，并计算此醇洗条件下一个循环周期米糠 ACE 抑制肽的收率，以醇洗出口流出液中米糠 ACE 抑制肽纯度及一个循环周期米糠 ACE 抑制肽的收率为指标选择最佳醇洗流速范围。

（5）水洗 2 流速的选择。按照模拟移动床色谱固定的分配区间，将进样、水洗 1、醇洗流速分别确定为 5 mL/min、22 mL/min、15 mL/min，切换时间为

184 s，以上述参数为固定量。分别采用 12 mL/min、16 mL/min、20 mL/min、24 mL/min、28 mL/min、32 mL/min 和 36 mL/min 的水洗 2 流速对水洗 2 区分离柱进行水洗，收集一个循环周期出口流出液，以高效液相色谱法检测出口流出液中米糠 ACE 抑制肽的纯度，并计算出在水洗 2 条件下一个循环周期米糠 ACE 抑制肽的收率，以出口流出液中米糠 ACE 抑制肽纯度及一个循环周期米糠 ACE 抑制肽的收率为指标选择出最佳的水洗 2 流速范围。

6.1.2.7 高效液相色谱检测

色谱柱：安捷伦 C_{18}；流动相：乙腈-水-三氟乙酸（20∶80∶0.02）；流速：1.0 mL/min；柱温：25℃；紫外检测；检测波长：280 nm。

6.1.3 结果与分析

6.1.3.1 超滤制取不同平均分子量肽段与其 ACE 抑制活性的关系

米糠蛋白水解物经超滤获得 5 个组分：1（30000>M），2（10000>M），3（5000>M），4（3000>M），5（1000>M）。检测各组分的 ACE 抑制率。结果如图 6-4 所示。

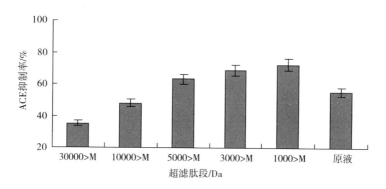

图 6-4　不同肽段的 ACE 抑制率比较

从图 6-4 可以看出，米糠蛋白的 ACE 抑制率与其分子量有着显著相关性。总体来看，ACE 的抑制率随着分子量的减小而增加，在小于 1 000 肽段达到最大，ACE 抑制率为 74.2%。

本试验中，米糠蛋白酶解液经过超滤分离得到不同分子量的肽段，从而使米糠 ACE 抑制肽具有了较高的 ACE 抑制活性，这是因为分子量较小米糠蛋白中一些特定的疏水氨基酸得到暴露，其与 ACE 的结合能力强，降压活性高，且 ACE 抑制肽多由 2~12 个氨基酸残基组成，分子质量多小于 1.5 kDa。

6.1.3.2 静态吸附

(1) 树脂吸附量确定。大孔吸附树脂孔径与比表面积都较大，并且在树脂内部有三维空间立体孔的特殊结构，又拥有物理化学的稳定性高、比表面积大、吸附容量大、选择性好、吸附速度快、解吸条件温和、再生处理方便、使用周期长和节省费用等诸多优点。

根据式（6-2）可算出树脂最大吸附量为 10.4 mg/mL。可以看出，树脂在吸附 5 h 之前，随着时间的增加其吸附量慢慢趋于饱和平缓；在 5 h 后，XAD 树脂的吸附量基本保持平衡，见图 6-5。

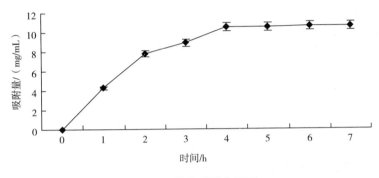

图 6-5 静态吸附曲线图

(2) 静态吸附不同解吸剂浓度对降血压活性的影响。由图 6-6 可以看出，经过水洗的 ACE 抑制率比没经过水洗的 ACE 抑制率高，说明经过水洗脱的 ACE 抑制肽活性比没经过水洗脱的乙醇洗脱活性高，而乙醇的浓度对降血压肽的活性有一定的影响，随着乙醇浓度增加降血压肽的活性逐渐减小，这可能是因为乙醇浓度提高，一些蛋白和肽类的物质难以溶解的缘故。

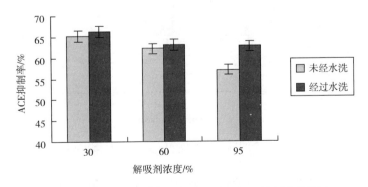

图 6-6 水洗前后不同浓度解吸剂对 ACE 抑制率的影响

6.1.3.3 动态吸附

(1) XAD 树脂单柱饱和吸附量试验。图 6-7 是树脂吸附的动力学曲线，试验数据为三次重复试验的平均值。

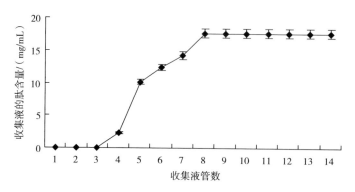

图 6-7　XAD-761 树脂吸附动力学曲线

从图 6-7 可知，在最适动态吸附条件下，XAD 树脂能吸附 1.5 倍柱床体积 (BV)，浓度为 2.5 mg/mL 的玉米 ACE 抑制多肽液而不发生泄漏，吸附量可达 12 mg/mL，达到饱和吸附可处理 4 BV 的玉米 ACE 抑制多肽液，动态饱和吸附量为 17.6 mg/mL。

(2) 进样流速对降血压活性的影响。从图 6-8 中可以看出，降血压肽以一定流速流经层析柱，在进样流速较小的情况下比在流速较大情况下的吸附效果较好。

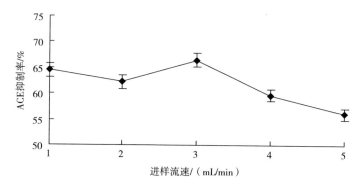

图 6-8　不同进样速度对 ACE 抑制活性的影响

当料液以 3.0 mL/min 的流速进行吸附时降压效果最好，因为在流速较小的情况料液可以和树脂进行充分的接触，并且能够进入树脂的内部进行吸附，但是流速太慢会延长实验操作时间,使实验整体效率下降,不利于试验的进行;当进样流速达到 5.0 mL/min 时,因为流速太快,溶质分子来不及扩散到树脂内表面,使肽液和树脂层接触的时间较短,并且使部分肽液未进入树脂孔道内部进行吸附而直接流出,所以产生肽液吸附效果较差。因此,采用 3.0 mL/min 的流速吸附样液,ACE 抑制率达到令人满意的 74.5%,既保证了吸附的效果,也减少了吸附的时间。

(3) 不同水洗脱流速对降血压活性的影响。从图 6-9 中可以看出,蒸馏水以一定流速经过层析柱,在流速较小的情况下比在流速较大的情况下 ACE 抑制效果较好。

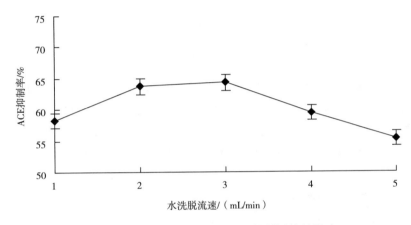

图 6-9　不同水洗脱流速对 ACE 抑制活性的影响

当以 3 mL/min 的流速进行解吸时抑制效果最好,因为在流速较小的情况下解吸液可以和树脂进行充分的接触,但是流速太慢会延长实验操作时间,使实验效率下降;当进样速度超过 4 mL/min 时,因为流速太快,解吸液和树脂表面层接触的时间较短,并且有部分解吸液未进入树脂内部进行吸附而直接流出,使高活性肽分子没有解析完全。因此,采用 3 mL/min 的流速进行解吸,ACE 抑制率达到最高,既保证了 ACE 抑制效果,也减少了解吸时间。

(4) 不同醇洗脱流速对降血压活性的影响。从图 6-10 中可以看出,醇洗脱液以一定流速流经层析柱,在流速较小的情况下比在流速较大的情况下 ACE 抑制效果较好。当以 3.0 mL/min 的流速进行解吸时效果最好、解吸 ACE 抑制率最高,这是因为流速较小的时候再生液可以和树脂充分地进行接触,但是流速太慢会延长实验操作时间,使整体再生效率下降。当进样速度超过 4.0 mL/min 时,因为流速太快,再生液和树脂内层接触的时间较短,并且使部分醇洗脱液未进入树脂孔道内部进行吸附而直接出来,所以再生效果差、收率较低。因此，采用3.0 mL/min的流速进行醇洗脱，既保证了树脂的再生效果，也减少了再生时间。

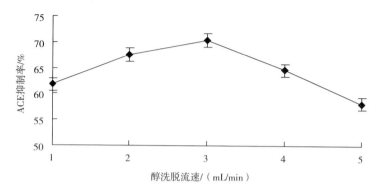

图6-10　不同醇洗脱流速对ACE抑制活性的影响

（5）不同浓度醇洗脱对降血压活性的影响。从图6-11中可以看出，醇洗脱液以一定浓度流经层析柱，在浓度较大的情况下比在浓度较小的情况下ACE抑制效果较好。当以50%的浓度进行解吸时效果最好、解吸ACE抑制率最高，这是因为浓度较小的时候再生液不能对树脂进行充分的解吸，但是浓度太大会造成洗脱液的浪费，使实验成本加大。因此，采用50%浓度的洗脱液进行醇洗脱，既保证了树脂的再生效果，也减少了试验成本。

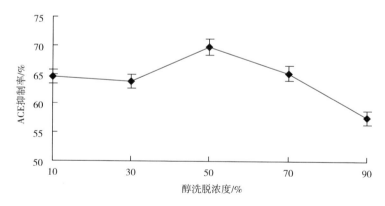

图6-11　不同浓度醇洗脱对ACE抑制活性的影响

6.1.3.4　各区分离柱数量、连接方式与切换时间

以树脂的最大吸附量、各步洗脱剂最小用量及分离效果最大化为标准确定最佳切换时间为184 s，最优分区及连接方式如表6-4所示。

表 6-4 各区分配方式

区域名称	分配方式
吸附区	10 根制备柱（串联）
水洗 1 区	4 根制备柱（串联）
醇解吸区	3 根制备柱（串联）
清洗区	3 根制备柱（串联）

6.1.3.5 SMB 分离纯化米糠 ACE 抑制肽的工艺条件

（1）进样浓度的选择。由于模拟移动床的规模化精细分离的特点，进样浓度必然较高，系统通常处于非线性状态，选择一个合适的进样浓度对模拟移动床正常分离至关重要。为了便于连续色谱连续分离纯化高活性米糠肽的研究，首先确定高活性米糠肽粗液的进样浓度。进样浓度分别为 11 mg/mL、12 mg/mL、13 mg/mL、14 mg/mL、15 mg/mL，试验结果如图 6-12 所示。

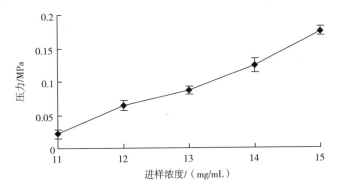

图 6-12 进样浓度对柱压的影响

在进样浓度的 5 点三次重复的因素分析中，采用 SPSS 统计系统进行分析，得出 $P<0.01$，说明进样浓度的变化对柱压的影响达到极显著水平。由图 6-12 可知，随着进样浓度的增加，柱压逐渐增大。为了确保试验的安全和准确，单柱压力在 0.15 MPa 以下，当进样浓度为 14 mg/mL 时，单柱压力为 0.124 MPa，达到低于 0.15 MPa 的标准。在压力符合标准的情况下，进样浓度越高单位时间处理量越大，有利于工业化生产，所以选择 14 mg/mL 为进样浓度。

（2）进样流速的选择。为了检验进样流速对米糠 ACE 抑制肽分离效果的影响，本实验按照 1.2.2 的论述试验方法进行试验，分别以 5 mL/min、6 mL/min、7 mL/min、8 mL/min、9 mL/min、10 mL/min 和 11 mL/min 的流速将米糠蛋白水解液泵入吸附区,收集一个切换时间的出口流出液,用双缩脲法测定流出液肽含量情况,检测结果如图 6-13 所示。

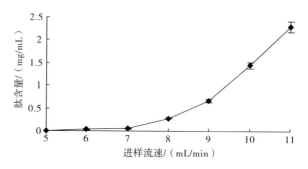

图 6-13 进样流速的选择

由图 6-13 可以看出,在进样流速的 5 点三次重复的因素分析中,采用 SPSS 统计系统进行分析,得出 $P<0.01$,说明进样流速的递增对米糠蛋白降血压肽吸附能力的影响达到极显著水平。当米糠蛋白降血压肽的含量大于 0.10 mg/mL 时,说明流出液中含有米糠蛋白降血压肽,上述几种进料流速均可以保证第一根吸附柱的吸附饱和,但是进料流速为 8 mL/min、9 mL/min、10 mL/min、11 mL/min 时,流出口处可以检测到有大量的米糠蛋白肽流出,说明流速过快,已经导致原料浪费。经过方法分析,得出进料流速为 5 mL/min、6 mL/min、7 mL/min 时,对流出液中米糠蛋白肽含量的影响差异不显著。为了提高实验处理量,选择进料流速为 7 mL/min。

(3) 水洗 1 流速的选择。图 6-14 是水洗 1 流速对模拟移动床色谱分离纯化米糠蛋白降血压肽影响的曲线图。

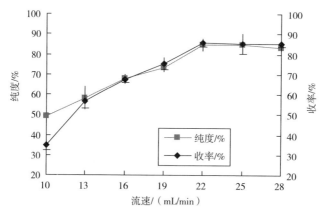

图 6-14 水洗 1 流速对米糠 ACE 抑制肽收率及纯度的影响

在水洗 1 流速的 5 点三次重复的因素分析中,对数据进行分析,以纯度和收率为指标,$P<0.01$,说明水洗 1 流速对米糠 ACE 抑制肽纯度、收率的影响极显著。由图 6-14 可知,随着水洗 1 流速的增加,米糠 ACE 抑制肽的纯度、收率先增加后持平,水洗 1 流速为 22 mL/min 时,米糠 ACE 抑制肽的纯度、收率最高,因此,确定 22 mL/min 为最合适水洗 1 流速。

(4) 醇洗流速的选择。图 6-15 是醇洗流速对模拟移动床色谱分离纯化米糠 ACE 抑制肽的影响曲线图。

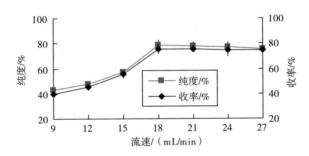

图 6-15 醇洗流速对米糠 ACE 抑制肽纯度和收率的影响

在醇洗流速的 5 点三次重复的因素分析中,对数据进行分析,以纯度和收率为指标,$P<0.01$,说明醇洗流速对米糠 ACE 抑制肽纯度、收率的影响极显著。由图 6-15 可知,随着醇洗流速的增加,米糠 ACE 抑制肽的纯度和收率先增加后降低,醇洗流速为 18 mL/min 时,米糠 ACE 抑制肽的纯度和收率最高,因此,确定 18 mL/min 为最适醇洗流速。

(5) 水洗 2 流速的影响。图 6-16 是水洗 2 流速对模拟移动床色谱分离纯化米糠 ACE 抑制肽的影响曲线图。

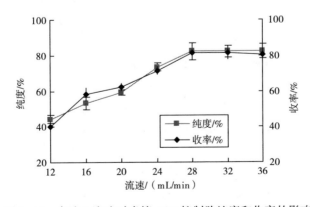

图 6-16 水洗 2 流速对米糠 ACE 抑制肽纯度和收率的影响

水洗 2 是为了将分离柱中的醇洗洗液进行洗脱,并不影响树脂的吸附能力,作用为确保分离系统的正常运行。在水洗流速的 5 点因素分析中,以纯度和收率为指标,$P<0.01$,说明水洗 2 流速的变化对米糠 ACE 抑制肽纯度和收率的影响达到极显著水平。由图 6-16 可知,随着水洗 2 流速的增加,米糠 ACE 抑制肽的纯度和收率也逐渐增加,但是后期增加缓慢。在水洗 2 流速为 28 mL/min 时,米糠 ACE 抑制肽纯度达到 82.3%,因此,确定此流速为最佳水洗 2 流速。

6.1.3.6 模拟移动床色谱分离米糠 ACE 抑制肽的高效液相色谱图

图 6-17 是采用模拟移动床色谱分离后的高活性米糠 ACE 抑制肽的高效液相色谱图,由图 6-17 得出,高活性米糠 ACE 抑制肽的纯度在 86% 以上,ACE 抑制率为 72.8%,而且根据检测得出米糠蛋白 ACE 抑制肽的分子量范围为 400~600 Da,而且分子量为 556 Da 的米糠蛋白肽占到了 60% 以上。

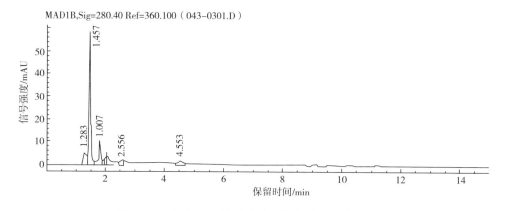

图 6-17 米糠 ACE 抑制肽纯度的高效液相检测图谱

超滤膜试验结果表明,分子量在小于 1 kDa 的米糠蛋白 ACE 抑制多肽具有较高的 ACE 抑制率,大于原液。在动态吸附方面上最终确定了 XAD-761 树脂分离米糠 ACE 降血压肽的工艺参数:饱和吸附量为 17.6 mg/mL;进料速度为 3 mL/min,进样量为 3 mL,水洗脱流速为 3 mL/min,50% 醇洗脱流速为 3 mL/min,洗脱剂用量约为 330 mL。还进行了动态吸附和解吸试验并对分离前与分离后的 ACE 抑制率进行比较,并且得到分离后的 ACE 抑制率为 70.5%,进一步说明了 XAD 树脂有较好的分离性能,能较好地分离纯化米糠 ACE 抑制肽,并且提高米糠 ACE 抑制肽的提取、分离、再生效率,为下一步的产业化分离提供了较好的数据基础。

根据米糠 ACE 抑制肽纯度和米糠 ACE 抑制肽收率两个角度分析的试验结果,综合考虑纯度、收率和实际情况,确定进样浓度为 14 mg/mL,将进样流速、水洗

1 流速、醇解吸流速、水洗 2 流速的值分别定为：7.0 mL/min、22.0 mL/min、18.0 mL/min、28.0 mL/min。结果米糠 ACE 抑制肽纯度为 86.3%左右、收率为 84.4%、ACE 抑制率为 72.8%。分离前后米糠蛋白 ACE 抑制率及纯度都有了大幅度的提高，可见模拟移动床对米糠蛋白 ACE 抑制肽具有良好的分离效果。

6.2 米糠 ACE 抑制肽的分离纯化及结构鉴定

米糠蛋白在碱性蛋白酶的作用下水解后的蛋白酶解液，一般是由蛋白质、肽和氨基酸等组成的混合物。米糠 ACE 抑制肽经模拟移动硬床色谱分离后，其纯度虽然得到很大幅度的提高，但为了进行结构鉴定，还需纯化出具有更高 ACE 抑制活性的活性肽，是研究具有生物活性和生理功能的目标产物的基础。

米糠蛋白酶解物的分离纯化方法，应根据本实验酶解产物的组成、理化性质以及目标产物的活性特点等因素来决定，并通过适当的技术组合达到分离纯化目标产物的特点。凝胶柱层析技术是根据酶解液混合物中不同分子量的组分通过多孔凝胶床时，由于分子量的不同，其通过凝胶床的孔隙时难易程度不一样，从而导致通过的速度不一致，分子量大的化合物因无法进入孔隙里面而随着洗脱液很快流出层析柱，从而达到分离的目的。该技术设备简单重复性好、肽的回收率高，活性不被破坏，是被广泛采用的技术。反相高效液相色谱（RP-HPLC）是根据组分分子极性不同进行分离的方法，具有分离效果好、分析速度快、检测灵敏度高和回收率高的特点，是目前分离纯化蛋白和肽的最有效的方法之一。

本章采用凝胶过滤色谱、高效液相色谱（HPLC）对经过模拟移动硬床色谱纯化后的米糠 ACE 抑制肽进行了分离纯化，最后用蛋白质 N-端检测仪推测降血压肽的序列结构。

6.2.1 实验材料与仪器设备

6.2.1.1 实验材料

见表 6-5。

表 6-5 实验材料

实验材料	试剂公司
米糠蛋白肽（模拟移动硬床色谱纯化）	实验室自制
葡聚糖凝胶 sephadexG-15	百迪信北京科技公司

续表

实验材料	试剂公司
乙腈	美国 Honeywell 公司
去离子水	三高送水中心

6.2.1.2 实验设备

见表6-6。

表6-6 试验用仪器设备

仪器名称	生产厂家
DBS-100 电脑全自动部分收集器	上海沪西分析仪器厂
DK-S24 型电热恒温水浴锅	上海森信实验仪器有限公司
Delta320 型 pH 计	上海梅特勒—托夫多仪器有限公司
T6 紫外可见分光光度计	北京普析通用仪器有限公司
ALPHA1-2 LD plus 冷冻干燥机	德国 Christ 公司
高效液相色谱 HPLC	美国 Waters 公司
HD-9707 电脑紫外检测仪	上海精科实业有限公司
PPSQ-31A 蛋白质 N-端检测仪	日本 Shimadzu 公司

6.2.2 试验方法

6.2.2.1 ACE 抑制活性的测定

参照6.1.2.2中的方法进行。

6.2.2.2 凝胶过滤色谱分离纯化米糠 ACE 抑制肽

凝胶过滤色谱根据分子量的不同有不同的种类，sephadexG-15 的分离范围 100<1500 Da，适用于大多数降血压肽的分子量范围，本试验采用 sephadexG-15 葡聚糖凝胶对经过模拟移动硬床色谱分离过的米糠蛋白 ACE 抑制肽进行纯化，将凝胶层析色谱分离纯化得到的不同组分的多肽进行重复多次收集，检测不同组分的多肽的 ACE 抑制率，得到 ACE 抑制率高的组分，对其进行结构鉴定。

将处理好的 SephadexG-15 装成 1.6 cm×100 cm 柱。取经过纯化的米糠蛋白 ACE 抑制肽配制浓度 50 mg/mL。经过多次上样分别收集各组分，浓缩并冷冻干燥后测其降血压活性，取活性最高的组分。

凝胶类型：SephadexG-15；柱尺寸：1.6 cm×100 cm；洗脱液：去离子水；流速：2 mL/min；检测波长：220 nm 与 280 nm；上样量：2 mL。

6.2.2.3 HPLC 分离米糠 ACE 抑制肽

将 HPLC 分离得到的活性最高组分溶于水中，配成 1 mg/mL 的溶液，利用 HPLC 分离纯化，收集各组分冷冻干燥后，进行 ACE 抑制活性测定。

色谱条件：色谱柱：Sunfire TM C_{18} 柱（4.6 mm×150 mm）；检测波长：220 nm；柱温：35℃；进样体积：10 μL；流速：1 mL/min；流动相：A：0.05% TFA 水溶液；B：0.05% TFA 乙腈溶液；梯度洗脱条件：0~10 min，95%~80% A；10~30 min，80%~70% A；30~35 min，70%~10% A；35~40 min，10%~95% A；40~45 min，95% A。

6.2.2.4 鉴定米糠 ACE 抑制肽氨基酸序列

对 HPLC 分离得出 ACE 抑制肽进行氨基酸序列的鉴定。几乎所有的蛋白质合成都起始于 N-端，蛋白质 N-端的序列组成对于蛋白质整体的生物学功能有着巨大的影响力对蛋白进行 N-端测序分析，有利于帮助分析蛋白质的高级结构，揭示蛋白质的生物学功能。目前对蛋白 N-端测序主要分为两大类，其一为非质谱技术，例如经典的 Edman 降解法，利用反转录 RT-PCR 得到对应蛋白的 cDNA，再来反推得到蛋白序列；其二为质谱技术。它们各自都有其使用的长处和制约之处，目前，市面上采用的方法，依然是基于经典的 Edman 降解法原理。

建立标准氨基酸图谱。利用混合氨基酸标准品（PTH-AA），在常规条件下运行生成一张标准品色谱图，对混合氨基酸标品的保留时间进行校正，生成标准方法文件。

样品前处理：将纯样品离心后取上清，备用。将聚凝胺（Polybrene）15 μL 加到玻璃纤维膜（Glass Fiber Disk）上，氮气吹干，上机将玻璃纤维膜预处理，即运行 5 个循环，将足量纯样品点加到预处理后的玻璃纤维膜上，氮气吹干。

上机检测：将加好样品的玻璃纤维膜用 PTFE 滤膜封置于蛋白测序仪 PPSQ-31A 的反应器里，设定检测氨基酸数及其他参数。

数据处理。

6.2.3 结果与分析

6.2.3.1 SephadexG-15 分离米糠 ACE 抑制肽

经模拟移动硬床色谱分离纯化后的米糠 ACE 抑制肽在 SephadexG-15 凝胶过滤层析色谱上分离得到 3 个峰，分别标记为 P1、P2 和 P3，见图 6-18。将各组分收集、浓缩并冷冻干燥后配成相同浓度的溶液，测定 ACE 抑制活性。从图 6-19

可以看出，在 1 mg/mL 浓度下，组分 P2 具有最高的 ACE 抑制率，达到 76.3%。根据组分 P1、P2 和 P3 的出峰时间可以看出，各组分的分子质量分布大小依次为 P1>P2>P3。

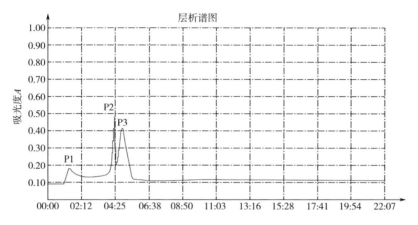

图 6-18　SephadexG-15 分离米糠 ACE 抑制肽的吸收图谱

各组分的 ACE 抑制活性（图 6-19）可以看出，P2 的 ACE 抑制活性明显高于 P1 和 P3，这可能是由于 P1 的分子质量要小于 P2，因而包含了更多高活性的 ACE 抑制肽。然而，尽管 P2 的分子质量要小于 P3，但其 ACE 抑制活性却明显比 P2 的低，这可能是因为 ACE 抑制肽的活性不仅与分子质量有关，而且与肽链的空间结构和氨基酸组成有关。

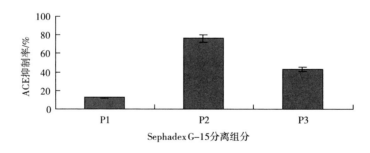

图 6-19　SephadexG-15 分离米糠 ACE 抑制肽得到的组分的 ACE 抑制活性

6.2.3.2　HPLC 分离 ACE 抑制肽组分

一般来说，由于肽类的紫外吸收波长在 220 nm 左右，所以运用 HPLC 分离肽类时的检测波长应为 220 nm。但是，芳香族的氨基酸在 280 nm 下会有强烈的吸收，而实验所分离的是 ACE 抑制肽类，此类活性肽的组成中含有比例较大的芳香族氨基酸，所以实验选用 220 nm 和 280 nm 两个波长下同时检测肽的分离情况以作比较。

使用 HPLC 分离米糠蛋白 ACE 抑制肽 P2，得到的色谱图如图 6-20 所示。从图 6-20 中可以看出，组分 P2 仍非单一组分，虽然各峰的分离度较好，易于收集，但是还有杂峰小峰的存在，不是每个峰都需要收集，相比较 280 nm 和 220 nm 波长下的图谱，选择收集 7 个主要组分峰，分别命名为 P2-1～P2-7，浓缩并冷冻干燥后配成浓度为 0.1 mg/mL 的水溶液，测得其 ACE 抑制活性最高为 78.5%，如图 6-21 所示。选择活性较高的峰 P2-5 进行氨基酸序列鉴定。

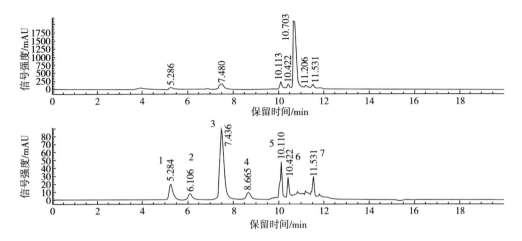

图 6-20 HPLC 测得 SephadexG-15 分离组分 P2 的色谱图

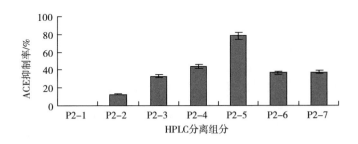

图 6-21 HPLC 分离米糠 ACE 抑制肽得到的组分的 ACE 抑制活性

6.2.3.3　鉴定米糠 ACE 抑制肽氨基酸序列

蛋白质和多肽 N-端测序技术是以 Edman 化学降解法为基础的，Edman 化学降解，其基本原理是包括通过异硫氰酸苯脂与蛋白质和多肽的 N-端残基的偶联，苯氨基硫甲酰酞（PTC-肽）环化裂解，和噻唑呤酮苯氨（ATZ）转化为苯异硫尿氨基酸（PTH-氨基酸）三个主要的化学步骤，每个循环从蛋白质与多肽裂解一个氨基酸残基，同时暴露出新的游离的氨基酸进行下一个 Edman 降解，最后通过转移的 PTH-氨基酸鉴定实现蛋白质序列的测定（图 6-22、图 6-23）。

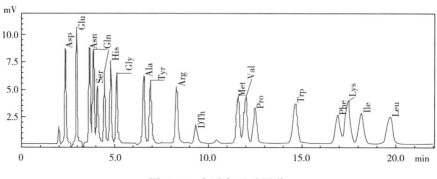

图 6-22　标准氨基酸图谱

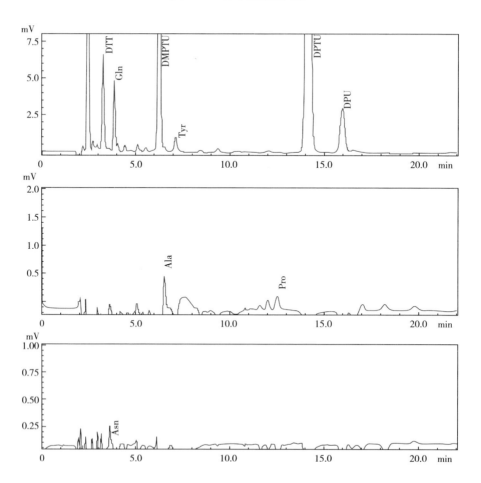

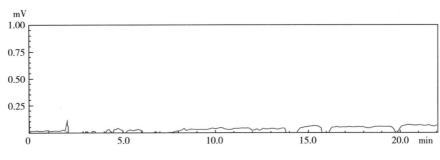

图 6-23　测定的氨基酸色谱图

对 HPLC 分离高活性产物进行 N-端序列测定，由图可以看出样品中主要含有四种氨基酸，分别为 Tyr、Ala、Asn 和 His，其中 His 为游离氨基酸，不具有降血压功能，所以测定结果为三肽 Try-Ala-Asn。

所获得的 Try-Ala-Asn 首次从米糠蛋白中分离鉴定得到，其氨基酸序列此前未见有报道。和许多来源于食品蛋白的 ACE 抑制肽一样，我们分离得到的肽的 C 端均为脯氨酸。其他研究也得出 ACE 抑制肽的抑制活性主要取决于 C 端氨基酸，C 端氨基酸为芳香族氨基酸（包括色氨酸、酪氨酸、苯丙氨酸）和脯氨酸时其抑制活性较高。

酶解制备得到 ACE 抑制肽，经模拟移动硬床色谱分离出的肽具有较高活性，用凝胶 SephadexG-15 分离出 3 个组分，分别测定其 ACE 抑制活性，得到高活性组分 P2，用 HPLC 进一步提取，组分 P2-5 为 ACE 抑制率能够达到 78.5% 的成分单一的目标物质。所以，以组分 P2-5 为检测对象，经 Edman 降解法鉴定出结果为 Try-Ala-Asn。

6.3　米糠 ACE 抑制肽在大鼠体内降压效果的研究

经体外实验证实具有 ACE 抑制活性的降血压肽，在体内并不一定都具有降压效果，因为降血压肽必须进入血液循环才能发挥其降压作用，如果是口服，经过消化道内酶的分解或者被 ACE 先行降解，都可能会变成无活性的短肽或氨基酸。

为了进一步验证该降血压肽的实际降压效果，本实验对原发性高血压大鼠（SHR）和正常对照大鼠（SD）进行了短期给药和长期给药实验，从中探讨米糠蛋白降血压肽的降压功能。

6.3.1 实验材料与仪器设备

6.3.1.1 实验材料

见表6-7。

表6-7 实验材料

实验材料	试剂公司
高血压大鼠（自发性SHR）	上海高血压研究所
普通SD大鼠	哈尔滨兽医研究所试验动物中心
卡托普利（Captopril）12.5 mg/片	上海皇象铁力蓝天制药有限公司
米糠ACE抑制肽（经模拟移动床色谱分离）	实验室自制

6.3.1.2 实验设备

见表6-8。

表6-8 实验设备

实验设备	设备厂家
BP-6型动物无创血压测试系统	成都泰盟科技有限公司
ALPHA1-2LD plus 冷冻干燥机	德国Christ公司
AR2140电子分析天平	梅特勒托多利仪器有限公司
TGL16B型台式离心机	上海安亭科学仪器制造厂
JJ-1电动搅拌器	常州国华电器有限公司
C型超声波药品处理机	济宁市金百特电子有限公司

6.3.2 试验方法

6.3.2.1 米糠蛋白降血压肽的制备

参照6.1.2.1方法制备。

6.3.2.2 米糠蛋白降血压肽的活性测定

参照方法6.1.2.2测定。

6.3.2.3 大鼠饲养条件

自发性高血压大鼠（SHR）随机分笼饲养，每笼6只，环境温度（22±1）℃，相对湿度（55±5）%，标准饲料喂养，自由进食和饮水，自然光照。大鼠适应环境 7 d 后开始实验。

6.3.2.4 灌胃给药试验

SHR 大鼠 30 只在实验室适应一周后，根据所测基础血压和体重的大小，按随机分组设计分为 5 组，每组 6 只：SHR 大鼠空白对照组，灌胃同等剂量生理盐水；低剂量组，灌胃剂量按 50 mg/kg·bw 肽计算；中剂量组，灌胃剂量按 100 mg/kg·bw 肽计算；高剂量组，灌胃剂量按 150 mg/kg·bw 肽计算；药物对照组，灌胃剂量按 5 mg/kg·bw 加入卡托普利。

给药分为 2 种：一次性给药实验，测定大鼠在给药前及给药后 2 h、4 h、6 h、8 h 的血压值，每只大鼠每次测定 3 次取平均值；长期给药实验，连续 28 d 每天定时给药一次，每 7 天测量血压和体重一次。

普通 SD 大鼠 12 只，实验室适应一周后，根据所测基础血压和体重的大小，按随机分组设计分为 2 组每组 6 只：（SD）正常血压大鼠对照组，灌胃剂量按 150 mg/kg·bw 肽计算；（SD）正常大鼠药物对照组，灌胃剂量按 5 mg/kg·bw 加入卡托普利。也按一次性给药试验，与 SHR 大鼠的空白对照组和高剂量组进行对比。

6.3.2.5 静脉注射给药试验

SHR 大鼠 30 只在实验室适应一周后，根据所测基础血压和体重的大小，按随机分组设计分为 5 组，每组 6 只：SHR 大鼠空白对照组，灌胃同等剂量生理盐水；低剂量组，灌胃剂量按 20 mg/kg·bw 肽计算；中剂量组，灌胃剂量按 40 mg/kg·bw 肽计算；高剂量组，灌胃剂量按 60 mg/kg·bw 肽计算；药物对照组，灌胃剂量按 2 mg/kg·bw 加入卡托普利。

静脉注射实验按照一次性给药测定注射前及注射后 2 h、4 h、6 h、8 h、10 h 的大鼠血压，每只大鼠每次测定三次取平均值。

6.3.2.6 实验动物血压测定

将待测大鼠装入鼠笼，按试验的待测顺序放入 BP-6 动物无创血压测试仪的保温箱中，在 36℃下将大鼠预热 10 min，待电脑显示器上出现待测大鼠的脉搏波形图后，加压，保气 10 s 后放气，记录波形图中收缩压值。如此反复 3 次，取其平均值。

6.3.2.7 数据统计分析

采用 SPSS 软件进行数据统计分析，实验数据用均值±标准差表示，实验用单因素方差分析进行比较。

6.3.3 结果与讨论

6.3.3.1 米糠 ACE 抑制肽的抑制率

经模拟移动硬床色谱纯化后的米糠蛋白水解液测定其 ACE 抑制率，经计算得制备的米糠蛋白降血压肽的抑制率为 72.8%。

6.3.3.2 一次性灌胃米糠 ACE 抑制肽对 SHR 大鼠血压的影响

一次性灌胃米糠 ACE 抑制肽，观察其对 SHR 大鼠血压的影响，多次测量取平均值以绘制折线图，结果如图 6-24 所示。

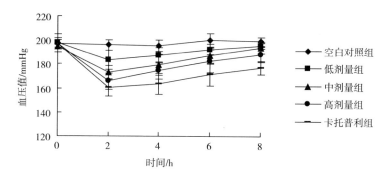

图 6-24　一次性灌胃实验对 SHR 大鼠血压的影响（$n=6$）

给药前各实验组 SHR 大鼠的血压均在 195 mmHg 以上。给药后除空白对照组外，其他实验组 SHR 大鼠的血压值均开始下降，给药 2 h 后各实验组血压值下降最显著（$P<0.05$），之后血压值开始缓慢回升，8 h 后血压值基本恢复到灌胃前的水平，卡托普利组与高剂量组均能最大限度地降低 SHR 大鼠的血压值，其中高剂量组下降幅度达到 33.5 mmHg，这表明 150 mg/kg·bw 剂量的米糠 ACE 抑制肽的降血压活性可能与 5 mg/kg·bw 剂量的卡托普利接近。但是卡托普利组血压回升得较慢，给药后 8 h 时高剂量组 SHR 大鼠基本与灌胃前血压值持平。从给药时间看，给药后 2~4 h 出现血压最低值（$P<0.05$），之后各组 SHR 大鼠的血压开始缓慢回升，降压效果可以维持 6 h 左右，给药后 8 h 各组 SHR 大鼠血压值与空白对照组相差无几。实验结果表明，米糠 ACE 抑制肽对 SHR 大鼠的降血压效果有一定的持续性，说明米糠 ACE 抑制肽具有良好的短期降压功能，同时给药剂量越大，降压效果越明显。

6.3.3.3 一次性灌胃米糠 ACE 抑制肽对正常 SD 大鼠血压的影响

对正常血压的 SD 大鼠进行高剂量的灌胃处理，每隔 2 h 测定其血压值，与灌胃 SHR 大鼠的阴性对照组、高剂量组、卡托普利组进行比较，实验结果如

图 6-25 所示。

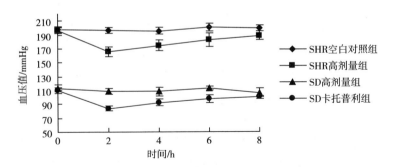

图 6-25　一次性灌胃对正常 SD 大鼠血压的影响（$n=6$）

正常 SD 大鼠的一般在 110 mmHg 没有 SHR 大鼠的血压值高，可以看出正常 SD 大鼠组与 SHR 大鼠的空白对照组类似，从给药前到给药后 8 h 血压值均变化不显著，而相同剂量的 SHR 大鼠的血压出现显著性降低（$P<0.05$）。实验结果表明，米糠 ACE 抑制肽对正常大鼠血压没有抑制作用，有研究表明，卡托普利对正常大鼠血压和 SHR 大鼠的血压都降低，说明米糠 ACE 抑制肽降压更安全。

6.3.3.4　连续性灌胃米糠 ACE 抑制肽对 SHR 大鼠血压的影响

从表 6-9 中可知，在给药期间，空白对照组中 SHR 大鼠的血压值一直在 190 mmHg 以上，差异不显著（$P>0.05$）。与未给药时比较，灌胃给药后的低剂量组、中剂量组和高剂量组 SHR 大鼠的血压值均随着服用时间的增加有明显下降，且随着给药时间增加 SHR 大鼠血压下降的速度减慢并逐渐趋于稳定。低剂量组和中剂量组 SHR 大鼠的血压从第三周第四周开始才有差异显著性（$P<0.05$），但中剂量组在第四周有更大的差异性（$P<0.01$）。高剂量组比卡托普利组降压效果差，但血压下降平缓。同时也可以看出随着给药剂量的增加，SHR 大鼠的血压下降值也随之增大。该结果表明，长期服用米糠 ACE 抑制肽可以较好且稳定地降低血压，不会因降压不稳定造成对机体的损伤。

表 6-9　连续灌胃米糠蛋白 ACE 抑制肽对 SHR 大鼠血压的影响（$n=6$, $\bar{x}\pm s$）

组别	血压/mmHg				
	给药前	给药 1 周	给药 2 周	给药 3 周	给药 4 周
空白对照组	199.1±5.6	195.9±3.7	194.6±4.5	200.1±6.6	199.9±3.4
低剂量组	197.7±4.4	190.8±5.6	186.5±8.1	183.1±11.1*	180.0±3.9*
中剂量组	194.0±6.2	191.2±5.0	183.7±6.5	173.5±11.8*	172.7±10.0**

续表

组别	血压/mmHg				
	给药前	给药1周	给药2周	给药3周	给药4周
高剂量组	197.7±7.0	187.7±5.9	180.7±7.4	171.7±18.4*	169.1±13.5**
药物对照组	198.8±11.5	185.8±8.3	178.3±9.5*	167.4±10.7*	160.3±11.4**

注：与空白对照组比较 * 表示 $P<0.05$，** 表示 $P<0.01$。

6.3.3.5 静脉注射米糠 ACE 抑制肽对 SHR 大鼠血压的影响

静脉注射不同剂量的米糠 ACE 抑制肽，分别在注射前及注射后 2 h、4 h、6 h、8 h 测定 SHR 大鼠的血压值。结果如图 6-26 所示。

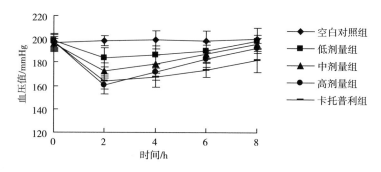

图 6-26 静脉注射实验对 SHR 大鼠血压的影响（$n=6$）

从图 6-26 可以看出，静脉注射后，各组 SHR 大鼠的血压值均明显下降，注射 2 h 后各组均降到最低值，而后开始缓慢回升，降压效果可以维持 4~6 h，除卡托普利组外各剂量组血压值均恢复到给药前的水平，由此可见，卡托普利组的降压效果更持久。SHR 大鼠的血压值随着注射剂量加大下降幅度增大，其中高剂量组血压值在注射 2 h 后更低于卡托普利组，但回升较快，没有卡托普利组的效果持久。

将图 6-24 与图 6-25 比较可以看出，一次性灌胃米糠 ACE 抑制肽与静脉注射对 SHR 大鼠的降压效果是相同的，降压效果都随着给药剂量的增加而增加，同时，高剂量组的短期降压效果与卡托普利相当，但药效没有卡托普利持久。但是静脉注射实验的剂量是一次性灌胃实验剂量的 0.4 倍，由此可见，静脉注射的降压效果远远好于灌胃，这可能是因为胃和肠道中存在某些蛋白酶将米糠蛋白降血压肽中的降压组分分解成没有活性的组分，从而影响降压效果。静脉注射使药物直接进入机体的血液循环，能够更快速地达到降压目的而不需要经过胃液和肠道，可以更有效地降低 SHR 大鼠的血压。

6.3.3.6 长期灌胃米糠 ACE 抑制肽对 SHR 大鼠体重的影响

连续灌胃给药 4 周后，各组 SHR 大鼠体重变化情况见表 6-10。与给药前体重比较，空白对照组体重增加了 29.8 g，随着药物剂量的增加，SHR 大鼠体重增加幅度加大，说明米糠 ACE 抑制肽不仅具有降血压的效果，还有促进机体生长的作用。

表 6-10 灌胃给药 4 周后米糠 ACE 抑制肽对 SHR 大鼠体重的影响（$n=6$，$\bar{x}\pm s$）

组别	空白组	低剂量组	中剂量组	高剂量组	卡托普利组
体重增加值/g	29.8±6.5	42.7±4.4	43.9±3.0	52.8±4.7	44.1±4.9

本实验对 SHR 大鼠进行不同剂量的一次灌胃、连续灌胃及静脉注射，分析及讨论了米糠 ACE 抑制肽对 SHR 大鼠降血压效果的影响，证明了与卡托普利相比，米糠 ACE 抑制肽在降压效果和持续时间上略有不足，且使用剂量要高于卡托普利。静脉注射的降压效果要好于灌胃，可能由于肠道或胃液中的酶类对米糠蛋白 ACE 抑制肽有一定的分解作用。米糠 ACE 抑制肽在机体内具有良好的降压效果，但对正常的 SD 大鼠没有影响，有促进生长、适合长期服用等优点。米糠 ACE 抑制肽组分简单、制备工艺安全，以稻米加工副产物为原料，原料纯天然且成本低廉，因此，米糠 ACE 抑制肽作为具有降血压功能的活性肽有良好的开发价值。

◆ 参考文献 ◆

[1] 张宇昊，王强，周素梅. 花生降血压肽的超滤分离研究 [J]. 中国油脂，2007，32（7）：28-31.

[2] Fujita H, Sasaki R, Yoshikawa M. Potentiation of the antihypertensive activity of orally, avasorelaxing peptide derived from ovalbumin, by emulsification in egg hosphatidylchoine [J]. J Biosci Biotech Biochem, 1995, 59: 2344-2345.

[3] Suetauna K. Isolation and characterization of angiotensin I-converting enzyme inhibitor dipeptides derived from allium sativum L (garlic) [J]. J Nutr Biochem, 1998, 9: 415-419.

[4] Kohmura M, Noriki N, Kazuki K, et al. Inhibition of Angiotensin-converting Enzyme by Synthetic Petides of Human β-Casein [J]. Agricultural and Biological Chemistry, 1989, 53（8）：2107-2114.

[5] 刘冬，张丽君. 重组降血压肽在大肠杆菌中的高效表达 [J]. 中国生物制品学杂志，2006，19（1）：41-43.

[6] 廖晓慧，孙海燕，刘冬. 反相高效液相色谱法测定重组大肠杆菌发酵液中降血压肽的含量 [J]. 时珍国医国药，2007，18（8）：1817-1818.

[7] Lopez-Fandino R, Otte J, Van Camp J. Physiological, chemical and technological aspects of milk-protein-derived peptides with antihypertensive and ACE-inhibitory activity [J]. International Dairy Journal, 2006, 16 (11): 1277-1293.

[8] Pozo-Bayon M, Alcaide JM, Polo MC, et al. Angiotensin I-converting enzyme inhibitory compounds in white and red wines [J]. Food Chemistry, 2007, 100 (1): 43-47.

[9] Mao XY, Ni JR, Sun WL, et al. Value-added utilization of yak milk casein for the production of angiotensin-I-converting enzyme inhibitory peptides [J]. Food Chemistry, 2007, 103 (4): 1282-1287.

[10] Lee SH, Qian ZJ, Kim SK. A novel angiotensin I converting enzyme inhibitory peptide from tuna frame protein hydrolysate and its antihypertensive effect in spontaneously hypertensive rats [J]. Food Chemistry, 2010, 118 (1): 96-102.

[11] 张绵松, 孟秀梅, 袁文鹏, 等. 海蜜血管紧张素转化酶抑制肽的超滤分离 [J]. 食品与药品, 2010, 12 (1): 20-23.

[12] 杜璟, 何慧, 陈助敏, 等. 超滤法制备高ACE抑制活性玉米肽 [J]. 中国粮油学报, 2010, 25 (8): 10-14.

[13] 田万敏, 马海乐, 路琳, 等. 超滤技术分离双低油菜ACE抑制肽及其性能研究 [J]. 中国粮油学报, 2011, 26 (9): 87-91.

[14] 张宇昊, 王强, 周素梅. 花生降血压肽的超滤分离研究 [J]. 中国油脂, 2007, 32 (7): 28-31.

[15] Je JY, Park PJ, Byun HG, et al. Angiotensin I converting enzyme (ACE) inhibitory peptide derived from the sauce of fermented blue mussel, Mytilus edulis [J]. Bioresource Technology, 2005, 96 (14): 1624-1629.

[16] Hernandez-Ledesma B, del Mar Contreras M, Recio I. Antihypertensive peptides: Production, bioavailability and incorporation into foods [J]. Advances in Colloid and Interface Science, 2011, 165 (1): 23-35.

[17] Rho SJ, Lee JS, Chung YI, et al. Purification and identification of an angiotensinI-converting enzyme inhibitory peptide from fermented soybean extract [J]. Process Biochemistry, 2009, 44 (4): 490-493.

[18] Byun HG, Kim SK. Purification and characterization of angiotensin I converting enzyme (ACE) inhibitory peptides from Alaska pollack (Theragra chalcogramma) skin [J]. Process Biochemistry, 2001, 36 (12): 1155-1162.

[19] Hyoung Lee D, Ho Kim J, Sik Park J, et al. Isolation and characterization of a novel angiotensin I-converting enzyme inhibitory peptide derived from the edible mushroom Tricholoma giganteum [J]. Peptides, 2004, 25 (4): 621-627.

[20] Qian ZJ, Jung WK, Kim SK. Free radical scavenging activity of a novel antioxidative peptide purified from hydrolysate of bullfrog skin, Rana catesbeiana Shaw [J]. Bioresource Technology, 2008, 99 (6): 1690-1698.

[21] Wu J, Aluko RE, Muir AD. Production of angiotensin I-converting enzyme inhibitory peptides from defatted canola meal [J]. Bioresource technology, 2009, 100 (21): 5283-5287.

[22] 喇文军, 刘冬, 张丽君, 等. 离子交换层析法分离纯化玉米降血压肽的研究 [J]. 食品工程, 2007, 3: 57-59.

[23] 钟芳, 张晓梅, 麻建国. 大豆肽的离子交换色谱分离及其活性评价 [J]. 食品与机械, 2006, 22 (5): 16-19.

[24] Pihlanto A, Virtanen T, Korhonen H. Angiotensin I converting enzyme (ACE) inhibitory activity and antihypertensive effect of fermented milk [J]. International Dairy Journal, 2010, 20 (1): 3-10.

[25] Nakade K, Kamishima R, Inoue Y, et al. Identification of an antihypertensive peptide derived from chicken bone extract [J]. Animal Science Journal, 2008, 79 (6): 710-715.

[26] Quiros A, Ramos M, Muguerza B, et al. Identification of novel antihypertensive peptides in milk fermented with Enterococcus faecalis [J]. International Dairy Journal, 2007, 17 (1): 33-41.

[27] Suetsuna K, Chen JR. Identification of antihypertensive peptides from peptic digest of two microalgae, Chlorella vulgaris and Spirulina platensis [J]. Marine Biotechnology, 2001, 3 (4): 305-309.

[28] 万红贵, 方爆宇, 叶慧. 模拟移动床技术分离撷氨酸和丙氨酸 [J]. 食品与发酵工业, 2005, 31 (12): 50-53.

[29] Gottschlich N, Kasche V. Purification of monoclonal antibodies by simulated moving-bed chromatography [J]. Journal of Chromatography A, 1997, 765 (2): 201-206.

[30] Houwing J, Billiet H A H, van der Wielen L A M. Effect of salt gradients on the separation of dilute mixtures of proteins by ion-exchange in simulated moving beds [J]. Journal of Chromatography A, 2002, 952 (1/2): 85-98.

[31] Andreev B M, Kruglov A V, Selivanenko Y L. Continuous isotope separation in systems with solid phase. I. gasphase separation of isotopes of the light elements [J]. Sep Sci Tech-nol, 1995, 30 (16): 3211-3226.

[32] 危凤, 沈波, 陈明杰, 等. 模拟移动床色谱拆分奥美拉唑对映体 [J]. 化工学报, 2005, 56 (9): 1699-1702.

[33] 林炳昌. 模拟移动床技术在中药有效成分分离中的应用 [J]. 精细化工, 2005, 22 (2): 110-112.

[34] J. S. Tsai, T. c. Lin, J. L. Chen. The inhibitory effects of freshwater clam (Cubicula fulminate, Muller) muscle protein hydrolysis's on angiogenesis I converting enzyme [J]. Process Biochemistry, 2006 (41): 2276-2281.

[35] Qing C M, Suzanne O. Purification and assay Methods for Angiogenesis-Converting Enzyme [J]. Chromatography, 1996, 743: 105-122.

[36] Cushman D W, Cheung H S. Spectrophtotmetric assay and Properties of the Angiogenesis Conver-

ting Enzyme of Rabbit [J]. Biochemical Pharmacology, 1971, 20: 1637-1648.
[37] Nili, Daijun, Taoguanjun, et al. Preparation of A New Functional Food Additive-ACE inhibitory Peptides from Fibroin [J]. Food and Resource, 2000: 252-260.
[38] 林炳昌. 模拟移动床色谱在药物领域里的应用 [J]. 辽宁医药, 2000, 1 (15): 30-31.
[39] 黎观红. 食物蛋白源血管紧张素转化酶抑制肽的研究 [D]. 无锡: 江南大学, 2005.
[40] 江利华, 王璋, 许时婴, 等. 花生 ACE 抑制肽的分离纯化、结构鉴定及体内降血压功能研究 [J]. 食品工业科技, 2009, 10: 94-100.
[41] 冯玉萍, 李倬, 张福梅, 等. 牦牛乳酪蛋白降血压肽对高血压大鼠体内降压效果研究 [J]. 中兽医医药, 2014, 3: 50-54.

第7章
米糠蛋白抗氧化肽制备及在饮料中的应用

7.1 米糠蛋白抗氧化肽制备及无机陶瓷膜初步纯化工艺优化

7.1.1 材料与方法

7.1.1.1 实验需原材料

米糠蛋白，购于北大荒希杰食品科技有限责任公司；柠檬酸（分析纯），天津市瑞金特化学品有限公司；蜂蜜，购于黑龙江省伊春市，于4℃保存待用；黄原胶，CP-Kelco公司，批号3F9247；乳化剂，广州市中万新材料有限公司。

7.1.1.2 主要试剂

试验所用到的主要仪器设备见表7-1。

表7-1 试验用试剂

试剂名称	生产厂家
中性蛋白酶	西安永屹生物技术有限公司
胰蛋白酶	美国Amresco公司
福林-酚试剂	上海荔达生物科技有限公司
三氯乙酸	沈阳华东试剂厂
5%甘油	沈阳华东试剂厂
0.4%氢氧化钠	沈阳华东试剂厂
磷酸二氢钠	天津市大茂化学试剂厂
磷酸氢二钠	天津市大茂化学试剂厂

7.1.1.3 主要仪器设备

试验所用到的主要仪器设备见表7-2。

表7-2 试验用仪器设备

仪器名称	生产厂家
HHS型电热恒温水浴锅	上海博讯实业有限公司医疗设备厂
FE20实验室pH计	梅特勒-托利多仪器有限公司
SHZ-D（Ⅲ）循环水式真空泵	巩义市予华仪器有限公司
GZX-9140ME数显鼓风干燥箱	上海博讯实业有限公司医疗设备厂
S-13紫外可见分光光度计	北京普析通用仪器有限责任公司
高压电场试验装置	吉林大学自制
立式离心机	上海浦东物理光学仪器厂

7.1.2 方法

7.1.2.1 米糠蛋白基本成分测定

水分的测定用105℃恒重法（参照GB/T 5009.3—2010）。

蛋白质含量的测定用凯氏定氮法测定（参照GB/T 5009.5—2010），米糠蛋白转换系数为5.95。

灰分的测定（参照GB/T 5009.4—2010），样品置于马弗炉中550℃灰化2.0 h，剩余残渣与样品重量比例即为灰分含量。

粗脂肪的测定采用索氏抽提法（参照GB/T 5009.6—2003）。

7.1.2.2 米糠蛋白酶解物的制备工艺

米糠蛋白→按一定底物浓度加蒸馏水配成悬浮液→放入反应容器→90℃加热预处理10 min→加1 mol/L氢氧化钠溶液调pH→搅拌15 min加酶加压处理→反应结束后迅速加热10 min灭酶→离心（4000 r/min，15 min）→收集上清液→米糠抗氧化肽。

7.1.2.3 酶解物水解度的测定

在中性及碱性条件下采用pH-stat法测定水解度，水解度按公式（7-1）所示计算：

$$DH(\%) = \frac{B \times N_b}{\alpha \times M_p \times H_{tot}} \tag{7-1}$$

式中：B——碱液体积，mL；

N_b——碱液的摩尔浓度，mol/L；

α——氨基的平均解离度，$\alpha = [10^{(pH-pK)}] / [1+10^{(pH-pK)}]$ $pK-NH_3^+$的平均 pK，计 7.0；

pH——反应起始的 pH；

M_p——底物中蛋白质的含量 g；

H_{tot}——底物蛋白质中的肽键总数 mmol/g，米糠蛋白为 7.3477 mmol/g。

7.1.2.4 羟自由基清除率测定

在试管中分别加入 0.5 mL 10 mmol/L 水杨酸-乙醇溶液、1 mL 样液、0.5 mL 10 mmol/L $FeSO_4$ 溶液，最后加入 0.5 mL 8.8 mmol/L H_2O_2 启动反应，摇匀后于 510 nm 处测定吸光度 A_1；取 0.5 mL 蒸馏水代替 10 mmol/L $FeSO_4$ 溶液，测定吸光值 A_2；取 1 mL 蒸馏水代替样品，测定吸光度值 A_3。按式（7-2）计算羟自由基清除率。

$$羟自由基清除率(\%) = \left(1 - \frac{A_1 - A_2}{A_3}\right) \times 100 \qquad (7-2)$$

7.1.2.5 单因素复合酶解试验设计

研究证实，食品来源的蛋白质中包含多种生物活性物质，如抗氧化肽、降血糖肽、ACE 抑制肽、免疫活性肽、抗菌肽等，这些生物活性肽大多以无活性的形式存在于蛋白中，当用适当的蛋白酶水解时才能使其释放成为具有一定活性的肽段。蛋白质水解过程中通常伴随有重要结构的重排，导致一些原来包埋在蛋白质分子内部的疏水区域暴露出来。

目前，电场技术应用的研究已有较大进展。随着环境电场的变化，生物体内物质的电荷分布、排列、运动方式将随之改变，从而成为影响酶的生物活性。蛋白酶活性高会加快蛋白质的分解，促进水解产物多肽的生成速度。研究人员提出酶活发生变化的机制可能是电场处理引发酶关键部位发生氧化反应，也可能是酶的静电性质和构象发生改变。

本实验研究目的在于以米糠蛋白为原料，经蛋白酶酶解米糠蛋白与高压电场结合，通过单因素试验考察酶解过程的各种影响因素，并利用正交试验设计优化抗氧化肽的最佳酶解工艺参数。

分别考察酶解温度、电场强度、酶解时间和底物浓度 4 个因素对酶解效果的影响，做单因素试验。确定中性蛋白酶与胰蛋白酶 1∶1 复合单因素试验的基本条件为：酶用量 2000 U/g；底物浓度 4.0%；电场强度 750 V/cm；pH 7.0；反应温度 50℃；反应时间为 60 min，改变其中一个条件，固定其他条件分别考察电场强度、底物浓度、反应温度和反应时间对羟自由基清除率和 DH 的影响，试验结果以 3 次结果的平均值表示。

（1）底物浓度的确定：复合酶用量为 2000 U/g，电场强度 750 V/cm，pH 为 8.0，酶解时间为 60 min，温度为 50℃，分别考察底物浓度为 2.0%、4.0%、6.0%、8.0%、10.0% 时水解米糠蛋白的效果。以 DH 和羟自由基清除率为指标，获得底物浓度对米糠抗氧化肽效果最佳参数。

（2）电场强度的确定：固定条件是 pH 为 8.0，酶解时间为 60 min，酶解温度为 50℃，底物浓度为 4.0%、分别考察电场强度为 250 V/cm、500 V/cm、750 V/cm、1000 V/cm、1250 V/cm 条件下酶解米糠蛋白对水解制备抗氧化肽的影响。以 DH 和羟自由基清除率为指标，获得电场强度对米糠抗氧化肽效果最佳参数。

（3）水解温度的确定：调节溶液 pH 为 8.0，酶解时间为 60 min，底物浓度为 4.0%、电场强度 500 V/cm，分别考察温度为 50℃、55℃、60℃、65℃、70℃ 条件下对水解米糠蛋白制备抗氧化肽的影响。以 DH 和羟自由基清除率为指标，获得温度对米糠抗氧化肽效果最佳作用参数。

（4）水解时间的确定：固定条件是 pH 为 8.0，加酶量为 2000 U/g，电场强度 750 V/cm，酶解温度为 50℃，底物浓度为 4.0% 的条件下，分别处理 40 min、50 min、60 min、70 min、80 min，以 DH 和羟自由基清除率为指标，获得反应时间对米糠抗氧化肽效果最佳作用参数。

7.1.2.6 水解条件优化正交试验设计

通过单因素试验可知，影响酶解的 4 个因素对制备米糠抗氧化肽都有影响，因此选择电场强度、底物浓度、温度、酶解时间单因素优化酶解工艺参数。因素水平表 7-3。

表 7-3 因素水平表

水平	底物浓度/% A	电场强度/（V·cm^{-1}） B	温度/℃ C	酶解时间/min D
1	3.0	500.0	55.0	50.0
2	4.0	750.0	60.0	60.0
3	5.0	1000.0	65.0	70.0

7.1.2.7 膜通量测定的方法

超滤过程的特性指标主要是膜通量（J），即单位时间内通过单位面积的透过物的量，计算：

$$J = \frac{G}{AT_U} \tag{7-3}$$

式中：G——透过液的量（mL）；

A——膜的面积（m²）；

T_U——超滤所用的时间（min）。

7.1.2.8 米糠抗氧化肽的超滤分离单因素实验条件

超滤法是利用泵提供的压力作用于超滤膜的两侧，使粒径大小不同形成不同的迁移而使不同分子量的组分进行分离的过程。超滤技术的优势是分离效果好，一次性将两种以上成分进行分离；试验过程中不需增加任何促进分离效果或提高纯化度的化学或生物成分，容易操作；由于膜的再生利用，使分离的成本相对较低。在分离生物大分子的应用中，超滤的主要作用表现在分离混合物中分子量相差较大物质，如：脱盐、脱水和浓缩等。优选膜孔径，通过超滤流量、料液温度、超滤时间等为单因素试验和正交试验，确定最佳超滤工艺参数。

先选用立式离心机将酶解混合液在 4000 r/min 离心 20 min，得到上清液；上清液经中型膜组合设备先用无机陶瓷膜 Al_2O_3 进行处理，测定超滤前后羟自由基清除率的变化；

（1）无机膜孔径对膜分离过程的影响。无机陶瓷膜工作条件，无机膜材质为 Al_2O_3，采用无机陶瓷膜进行处理，选择膜的孔径大小是研究分离效果的重要一步。因为膜孔径大小不仅影响膜分离的效果，而且影响膜分离的效率。本实验选取膜孔径为 50 nm、100 nm、220 nm 的三种陶瓷膜，操作温度 30℃、操作压力 0.30 MPa、流量 6 L/min 进行对比实验，以确定最佳孔径。

（2）无机陶瓷膜超滤压力对膜通量影响的测定。选用孔径 100 nm 的无机陶瓷膜，测定不同超滤压力下的膜通量与超滤压力的关系。在超滤温度 30℃、流量 6 L/min、料液浓度 4% 的条件下，使膜渗透性能稳定后，对无机膜处理稳定膜通量与压力的关系进行测定，以获得最佳操作压力。

（3）超滤温度对膜通量的影响。选用孔径 100 nm 的无机陶瓷膜在 0.3 MPa 的超滤压力、料液浓度 4%、流量 6 L/min 条件下过滤酶解液，使膜渗透性能稳定后，测定在 10~60℃ 的不同温度下膜通量和超滤温度的关系，以获得最佳操作温度。

（4）流量对膜通量的影响。在操作压力 0.30 MPa、料液浓度 4%、30℃ 温度条件下，测定不同流量下膜通量的变化，以确定合适的流量。

（5）料液浓度对膜通量的影响。选用孔径 100 nm 的无机陶瓷膜在 0.3 MPa 的超滤压力、流量 6 L/min、30℃ 条件下过滤酶解液，使膜渗透性能稳定后，测定料液浓度在 1%、2%、3%、4%、5% 条件下，膜通量和料液浓度的关系，以获得最佳操作温度。

7.1.3 结果与分析

7.1.3.1 米糠蛋白的基本成分测定

见表7-4。

表7-4 米糠蛋白主要成分

粗纤维/%	蛋白质/%	灰分/%	水分/%	粗脂肪/%
6.12	70.38	5.99	5.45	4.26

7.1.3.2 水解条件单因素试验

研究发现米糠蛋白不同的肽段表现不同的抗氧化活性，选择不同的蛋白酶进行酶解获得不同水解度的肽段对水解产物抗氧化活性影响至关重要。活性的大小水平根据酶的种类、水解度等因素相关，关键是将具有抗氧化活性的氨基酸残基暴露出来；并非水解度越高活性越大，如果水解程度太大，获得的小分子游离氨基酸相对增加，而对羟自由基有清除效果的肽段被水解掉，使获得的水解产物活性反而降低。因此，选择合适的酶以及酶解程度，即有限的水解条件对制备抗氧化肽至关重要。

（1）底物浓度对羟自由基清除率和DH的影响。由图7-1可知，整体水平上，水解度根据底物浓度的增加而存在米糠蛋白-水解蛋白酶体系底物抑制作用，底物抑制作用效率出现在底物浓度增大先快速抑制然后缓慢抑制的现象。同样在OH·清除率的变化情况也是随底物浓度增加，出现先下降快速，当浓度增加至

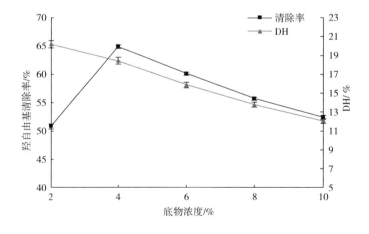

图7-1 底物浓度对多肽羟自由基清除率和DH的影响

4.0%时，清除率达到最高，也就是抗氧化活性达到最高。而后抗氧化性逐渐降低。综合考虑本试验选用底物浓度为4.0%作为单因素试验的最佳底物浓度。

（2）电场强度对羟自由基清除率和DH的影响。由图7-2可见，达到一定的电场强度可快速的获得抗氧化肽，在250~750 V/cm的范围内，高压电场强度的增加可提高酶的水解度，当电场强度在750 V/cm时，羟自由基清除率达到最大，说明高压电场可促进酶活，通过有限的水解作用可获得高抗氧化活性的肽段。电场强度超过750 V/cm，则酶活力下降，说明一定强度的高压电场可改变蛋白酶催化的位点，而使蛋白酶发生钝化作用。同样在高压电场作用下，酶的水解度也随酶活的上升而快速增大，而当蛋白酶出现钝化时，水解度趋于稳定。综上，可确定较适电场强度在750 V/cm。

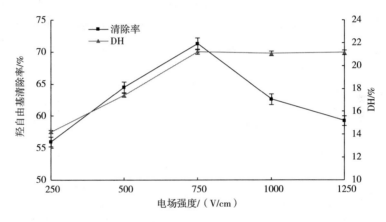

图7-2 电场强度对多肽羟自由基清除率和DH的影响

（3）温度对羟自由基清除率和DH的影响。如图7-3所示，在一定范围内温度增大会提高酶的活性，而使水解度和抗氧化活性上升。在60℃时水解度和羟自由基清除率都达到最高点，说明酶水解适宜温度为60℃；超过60℃时水解度和羟自由基清除率都下降，尤其是羟自由基清除率下降明显。邓乾春等研究认为温度是影响蛋白酶分子稳定性的关键指标。蛋白酶中催化水解的位点及特定的空间结构受温度高低的影响，适宜的温度会提高酶的催化作用，加速肽段的水解。

（4）酶解时间对羟自由基清除率和DH的影响。如图7-4所示，随时间延长水解度增大，当酶结合的位点达到饱和时，水解度达到最大，然后随时间增加，水解趋于平稳。单因素实验时间对水解度的影响结果是当时间达到80 min时水解度最高。对羟自由基清除率表现在时间达到60 min时最高，主要是由于复合蛋白酶随着内切酶位点与端切酶的活力发生变化。在60 min之后，羟自由基清除率开

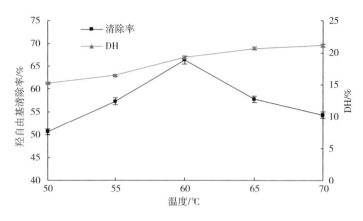

图 7-3 温度对多肽羟自由基清除率和 DH 的影响

始下降。水解度与羟自由基清除率最高值出现时间相差 60 min，也表明过度的水解会产生更多游离氨基酸，降低产物的活性。本实验选用反应时间为 60 min。

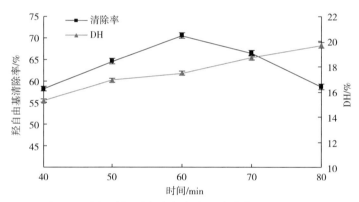

图 7-4 水解时间对多肽羟自由基清除率和 DH 的影响

7.1.3.3 水解条件正交试验优化结果

以羟自由基清除率为评价指标，进行正交试验设计。

正交试验结果与分析见表 7-5。

表 7-5 正交试验结果与分析

试验号	A 底物浓度/%	B 电场强度/（V·cm^{-1}）	C 温度/℃	D 时间/min	OH·清除率/%
1	3	500	55	40	41.2
2	3	750	60	50	60.4

续表

试验号	A 底物浓度/%	B 电场强度/（V·cm^{-1}）	C 温度/℃	D 时间/min	OH·清除率/%
3	3	1000	65	60	62.8
4	4	500	60	60	48.3
5	4	750	65	40	74.2
6	4	1000	55	50	53.1
7	5	500	65	50	51.6
8	5	750	55	60	64.2
9	5	1000	60	40	58.1
K_1	54.8	47.0	52.8	57.8	
K_2	58.5	66.3	55.6	55.0	
K_3	57.9	58.0	62.9	58.4	
R	3.7	19.3	10.1	3.4	

从表 7-5 结果可以看出，B 因素电场强度的极差最大，因素间的影响主次顺序是 B（电场强度）>C（温度）>A（底物浓度）>D（时间）。说明水解过程中引入的电场强度可提高酶的活性，获得抗氧化活性较强的肽产物。电场强度在酶解过程中是关键的控制因素，水解温度可调节酶活，控制酶的水解作用，对整个水解过程也非常重要。正交试验结果表明：各因素最优组合为：$A_2B_2C_3D_3$。最佳的酶解条件是：底物浓度 4%，电场强度 750 V/cm，酶解温度 65℃，酶解时间 60 min。为了更好地优化酶解条件，对正交实验结果影响关键的因素电场强度进行方差分析，确定最终的酶解优化组合。

方差分析结果见表 7-6~表 7-8。

表 7-6 水解条件方差分析表

变异来源	SS	df	MS	F	F_a
A（底物浓度）	24.287	2	12.143	1.229	$F_{0.05}$ (2, 2) = 19
B（电场强度）	558.527	2	279.263	28.266*	$F_{0.01}$ (2, 2) = 99
C（温度）	161.127	2	80.563	8.154	
误差	19.760	2	9.880		
总变异	763.700	8			

表7-7 不同电场强度处理羟自由基清除率多重比较（LSD检验法）

处理		平均差	标准误差	显著性
500	750	−19.233*	2.5665	0.017
	1000	−10.967	2.5665	0.051
750	500	19.233*	2.5665	0.017
	1000	8.267	2.5665	0.084
1000	500	10.967	2.5665	0.051
	750	8.267	2.5665	0.084

表7-8 不同电场强度处理（B）因素各水平羟自由基清除率均值多重比较（LSD检验法）

A 因素		B_2	B_3	B_1
		66.3	58.0	47.0
显著性	0.05	a	ab	b
	0.01	A	A	A

通过表7-6酶解获得的抗氧化肽对羟自由基清除率进行方差分析的数据显示，电场强度的处理因素间 F 值差异显著，说明电场强度对酶解产物的羟自由基清除率有显著影响。其他各因素的 F 值差异不显著，说明电场强度是最重要的控制条件。进一步对显著性因素电场强度通过LSD检验法进行多重比较，优化最佳的电场强度参数。由表7-7、表7-8的多重比较结果可知，B_2（750 V/cm）与 B_1（500 V/cm）水平间差异显著，B_3（1000 V/cm）与 B_2（750 V/cm）、B_1（500 V/cm）间都不存在显著性。因此，通过对显著性因素电场强度水平间的多重比较，最终的酶解条件组合还是：$A_2B_2C_3D_3$。

对理论优化的最佳条件 $A_2B_2C_3D_3$ 与正交实验中较高的羟自由基清除率组 $A_2B_2C_3D_1$ 进行验证性实验，验证正交实验设计的准确性，结果见表7-9。

表7-9 酶解实验验证实验结果

处理	优化条件结果	正交最佳结果
羟自由基清除率/%	75.8±3.5	74.2±4.1

经实验验证后，优化条件组合与正交实验获得的最高值比较，二者结果基本一致，说明优化的实验条件可行。

7.1.3.4 无机陶瓷膜初步纯化工艺优化

(1) 膜孔径对膜分离过程的影响。膜孔径为 50 nm、100 nm、220 nm 的三种陶瓷膜进行对比实验,研究膜孔径对分离效果的影响,结果见图 7-5。

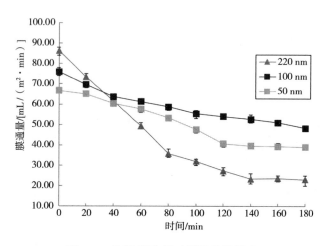

图 7-5 陶瓷膜孔径对膜通量的影响

由图 7-5 可看出,用孔径为 220 nm 的膜过滤初期的膜通量相对较大、随着时间延长,膜通量很快衰减,说明孔径较大的膜在水解液流经过程中由于剪切力大孔道易于阻塞,导致孔径被污染,对分离来说效果并不好,膜再生也困难;用孔径为 100 nm 的膜,膜通量较大且下降缓慢,后期膜通量趋于稳定。虽分离效果好,但膜通量变化较小;用孔径为 50 nm 的膜通量前期同样较大,然后逐渐降低,但降低的速度要比 100 nm 的膜要快。从图 7-5、表 7-10 可以得出:通过孔径 50 nm、100 nm 膜对水解液抗氧化活性的肽分离效果好,100 nm 的孔径活性最强,而孔径 220 nm 的膜分离效果差一些。所以本实验选取孔径为 100 nm 的膜较适宜。

表 7-10 不同孔径的膜过滤后水解液特性对比

孔径/nm	多肽含量/(mg/100 mL)	羟自由基清除率/%
220	21.3	54.2
100	19.1	62.8
50	18.7	56.8

(2) 操作压力对膜分离过程的影响。孔径为 100 nm 的无机陶瓷膜在 30℃、膜面流量 6 L/min 时,测得不同操作压力时的膜通量及其随时间变化的情况,结果见图 7-6、表 7-11。

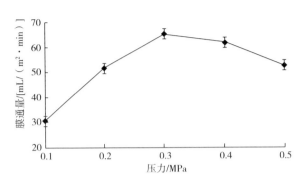

图 7-6 压力对膜通量的影响

表 7-11 压力对膜通量的影响的显著性分析

Levene 统计量	df_1	df_2	显著性
15.981	2	6	0.004

从图 7-6 可看出，在操作压力小于 0.3 MPa 时，随着操作压力的增大膜通量逐渐增大，由于在小的压力范围，水解液经过膜表面，膜外大分子类物质松散地积累在膜表面，随沉积层的厚度增大，压力增大与膜通量的增大呈线性增加；而在大于 0.3 MPa 时，操作压力增大反而膜通量逐渐降低。因为在较高的压力作用下，膜外的沉积层由原来的松散积累变成过滤阻力，沉积物变实造成外污染。因此控制过滤压力是增大超滤效率的关键因素。所以，将最佳操作压力选在 0.30 MPa，既可以获得较高的膜通量，又可减缓膜污染。

（3）操作温度对膜分离过程的影响。在操作压力 0.30 MPa，流量 6 L/min 时，测得不同操作温度时的膜通量，结果见图 7-7、表 7-12。

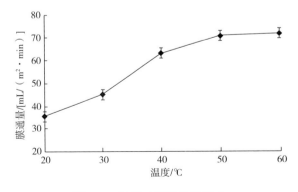

图 7-7 温度对膜通量的影响

表 7-12　温度对膜通量的影响的显著性分析

Levene 统计量	df_1	df_2	显著性
0.326	2	6	0.002

从图 7-7 可看出，温度对膜通量的影响在低温区较大，随着温度的升高，膜通量的变化趋于平缓。温度影响膜通量主要温度升高水解液的黏度降低，溶液扩散系数增大在 20~50℃温度区间，水解液的黏度降低较快，表现出对应的膜通量变化变化增大。当超过 50℃时，由于受水解液浓度限制，黏度受温度影响不明显，温度对膜通量的影响较低，所以，虽然温度超滤时的膜通量较大，但考虑能耗等因素，实验选取 40℃。

（4）流量对膜通量的影响。流量影响着过滤水解液的流速及其在膜管表面的流动状态，也会影响到滤液与无机陶瓷膜面之间的相互作用力和通透性。在 40℃、操作压力 0.30 MPa 时，测得不同流量时的膜通量，结果见图 7-8、表 7-13。

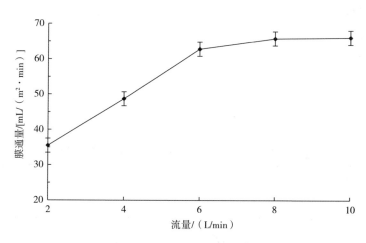

图 7-8　流量对膜通量的影响

表 7-13　流量对膜通量的影响的显著性分析

Levene 统计量	df_1	df_2	显著性
0.678	2	6	0.004

从图 7-8 可看出，流量增大意味着流速增大，流速增大时水解液通过无机膜时，膜外滤液形成的沉积层的剪切力增大，因此，膜通量随之增大。当流量（流

速）达到一定速度时，由于沉积层与膜间形成新的渗透系统受到的剪切力趋于平衡，膜通量趋于稳定。同时流量由小变大过程中，低流量时大分子滤液易于堆积膜外，使膜易于污染，而在流量 6 L/min 时，由于错流的滤液能够及时地带走膜外的沉积物，能够保持比较稳定的高通量。所以，本试验选择流量 6 L/min，此时过滤效果最佳。

（5）料液浓度对超滤膜效果的影响。料液浓度影响了过滤液的黏稠度对超滤效果有一定的影响，在超滤过程中也是考虑的一个影响因素。

图 7-9、表 7-14 是不同料液浓度对超滤的膜通量变化的影响。

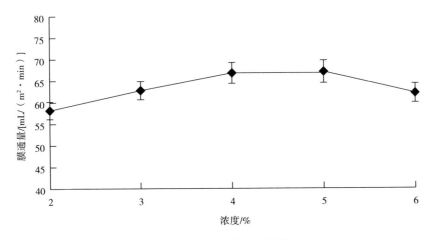

图 7-9 料液浓度对膜通量的影响

表 7-14 料液浓度对膜通量的影响的显著性分析

Levene 统计量	df_1	df_2	显著性
0.056	2	6	0.004

由图 7-9 可知，多肽液浓度的变化会影响膜通量的变化，主要原因是浓度大，其溶液的黏度变大，当浓度高的滤液通过膜时，由于黏度的影响会使溶液的扩散系数降低，滤液与膜的接触概率降低，最终会降低膜通量。当浓度为 4% 时，膜通量达到最大。在影响膜通量的因素中，多肽浓度是影响较小因素。

7.1.3.5 无机陶瓷膜初步纯化正交实验工艺条件优化结果

衡量超滤过程的效果主要是羟自由基脱除率和膜通量，因此通过单因素试验，以膜通量、羟自由基脱除率为考察指标进行正交试验优化，确定最优的超滤工艺参数。表 7-15 为正交试验结果。

表 7-15 超滤条件正交试验的设计结果

编号	A (压力/MPa)	B (浓度/%)	C [流量/(L/min)]	D (温度/℃)	膜通量/ (mL/m² · min)	OH·清除率/ %
1	0.2	3	5	35	40.6	57.8
2	0.2	4	6	40	45.8	60.1
3	0.2	5	7	45	48.3	66.3
4	0.3	3	6	45	68.7	84.1
5	0.3	4	7	35	60.9	76.2
6	0.3	5	5	40	55.4	67.1
7	0.4	3	7	40	63.2	77.7
8	0.4	4	5	45	59.1	74.5
9	0.4	5	6	35	60.8	81.3
K_1	44.9/61.4	57.5/73.2	51.7/66.5	54.1/71.8		
K_2	61.7/75.8	55.3/70.3	58.4/75.2	54.8/68.3		
K_3	61.0/77.8	54.8/71.6	57.5/73.4	58.7/75.0		
R	16.8/16.4	2.7/2.9	6.7/8.7	4.6/6.7		

由表 7-15 无机陶瓷膜超滤条件正交试验设计结果分析得知影响膜通量因素与羟自由基清除率的因素的主次顺序一致，为：压力 (A) >流量 (C) >温度 (D) >浓度 (B)，但最佳水平优化组合不同，膜通量的优化组合为：$A_2B_1C_3D_3$；羟自由基清除率的最佳优化水平为：$A_3B_1C_2D_3$。主要是因为当无机陶瓷膜的孔径固定后，操作条件对超滤效果的影响依据影响因素有主次而有所不同，操作压力是关键因素，当膜通量高时，滤液中抗氧化肽活性分子可能由于流量原因错过膜的过滤而流失掉。超滤的目的是在保证膜能量的情况下获得高活性的抗氧化肽，初步确定超滤条件的最佳水平组合为：$A_3B_1C_2D_3$，即：压力为 0.4 MPa，流量为 6 L/min，浓度为 3%，温度为 45℃。为确定各因素水平间的参数水平差异性，对数据进行方差分析，以确定合理的超滤方案。结果见表 7-16~表 7-21。

表7-16 膜通量方差分析表

变异来源	SS	df	MS	F	F_a
A（压力）	541.807	2	270.903	44.097*	$F_{0.05}$ (2, 2) = 19
C（流量）	79.527	2	39.763	6.473	$F_{0.01}$ (2, 2) = 99
D（温度）	36.860	2	18.430	3.000	
误差	12.287	2	6.143		
总变异	670.480	8			

通过表7-16膜通量方差分析分析数据显示，A因素（压力）的F值差异显著，说明A因素对膜通量有显著影响。其他因素的F值差异不显著。说明超滤过程压力对整个超滤来说是最重要的控制条件。还要通过对显著性因素进一步进行LSD检验法多重比较，优化最佳的压力参数。由表7-17、表7-18的多重比较结果可知，A_2（0.3 MPa）与A_3（0.4 MPa），A_2、A_3与A_1间水平差异显著，因此根据压力小节省能源和设备的角度，来确定0.3 MPa压力水平。

表7-17 不同压力处理膜通量多重比较（LSD检验法）

处理		平均差	标准误差	显著性
0.2	0.3	-16.767*	2.0237	0.014
	0.4	-16.133*	2.0237	0.015
0.3	0.2	16.767*	2.0237	0.014
	0.4	0.633	2.0237	0.784
0.4	0.2	16.133*	2.0237	0.015
	0.3	-0.633	2.0237	0.784

表7-18 不同压力处理（A）因素各水平膜通量均值多重比较（LSD检验法）

A因素		A_2	A_3	A_1
		61.7	61.0	44.9
显著性	0.05	a	a	b
	0.01	A	A	A

表 7-19 羟自由基清除率方差分析表

变异来源	SS	df	MS	F	F_a
A（压力）	481.549	2	240.774	37.150*	$F_{0.05}$ (2, 2) = 19
C（流量）	126.882	2	63.441	9.789	$F_{0.01}$ (2, 2) = 99
D（温度）	66.702	2	33.351	5.146	
误差	12.962	2	6.481		
总变异	688.096	8			

通过表 7-19 羟自由基清除率方差分析分析数据显示，压力处理的因素间 F 值差异显著，说明压力对羟自由基清除率有显著影响。其他因素的 F 值差异不显著，说明压力是最重要的控制条件。还要对显著性因素进一步通过 LSD 检验法进行多重比较，优化最佳的压力参数。由表 7-20、表 7-21 的多重比较结果可知，A_2 (0.3 MPa) 与 A_3 (0.4 MPa)，A_2、A_3 与 A_1 (0.2 MPa) 间水平差异显著，因此根据压力小，节省能源和设备的角度，来确定 0.3 MPa 压力水平。

表 7-20 不同压力处理羟自由基清除率多重比较

处理		平均差	标准误差	显著性
0.2	0.3	-14.400*	2.0786	0.020
	0.4	-16.433*	2.0786	0.016
0.3	0.2	14.400*	2.0786	0.020
	0.4	-2.033	2.0786	0.431
0.4	0.2	16.433*	2.0786	0.016
	0.3	2.033	2.0786	0.431

表 7-21 不同压力处理各水平羟自由基清除率均值多重比较（LSD 检验法）

A 因素		A_3	A_2	A_1
		77.8	75.8	61.4
显著性	0.05	a	a	b
	0.01	A	A	A

通过正交实验设计与实验，并对膜通量和羟自由基清除率的正交结果进行方差分析和多重比较，结合各条件对膜通量和羟自由基清除率的影响，在保证膜通量的基础上，以羟自由基清除率为考核的关键指标，最终确定超滤的最佳条件为

$A_2B_1C_2D_3$,即:压力 0.3 MPa,流量为 6 L/min,浓度为 3%,温度为 45℃。

对理论优化的最佳条件 $A_2B_1C_2D_3$ 验证实验,得出的结果见表 7-22。

表 7-22 无机陶瓷膜过滤条件验证实验结果

样品组分	膜分离前	膜分离后
羟自由基清除率/%	73.8±2.3	80.1±3.4
膜通量/(mL/m²·min)	—	70.3±3.2
多肽含量/(mg/100 mL)	26.3±2.4	20.2±1.8

经实验验证后,理论最佳条件组合与正交实验获得的最高值比较,二者结果相差很小,说明实验优化的实验条件可行。通过 100 nm 无机陶瓷膜过滤后,水解液的羟自由基清除率提高,一部分原因是溶液浓缩后,活性物质浓度提高,羟自由基清除率也会提高,将一部分非活性物质去除;经膜分离后有少量多肽损失。

7.2 抗氧化肽功能饮料脱苦及配方优化

7.2.1 材料与方法

7.2.1.1 实验需原材料

米糠蛋白,购于北大荒希杰食品科技有限责任公司;柠檬酸(分析纯),天津市瑞金特化学品有限公司;蜂蜜,购于黑龙江省伊春市,于 4℃保存待用;黄原胶,CP-Kelco 公司,批号 3F9247;乳化剂,广州市中万新材料有限公司。

7.2.1.2 主要试剂

试验所用到的主要仪器设备见表 7-23。

表 7-23 试验用试剂

试剂名称	生产厂家
中性蛋白酶	西安永屹生物技术有限公司
胰蛋白酶	美国 Amresco 公司

7.2.1.3 主要仪器设备

试验所用到的主要仪器设备见表 7-24。

表 7-24　试验用仪器设备

仪器名称	生产厂家
T6 新世纪紫外-可见分光光度计	上海元析仪器有限公司
DK-S24 电热恒温水浴锅	上海精宏实验设备有限公司

7.2.2　实验方法

7.2.2.1　苦味评价方法

采用感官评定方法，确定超滤后的酶解液的苦味，苦味值评价方法采用以奎宁为苦味基准物质进行稀释，当浓度稀释到刚好无苦味的浓度时，作为标准浓度 C（$C=3×10^{-6}$ mol/L），以标准苦味浓度为基础，按倍数增加奎宁用量，来设置苦味值，苦味评分标准见表 7-25。苦味值确定由 5 人组成的评定小组完成，结果取 5 人评分值的平均值。

表 7-25　苦味评分标准

奎宁浓度	2C	3C	4C	5C	6C	7C	8C
苦味值	1	2	3	4	5	6	7

注：$C=3×10^{-6}$ mol/L。

7.2.2.2　脱苦单因素实验条件

（1）β-环状糊精添加量对抗氧化肽脱苦效果的影响利用。根据无机陶瓷膜处理的酶解液进行浓缩，按肽的含量计算 β-环状糊精百分含量，分别加入 β-环状糊精 0、1%、2%、3%、4%，在 50℃ 的水浴中恒温 60 min，按照表 7-23 苦味评价标准，确定 β-环状糊精添加量对抗氧化肽脱苦效果。

（2）温度对抗氧化肽脱苦效果的影响。取适量的抗氧化肽，β-环状糊精添加量 2%，在水浴锅中分别以 20℃、30℃、40℃、50℃、60℃ 的温度恒温 60 min，按照表 7-25 苦味评价标准，确定温度对抗氧化肽脱苦的效果。

（3）时间对抗氧化肽脱苦效果的影响。取适量的抗氧化肽，β-环状糊精添加量 2%，在 40℃ 的水浴中分别恒温 20 min、40 min、60 min、80 min、100 min，按照表 7-25 苦味评价标准，确定时间对抗氧化肽脱苦的效果。

7.2.2.3　抗氧化肽脱苦条件优化

根据单因素结果设计正交实验，以 β-环状糊精添加量、包埋温度、包埋时间对抗氧化肽脱苦效果的影响，按照表 7-26 所示 $L_9(3^4)$ 正交实验表进行实验，确定β-环状糊精脱苦效果达到最佳工艺参数。

表 7-26　β-环糊精对抗氧化肽脱苦效果正交实验因素水平表

水平	因素			
	A β-环糊精添加量/%	B 温度/℃	C 空白	D 时间/min
1	1	30	1	50
2	2	40	2	60
3	3	50	3	70

7.2.3　结果与分析

7.2.3.1　β-环状糊精抗氧化肽脱苦条件优化

（1）β-环状糊精添加量影响抗氧化肽的脱苦效果。由图 7-10 可知，β-环状糊精的添加量对脱苦有一定的影响，主要表现在β-环状糊精大分子结构将苦味肽包裹起来，在食用时阻隔与味蕾的接触而达到消除苦味的效果。在β-环状糊精2%的添加量时，基本能够将苦味肽包裹达到饱和，再提高添加量，苦味基本不变，如果β-环状糊精使用过多还会降低多肽饮料的感官品质或产生异味，因此β-环状糊精的添加量控制在2%的脱苦效果比较理想。经包埋后多肽带有的少量苦味可在后续饮料配方优化中通过添加糖、酸等物质进行改善。

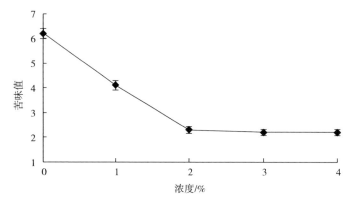

图 7-10　β-环状糊精的量对脱苦效果的影响

（2）温度影响抗氧化肽的脱苦效果。由图 7-11 可知，包埋温度为 40℃时，苦味最低，因为温度的高低会影响β-环状糊精的溶解度，当溶解效果最大时，其包埋作用最好；当温度升高到一定程度，β-环状糊精吸收的能量也会增大，影响了糊精的结构，对苦味肽的吸附和包埋作用下降，因此，温度超过40℃以上，随温度升高苦味值反而上升。

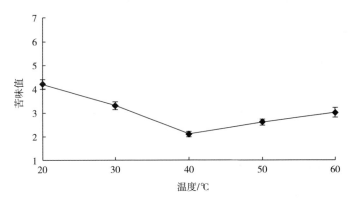

图 7-11　温度变化对脱苦效果的影响

（3）时间影响抗氧化肽的脱苦效果。由图 7-12 可知，包埋的初期，苦味肽随时间延长，β-环状糊精溶解度增大，内部的空间结构展开，苦味肽逐渐被吸附进入 β-环状糊精内部空间，当包埋时间在 60 min 以后，苦味值趋于稳定，说明时间超过 60 min，一定量的 β-环状糊精随着时间延长，其空间结构包埋的苦味物质达到饱和，也就是一定的空间结构其容纳量有限，因此选定最佳包埋时间为 60 min。

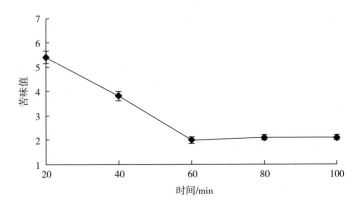

图 7-12　包埋时间对脱苦效果的影响

7.2.3.2　β-环状糊精脱苦效果条件优化结果

通过正交实验设计，苦味值由 5 位食品专业的学生对脱苦实验设计进行品尝评价，取 5 位品尝人员评分的平均值，结果如表 7-27 所示。

表 7-27 脱苦效果正交实验优化结果

实验序号	因素				苦味值
	A	B	C	D	
1	1	30	1	50	4.1
2	1	40	2	60	3.7
3	1	50	3	70	3.5
4	2	30	2	70	2.0
5	2	40	3	50	1.8
6	2	50	1	60	2.1
7	3	30	3	60	2.5
8	3	40	1	70	2.3
9	3	50	2	50	2.4
K_1	3.77	2.87	2.83	2.77	
K_2	1.97	2.60	2.70	2.77	
K_3	2.40	2.67	2.60	2.60	
R	1.8	0.27	0.23	0.17	

对苦味值结果进行极差分析,各因素间的影响程度按大小顺序为 $A \rightarrow B \rightarrow D$ (即添加量→包埋温度→包埋时间),β-环状糊精包埋法脱苦实验,影响脱苦效果最关键因素是 β-环状糊精添加量;通过正交实验设计优化的最佳脱苦条件组合是 $A_2B_2D_3$,即 β-环状糊精添加量为 2%,包埋温度恒定在 40℃,包埋时间控制在 60 min,实验效果最佳。为了进一步优化 β-环状糊精添加量,对正交实验结果进行方差分析,结果见表 7-28~表 7-30。

表 7-28 β-环状糊精脱苦效果正交优化方差分析表

变异来源	SS	df	MS	F	F_a
A(添加量)	5.296	2	2.648	64.405*	$F_{0.05}(2, 2) = 19$
B(包埋温度)	0.116	2	0.058	1.405	$F_{0.01}(2, 2) = 99$
D(包埋时间)	0.056	2	0.028	0.676	
误差	0.082	2	0.041		
总变异	5.549	8			

表7-29 不同β-环状糊精添加量处理的苦味值多重比较

处理		平均差	标准误	显著性
1	2	1.800*	1.655	0.008
	3	1.367*	1.655	0.014
2	1	-1.800*	1.655	0.008
	3	-0.433	1.655	0.120
3	1	-1.367*	1.655	0.014
	2	0.433	1.655	0.120

表7-30 不同β-环状糊精添加量处理各水平苦味值均值多重比较（LSD检验法）

A因素		A_2	A_3	A_1
		1.97	2.40	3.77
显著性	0.05	a	a	b
	0.01	A	A	A

通过表7-28 β-环状糊精脱苦效果数据显示，β-环状糊精添加量的因素间F值差异显著，说明β-环状糊精添加量对脱苦效果的有显著影响，在包埋法的脱苦过程中β-环状糊精添加量是最重要的控制条件。在方差分析结果的基础上还要通过显著性因素进行LSD检验法多重比较，优化最佳的β-环状糊精添加量参数。由表7-29、表7-30的多重比较结果可知，A_2（2%）、A_3（3%）与A_1（1%）间水平差异显著，所以在选择最佳的β-环状糊精添加量时，最终确定添加量为2%，与正交实验结果优化的条件一致。

7.3 抗氧化肽功能饮料配方优化

7.3.1 材料与方法

7.3.1.1 实验需原材料

米糠蛋白，购于北大荒希杰食品科技有限责任公司；柠檬酸（分析纯），天津市瑞金特化学品有限公司；蜂蜜，购于黑龙江省伊春市，于4℃保存待用。

7.3.1.2 主要试剂

试验所用到的主要仪器设备见表7-31。

表 7-31　试验用试剂

试剂名称	生产厂家
黄原胶	CP-Kelco 公司西安永屹生物技术有限公司
乳化剂	广州市中万新材料有限公司
福林-酚试剂	上海荔达生物科技有限公司
三氯乙酸	沈阳华东试剂厂
5%甘油	沈阳华东试剂厂
0.4%氢氧化钠	沈阳华东试剂厂
磷酸二氢钠	天津市大茂化学试剂厂
磷酸氢二钠	天津市大茂化学试剂厂
苯酚	天津市大茂化学试剂厂
三氯乙酸	天津市大茂化学试剂厂
三氯化铁	天津市大茂化学试剂厂
硫酸亚铁	天津市大茂化学试剂厂
铁氰化钾	天津市耀华化工厂
三羟甲基氨基甲烷（Tris）	北京经科宏达生物技术有限公司
邻苯三酚	天津市大茂化学试剂厂
邻二氮菲	天津市大茂化学试剂厂
双氧水	沈阳华东试剂化工厂出品
维生素 C	天津江天化工技术有限公司
GHS	美国 Sigma 公司
DPPH	美国 Sigma 公司

7.3.1.3　主要仪器设备

试验所用到的主要仪器设备见表 7-32。

表 7-32　试验用仪器设备

仪器名称	生产厂家
HHS 型电热恒温水浴锅	上海博讯实业有限公司医疗设备厂
FE20 实验室 pH 计	梅特勒-托利多仪器有限公司
SHZ-D（Ⅲ）循环水式真空泵	巩义市予华仪器有限公司
GZX-9140ME 数显鼓风干燥箱	上海博讯实业有限公司医疗设备厂
S-13 紫外可见分光光度计	北京普析通用仪器有限责任公司

续表

仪器名称	生产厂家
高压电场试验装置	吉林大学自制
HGDM-2 多功能中试膜分离设备	武汉赛普膜技术有限公司
立式离心机	上海浦东物理光学仪器厂
LD5-10B 低速离心机	北京德世科技有限公司
T6 新世纪紫外-可见分光光度计	上海元析仪器有限公司
DK-S24 电热恒温水浴锅	上海精宏实验设备有限公司

7.3.2 实验方法

7.3.2.1 饮料加工关键工艺过程

（1）调配。按照配方的比例准确称量白砂糖、蜂蜜混合均匀；复合乳化剂在 70℃ 左右的热水中混合后搅拌均匀，使其完全溶解；黄原胶用温水混合润湿后加定量的水加热溶解；将糖、乳化剂、黄原胶用 100 目的滤网过滤后加入到正在加热的脱苦肽液中一起搅拌均匀，最后加酸，待沸腾之后取下乳液。

（2）均质。均质是为了将添加的各种原料混合均匀，使多种成分的颗粒通过均质压力破碎成更小的微粒，让乳化剂分散更均匀，形成稳定的悬浮溶液，在放置后不分层。均质压力为 35~50 MPa，均质温度为 70℃。

（3）排气。将均质后的饮料进行排气处理，保持容器中一定的真空度，能够抑制厌氧微生物繁殖，保质时间长。

（4）杀菌冷却。在蛋白饮料排气完成后，趁热进行密封，在高压杀菌锅内按 121℃、15 min 进行灭菌，冷却即得成品。

7.3.2.2 饮料感官评分标准

找 5 名有感官评定经验的食品专业人员对蛋白肽饮料的色泽、口感、组织状态等进行综合评分。满分为 100 分，评分标准见表 7-33。

表 7-33 米糠蛋白抗氧化肽饮料感官评分标准

评分项目	评分标准	评分
色泽（25 分）	乳白色，有光泽	20~25
	灰白色，有光泽	10~19
	暗淡，无光泽	0~9

续表

评分项目	评分标准	评分
香气（25分）	有蛋白香气，无异味	20~25
	香气淡，无异味	10~19
	无香气，有异味，香气不协调	0~9
滋味（25分）	苦甜，滑润、口感细腻	20~25
	有苦味，口感细腻	10~19
	有苦味，口味平淡	0~9
组织状态（25分）	均一乳液，无沉淀分层，均质	20~25
	有轻微分层	10~19
	有沉淀分层	0~9

7.3.2.3 饮料配方单因素实验条件

（1）复合糖类的添加量对饮料评分的影响。以超滤后的多肽液为基础，经减压浓缩后多肽含量在2.5 mg/mL，按前期优化脱苦工艺先脱苦，然后添加0.2%复合乳化剂，0.15%黄原胶，0.03%的柠檬酸，选用白砂糖与蜂蜜按1∶2比例混合，确定不同复合糖类添加量分别为1.5%、2.0%、2.5%、3.0%，3.5%对饮料感官评分的影响。

（2）柠檬酸的量对饮料评分的影响。在复合乳化剂添加量0.2%，黄原胶添加量0.15%，选用复合糖添加量2.5%，浓缩后脱苦处理的多肽液，确定柠檬酸的添加量对饮料品质的影响，柠檬酸的添加量分别是0.01%、0.02%、0.03%、0.04%、0.05%，确定柠檬酸对饮料感官评分的影响。

（3）复合乳化剂的量对饮料评分的影响。取浓缩后脱苦处理的多肽液，在复合糖2.5%，黄原胶0.15%，0.03%的柠檬酸，选用单甘酯与蔗糖酯按1∶1比例混合，确定不同复合乳化剂添加量分别为0.10%、0.15%、0.20%、0.25%、0.30%对饮料感官评分的影响。

（4）黄原胶的量对饮料评分的影响。取浓缩后脱苦处理的多肽液，在复合糖2.5%，复合乳化剂的量0.2%，0.03%的柠檬酸，确定0.05%、0.10%、0.15%、0.20%、0.25%不同添加量下的黄原胶，对饮料感官评分的影响。

7.3.2.4 饮料配方正交实验条件优化

根据单因素结果设计正交实验，以复合糖用量、柠檬酸使用量、复合乳化剂用量和黄原胶用量对抗氧化肽饮料配方进行优化，按照表7-34所示 $L_9(3^4)$ 正交实验设计进行实验，以感官评分为指标进行配方优化。

表 7-34 饮料配方正交实验设计表

水平	因素			
	A（复合糖/%）	B（柠檬酸/%）	C（复合乳化剂/%）	D（黄原胶/%）
1	2.0	0.02	0.15	0.10
2	2.5	0.03	0.20	0.15
3	3.0	0.04	0.25	0.20

7.3.2.5 多肽饮料体外抗氧化测定方法

（1）超氧阴离子自由基清除率的测定。超氧阴离子自由基清除率参照 Li Y 等的方法测定，并略作修改。取 0.2 mL 样液，加入 5.6 mL 0.1 mol/L Tris-HCl 缓冲溶液（pH 8.2），以蒸馏水代替样品做空白对照，反应液于 25℃ 水浴下保温 10 min，加入 0.2 mL 3 mmol/L 相同温度下预热后的邻苯三酚溶液，迅速混匀并开始计时，在 325 nm 处测定吸光度值，每隔 30 s 读取 A_{325}，5 min 后结束，以 0.1 mL 蒸馏水加 2.8 mL 的 Tris-HCl 缓冲溶液溶液调零。以时间为横坐标、吸光度值为纵坐标进行线性拟合，拟合公式的斜率即为邻苯三酚自氧化速率 V。

$$抵制率(\%) = \frac{V_{对照} - V_{样品}}{V_{对照}} \quad (7-4)$$

式中：$V_{对照}$——对照组邻苯三酚自氧化速率（$\Delta A/min$）；

$V_{样品}$——样品组邻苯三酚自氧化速率（$\Delta A/min$）；

（2）清除 DPPH 自由基的测定。参照 XIE 等的方法。

（3）抗油脂过氧化能力测定。亚油酸乳化液制备：将 2.5 mL 亚油酸、100 mL 乙醇、8 mL 0.05 mmol/L 的 pH=7.0 磷酸缓冲溶液和 3.9 mL 蒸馏水充分混合后超声波振荡 30 min 即可。取 4 mL 的亚油酸乳化液与 0.05 mL 的 2 mg/mL 样品溶液在离心管中充分混合后打开离心管盖子，放于 40℃ 恒温培养箱中，每隔 24 h 取出 0.1 mL 混合液，然后依次加入 2 mL 75% 乙醇溶液，0.1 mL 的 30% 硫氰酸铵溶液，0.1 mL 的 20 mmol/L 氯化亚铁溶液，室温反应 3 min 后，测定 $OD_{500\ nm}$，每组取 3 个平行样，测量后取其平均值，吸光值越低表示样品抗氧化能力越强。

（4）还原能力的测定。准确称取冻干样品，配制成 1 mg/mL 的样液，取 1.2 mL 样液与 3 mL 磷酸盐缓冲液（0.2 mol/L，pH 6.6）混合，加入 3 mL 1% 铁氰化钾溶液，反应液于 50℃ 水浴保温 20 min，加入 3 mL 10% TCA 溶液，混匀，在 3000 r/min 条件下离心 10 min，取 2 mL 上清液和 2 mL 蒸馏水混合，加入

0.5 mL 0.1% $FeCl_3$ 溶液，室温静置反应 10 min，于 700 nm 处测量吸光度。以维生素 C 和 GSH 做阳性对照。

（5）Fe^{2+} 螯合能力。根据曹辉等的方法，做轻微修改。将冻干样品用蒸馏水稀释成不同浓度。取 1 mL 样品溶液，加入 0.05 mL 2 mmol/L $FeCl_2$ 溶液，再加入 1.85 mL 蒸馏水，待混合均匀后，再添加 5 mmol/L ferrozine 溶液 0.1 mL，混匀后室温静置 10 min。测定 562 nm 处的吸光值并记为 A_1，用蒸馏水作为对照，其吸光值记为 A_0。

螯合能力可通过下面的公式计算：

$$Fe^{2+} 螯合能力(\%) = [(A_0 - A_1)/A_0] \times 100 \qquad (7-5)$$

7.3.3 结果与分析

7.3.3.1 饮料配方单因素实验结果

（1）复合糖类的添加量对饮料评分的影响。选用白砂糖与蜂蜜按 1∶2 比例混合，进行添加量的确定，是根据白砂糖的甜味浓厚，感觉甜味的速度快，消失得也快；而蜂蜜中含有果糖和葡萄糖，并且有香味，能够提升饮料的综合口味，果糖和葡萄糖的甜味柔和，停留时间久。因此，蜂蜜与白砂糖配合使用，能够改善饮料的甜味和口感，保持饮料在口中的甜味时间，提升愉悦感。根据图 7-13 复合糖添加量对饮料感官品质的评价结果，随糖量增加评分值提高，当达到 2.5% 时，饮料酸甜适口，黏稠度适中，产品细腻，甜味持久，评分值最高，主要是此时的糖与酸的比例达到适合值，饮料的甜度和酸度符合人们的口感需求，当糖的添加量继续增加，糖酸比超过最佳比例，口感会下降。

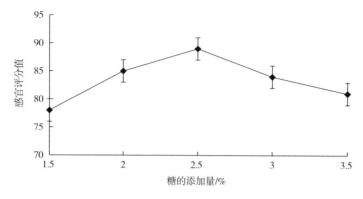

图 7-13 糖的添加量对饮料感官品质的影响

（2）柠檬酸的量对饮料评分的影响。选择柠檬酸作为调味因素，主要是柠檬酸能让人产生愉快的水果味，且柠檬酸的酸味温和爽快，是调节食品酸味常用的酸味剂。根据图7-14中柠檬酸的添加量对饮料感官品质的评价结果来看，当柠檬酸添加量0.03%时，饮料的感官评分最高，说明此时柠檬酸的添加量与复合糖的比例适合，口感最佳。柠檬酸添加量增加到0.04%时，产品的评分明显下降，柠檬酸的比例超过限度会产生过度的酸味，降低人们对甜味的适应，且产品会因为酸的增加而黏度下降，柔和口感消失，影响产品的综合评分。

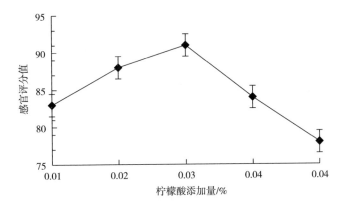

图7-14　柠檬酸的添加量对饮料感官品质的影响

（3）复合乳化剂的量对饮料评分的影响。选用脂肪单甘酯与蔗糖酯复合进行乳化剂，利用蔗糖酯、脂肪单甘酯同属非离子表面活性剂，脂肪单甘酯是W/O型乳化剂，而蔗糖酯可根据使用量是W/O型转变成O/W型乳化剂，通过二者固定的比例改变使用量调节其乳浊液的平衡状态而达到乳化效果。根据图7-15，乳化剂的添加量变化对饮料的感官评分影响不大，主要是抗氧化肽溶液中主要水系溶液，稳定性受乳化剂的影响不大，其中还添加一定比例的黄原胶，也具有稳定作用，因此，在单因素实验中复合乳化剂的添加量对饮料的感官影响不大。

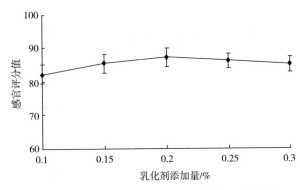

图7-15　乳化剂的添加量对饮料感官品质的影响

(4) 黄原胶的量对饮料评分的影响。黄原胶在低浓度下也有较高的黏稠度,且稳定性好,在酸性条件下也有很高的稳定性和兼容性。根据图7-16结果显示,添加量控制在0.15%左右其效果最好,在此条件下黄原胶可使抗氧化肽饮料的细腻性、稳定性及流动性都达到最佳状态,饮用时可提高饮料的细腻感和光滑度,提高评分值。当超过0.15%添加量时,由于黏稠度增加,降低了饮料的爽滑度和流动性,感官评分有所下降。

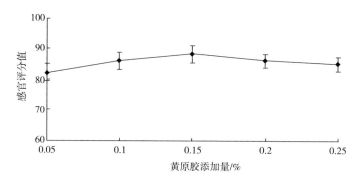

图7-16 黄原胶的添加量对饮料感官品质的影响

7.3.3.2 正交实验配方优化结果

由表7-35可见,对饮料配方感官评分结果进行极差分析,各因素间的影响程度按大小顺序为 $B \to A \to D \to C$(即柠檬酸的添加量→复合糖量→黄原胶量→复合乳化剂量),通过初步的极差分析,影响饮料感官评价最关键因素是柠檬酸的添加量;通过正交实验设计优化的最佳配方组合是 $B_2A_3D_1C_3$,即柠檬酸的添加量为0.03%,复合糖量为3.0%,黄原胶的量为0.1%,复合乳化剂量为0.25%,感官评分最佳。为了进一步优化柠檬酸的添加量,对正交实验结果进行方差分析,结果见表7-36~表7-38。

表7-35 抗氧化肽饮料配方正交优化结果

实验序号	因素				感官评分
	A 复合糖/%	B 柠檬酸/%	C 复合乳化剂/%	D 黄原胶/%	
1	2.0	0.02	0.15	0.10	79
2	2.0	0.03	0.02	0.15	85
3	2.0	0.04	0.25	0.20	81

续表

实验序号	因素				感官评分
	A 复合糖/%	B 柠檬酸/%	C 复合乳化剂/%	D 黄原胶/%	
4	2.5	0.02	0.02	0.20	80
5	2.5	0.03	0.25	0.10	93
6	2.5	0.04	0.15	0.15	84
7	3.0	0.02	0.25	0.15	83
8	3.0	0.03	0.15	0.20	91
9	3.0	0.04	0.02	0.10	87
K_1	81.7	80.7	84.7	86.3	
K_2	85.7	89.7	84.0	85.0	
K_3	87.0	84.0	85.7	84.0	
R	5.3	9.0	1.7	2.3	

表 7-36　抗氧化肽饮料配方正交优化方差分析表

变异来源	SS	df	MS	F	F_a
A（复合糖）	50.889	2	25.444	12.053	$F_{0.05}(2,2)=19$
B（柠檬酸）	134.222	2	67.111	31.789*	$F_{0.01}(2,2)=99$
D（黄原胶）	9.556	2	4.778	2.263	
误差	4.222	2	2.111		
总变异	198.889	8			

表 7-37　柠檬酸添加量感官评分多重比较（LSD 检验法）

处理		平均差	标准误差	显著性
0.02	0.03	−9.333*	1.186	0.016
	0.04	−3.333	1.186	0.107
0.03	0.02	9.333*	1.186	0.016
	0.04	6.000*	1.186	0.037
0.04	0.02	3.333	1.186	0.107
	0.03	−6.000*	1.186	0.037

表7-38 柠檬酸添加量处理各水平感官评分均值多重比较（LSD检验法）

A因素		B_2	B_3	B_1
		89.7	84.0	80.7
显著性	0.05	a	ab	b
	0.01	A	A	A

通过表7-36抗氧化肽饮料配方优化效果数据显示，抗氧化肽饮料配方优化的柠檬酸水平间 F 值差异显著，说明柠檬酸添加量对饮料感官品质影响有显著影响，柠檬酸的添加量是饮料配方中的最重要因素。在方差分析结果的基础上还要通过显著性因素进行LSD检验法多重比较，优化最佳的柠檬酸添加量的各水平间的差异性。由表7-37，表7-38的多重比较结果可知，B_2（0.03%）、B_3（0.04%）与 B_1（0.02%）间水平差异显著，所以在优化最佳的柠檬酸添加量时，最终确定添加量为0.03%，与正交实验结果优化的条件一致。

根据优化后的饮料配方进行抗氧化肽的含量测定，抗氧化肽含量为2.5 mg/mL。

7.3.3.3 多肽饮料的体外抗氧化活性结果

将优化后的米糠蛋白抗氧化肽饮料按多肽含量调制成一定浓度梯度样品溶液，对各种体系进行体外抗氧化活性检测。

（1）米糠蛋白抗氧化肽饮料对超氧阴离子自由基（$O_2^-·$）的清除能力。将不同浓度梯度的米糠蛋白抗氧化肽饮料样品溶液，对 $O_2^-·$ 的清除能力进行检测，并与维生素C、谷胱甘肽（GSH）作对比，其结果如图7-17所示。

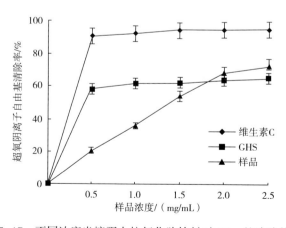

图7-17 不同浓度米糠蛋白抗氧化肽饮料对 $O_2^-·$ 的清除能力

由图7-17可知，浓度不同的米糠蛋白抗氧化肽饮料对 $O_2^-\cdot$ 均有清除作用。随着米糠蛋白抗氧化肽饮料浓度的增加，对 $O_2^-\cdot$ 的清除能力也增大。米糠蛋白抗氧化肽饮料浓度为 0.50 mg/mL 时，对 O_2^- 的清除能力只有 20.52%，当浓度增加到 1.00 mg/mL 时，对 $O_2^-\cdot$ 的清除能力达到 36.13%，当浓度增加到 2.00 mg/mL 时，对 $O_2^-\cdot$ 的清除能力达到了 68.71%，而此时对照物维生素 C 和 GHS 的清除 $O_2^-\cdot$ 的能力分别为 63.65% 和 94.82%。说明米糠蛋白抗氧化肽饮料对 $O_2^-\cdot$ 清除能力在浓度为 2.00 mg/mL 时比同浓度的 GHS 高，而不及维生素 C。

（2）米糠蛋白抗氧化肽饮料对羟基自由基（·OH）的清除能力。将米糠蛋白抗氧化肽饮料配制成不同浓度的样品溶液，分别测定不同浓度的样品清除羟自由基的能力，结果如图7-18所示。

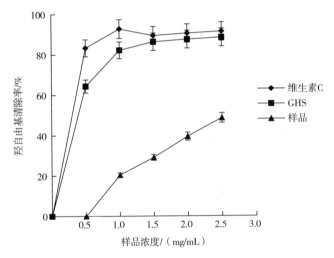

图7-18　不同浓度米糠蛋白抗氧化肽饮料对·OH 的清除能力

由图7-18可以看出，米糠蛋白抗氧化肽饮料对羟自由基有一定的清除作用。随着米糠蛋白抗氧化肽饮料浓度的增加，羟自由基的清除能力也不断增大，在一定浓度内呈明显的量效关系。在米糠蛋白抗氧化肽饮料浓度为 1.0 mg/mL 时，对羟基自由基的清除能力为 20.38%，当浓度增加到 1.5 mg/mL 时，对羟基自由基的清除能为到 28.98%，当浓度继续增加到 3.0 mg/mL 时，对羟基自由基的清除能力达到了 59.17%。试验表明米糠蛋白抗氧化肽饮料对羟基自由基清除能力低于同浓度对照组维生素 C 和 GHS 的羟基自由基清除能力。

（3）米糠蛋白抗氧化肽饮料对 DPPH·的清除能力。将米糠蛋白抗氧化肽饮料配成不同浓度的样品溶液，分别测定样品清除 DPPH·的能力，并与维生素 C 和 GHS 作对比，结果如图7-19所示。

从图 7-19 中可以看出，不同浓度的米糠蛋白抗氧化肽饮料对 DPPH·都有清除作用，在一定浓度内有明显的量效关系，随着米糠蛋白抗氧化肽饮料浓度的增加，对 DPPH 自由基的清除能力也不断增大。在浓度 1.0 mg/mL 时，DPPH·清除率 81.43%，略低于维生素 C 和 GSH 的 96.28%、93.04%。

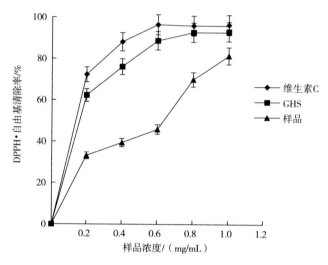

图 7-19　不同浓度米糠蛋白抗氧化肽饮料对 DPPH 自由基的清除能力

（4）米糠蛋白抗氧化肽饮料的还原力。将米糠蛋白抗氧化肽饮料配制成不同浓度的样品溶液，分别测定不同浓度样品的还原力，结果如图 7-20 所示。

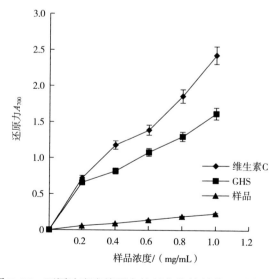

图 7-20　不同浓度米糠蛋白抗氧化肽饮料的还原力测定

从图 7-20 可知，不同浓度的米糠蛋白氧化肽饮料的还原力与其浓度有一定的量效关系，还原力随着浓度的升高而增大。当米糠蛋白氧化肽饮料用量为 0.2 mg/mL 时，其还原力值为 0.72；当米糠蛋白氧化肽饮料浓度为 1.0 mg/mL 时，其还原力为 0.231，远远低于同浓度维生素 C 和 GSH 的还原能力（分别为 2.43 和 1.62）。

（5）米糠蛋白抗氧化肽对 Fe^{2+} 螯合能力。将米糠蛋白抗氧化肽饮料配成不同浓度的样品溶液，分别测定样品 Fe^{2+} 螯合能力，并与 EDTA 作对比，结果如图 7-21 所示。

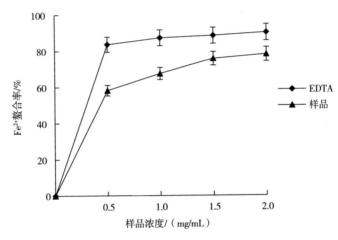

图 7-21　不同浓度米糠蛋白抗氧化肽饮料对 Fe^{2+} 螯合能力

如图 7-21 所示，在螯合亚铁离子能力的评价中采用 EDTA 作为阳性对照品，可以看出 EDTA 的螯合能力要优于米糠蛋白抗氧化肽饮料。在低浓度时两者的螯合能力差别较大，当米糠蛋白抗氧化肽饮料的浓度和 EDTA 的逐渐提高时两者的螯合能力差别变小。说明米糠蛋白抗氧化肽饮料达到一定浓度时，作用于 Fe^{2+} 的有效点增多，螯合能力增强较大。

通过对抗氧化肽饮料的体外抗氧化分析，确定优化后的饮料对超氧阴离子自由基的清除能力、羟基自由基清除能力、DPPH 自由基清除能力、还原力及对 Fe^{2+} 螯合能力都有一定的效果。

◆参考文献◆

[1] Ladda Wattanasiritham, Chockchai Theerakulkait, Samanthi Wickramasekara, et al. Isolation and identification of antioxidant peptides from enzymatically hydrolyzed rice bran protein [J]. Food

[2] Thamnarathip Parichart, Jangchud Kamolwan, Nitisinprasert Sunee. et al. Identification of peptide molecular weight from rice bran protein hydrolysate with high antioxidant activity [J]. Journal of Cereal Science, 2016 (69): 329-335.

[3] 黄秀锦. 无机陶瓷膜超滤提高黄酒非生物稳定性的研究 [J]. 食品科技, 2006 (6): 77-80.

[4] 谭佩毅. 无机陶瓷膜澄清酱油的工艺研究 [J]. 食品科技, 2007 (4): 127-130.

[5] 谭佩毅. 无机陶瓷膜澄清酱油的工艺研究 [J]. 江苏食品与发酵, 2006 (4): 22-24.

[6] 朱科学, 周惠明. 陶瓷膜分离技术及其在食品工业中的应用. 食品科技, 2002 (5): 8-10.

[7] 徐坦, 鲁淑群, 谭蔚, 等. 无机陶瓷膜孔径及孔径分布的测定与表征（Ⅰ）[J]. 流体机械, 2007 (11): 10-14.

[8] 曾庆梅, 潘见, 谢慧明, 等. 无机陶瓷微滤膜对梨汁的澄清和除菌效果研究 [J]. 农业工程学报, 2004 (5): 211-214.

[9] 李素霞. 超滤技术的应用研究进展 [J]. 现代农业科技, 2018 (2): 184-185.

[10] 凌萌乐, 刘通讯. 黑蚂蚁蛋白的酶解优化及抗氧化肽的超滤膜分离 [J]. 现代食品科技, 2013, 29 (5): 1089-1092+992.

[11] 何毅, 李光明, 苏鹤祥, 等. 纳滤膜分离技术的研究进展 [J]. 过滤与分离, 2003 (3): 5-9.

[12] 李梅生, 赵宜江, 张艳, 等. 陶瓷微滤膜处理生酱油的工艺研究 [J]. 食品与机械, 2007 (1): 120-122, 134.

[13] 何慧, 王进, 裴凡, 等. 蛋白质水解物与苦味的构效关系及脱苦研究 [J]. 食品科学, 2006, 27 (10): 7.

[14] 冯红霞, 陆兆新, 尤华. 苦味肽的形成及脱苦方法的研究 [J]. 食品科学, 2002 (5): 151-154.

[15] Ney K H. Prediction of bitterness of peptides from their amino acid composition [J]. Zeitschrift für Lebensmittel-Untersuchung und Forschung, 1971, 147 (2): 64-68.

[16] 邓勇, 冯学武. 大豆多肽分子质量分布与苦味的确定 [J]. 中国农业大学学报, 2001 (4): 98-102.

[17] 马铁铮, 王强, 周素梅. 蛋白短肽苦味成因与脱苦技术研究进展 [J]. 中国粮油学报, 2008, 23 (6): 220-226.

[18] Nishiwaki Toshikazu, Yoshimizu Satoshi, Furuta Michio, et al. Debittering of enzymatic hydrolysates using an aminopeptidase from the edible basidiomycete Grifola frondosa [J]. Journal of Bioscience and Bioengineering, 2002, 93 (1): 60-63.

[19] 胡炜, 张吉, 刘鑫, 等. 利用 β-环状糊精脱除大米蛋白肽苦味研究 [J]. 检验检疫学刊, 2018, 28 (6): 29-32.

[20] 邵京, 李志成. 羊乳酪蛋白活性肽饮品加工工艺研究 [J]. 现代食品, 2017 (18):

125-128.

[21] 任世英,秦鹏,陈国清,等.河蚬肉酶解液的活性炭脱腥脱苦条件优化[J].粮食与饲料工业,2018(12):38-41.

[22] 魏芳,周祥山,田守生,等.4种大孔吸附树脂对阿胶低聚肽的脱苦效果研究[J].食品研究与开发,2018,39(13):1-6.

[23] 隋玉杰,何慧,王进,等.玉米醒酒肽的脱苦及其对活性的影响[J].中国粮油学报,2007(5):44-48.

[24] 郭渴渴,李兴民.酶法水解的亚铁肽微胶囊化的工艺研究[J].食品研究与开发,2006(6):40-42.

[25] 陈丽花,王跃,朱锦爵.大豆蛋白抗氧化活性肽的制备工艺研究[J].食品工业,2011,32(3):31-34.

[26] 孟凡莉.花生肽的酶法制备、分离纯化及其抗氧化活性研究[D].合肥:合肥工业大学,2010.

[27] 鞠兴荣,胡蓉,王丹丹,等.不同酶水解菜籽蛋白的水解物的抗氧化活性研究[J].中国粮油学报,2011,26(4):47-51.

[28] 陈英,朱科学,彭伟,等.小麦胚活性肽体外抗氧化活性研究[J].中国油脂,2010,35(12):16-19.

[29] Saiga A, Tanabe S, Nishimura T. Antioxidant Activity of Peptides Obtained from Porcine Myofibrillar Proteins by Protease Treatment [J]. Journal of Agricultural and Food Chemistry, 2003, 51(12):3661-3667.

[30] 徐兆刚.河蚌抗氧化肽的制备及其特性研究[D].长春:吉林大学,2016.

[31] 秦垂新,姚松君,唐青涛,等.抗氧化肽及其化学活性测定方法的研究概述[J].食品工业科技,2014,35(1):394-400.

[32] Kim S Y, Je J Y, Kim S K. Purification and characterization of antioxidant peptide from hoki (Johnius belengerii) frame protein by gastrointestinal digestion [J]. Journal of Nutritional Biochemistry, 2007, 18(1):31-38.

[33] 翟爱华.高活性米糠蛋白ACE抑制肽的制备及降血压效果研究[D].沈阳农业大学,2015.

[34] 邓乾春,陈春艳,潘雪梅,等.白果活性蛋白的酶法水解及抗氧化活性研究[J].农业工程学报,2005(11):163-167.

[35] Li Y, Jiang B, Zhang T, et al. Antioxidant and free radical-scavenging activities of chickpea protein hydrolysate (CPH) [J]. Food Chemistry, 2008, 106(2):444-450.

[36] Xie Z, Huang J, Xu X, et al. Antioxidant activity of peptides isolated from alfalfa leaf protein hydrolysate [J]. Food Chemistry, 2008, 111(2):370-376.

[37] 曹辉,马海乐,曲文娟,等.大米蛋白的木瓜酶酶解及其水解物的抗氧化活性[J].中国粮油学报,2009,24(7):10-13.

[38] 卞晓锴,陆晓峰,施柳青.蛋白质超滤过程及超滤膜的表面改性研究现状[J].膜科学

与技术, 2001 (4): 46-51.

[39] 潘敏尧, 何国庆, 付金衡, 等. 高效提取米糟分离蛋白的研究 [J]. 食品与发酵工业, 2006 (4): 58-60.